信息系统项目管理师案例分析一本通

王树文　编著

中国水利水电出版社
www.waterpub.com.cn
·北京·

内 容 提 要

本书主要有五大特点：一是对历年的真题进行了归类整理；二是详细阐述了计算类型的案例分析题和文字类型的案例分析题的答题技巧；三是详解了计算类型的案例分析题常考的三大技术（三点估算、关键路径法和挣值技术）；四是在历年真题的基础上整理出了文字类型案例分析题的百“问”百“答”；五是对每一道案例分析真题，都给出了答题思路总解析，针对每一个具体问题，都给出了答题思路解析（计算题给出了详细的分析和计算过程；文字题给出了详细的分析和文字组织过程）和参考答案。

本书适合参加信息系统项目管理师考试的考生阅读，也可作为“软考”培训师和从事 IT 项目管理及相关工作人员的参考用书。

图书在版编目（CIP）数据

信息系统项目管理师案例分析一本通 / 王树文编著
. -- 北京 : 中国水利水电出版社, 2022.6
ISBN 978-7-5226-0731-3

Ⅰ. ①信… Ⅱ. ①王… Ⅲ. ①信息系统－项目管理－资格考试－自学参考资料 Ⅳ. ①G202

中国版本图书馆CIP数据核字(2022)第086403号

策划编辑：周春元　　责任编辑：王开云　　封面设计：杨玉兰

书　名	信息系统项目管理师案例分析一本通 XINXI XITONG XIANGMU GUANLISHI ANLI FENXI YIBENTONG
作　者	王树文　编著
出版发行	中国水利水电出版社 （北京市海淀区玉渊潭南路 1 号 D 座　100038） 网址：www.waterpub.com.cn E-mail：mchannel@263.net（万水） sales@mwr.gov.cn 电话：（010）68545888（营销中心）、82562819（万水）
经　售	北京科水图书销售有限公司 电话：（010）68545874、63202643 全国各地新华书店和相关出版物销售网点
排　版	北京万水电子信息有限公司
印　刷	三河市鑫金马印装有限公司
规　格	184mm×240mm　16 开本　15.5 印张　373 千字
版　次	2022 年 6 月第 1 版　2022 年 6 月第 1 次印刷
印　数	0001—3000 册
定　价	68.00 元

前　言

计算机技术与软件专业技术资格（水平）考试（简称“软考”）是由工业和信息化部以及人力资源和社会保障部共同举办的一个面向 IT 行业从业人员的认证考试。“软考”分为三个等级：初级、中级和高级，信息系统项目管理师（简称“高项”）考试属于高级资格考试。

“软考”既是 IT 行业从业人员能力和水平的考试，也是职称的考试（现在 IT 行业从业人员的职称已改为“以考代评”）；在今天无处不项目的时代，行业对信息系统项目管理师和系统集成项目管理工程师（简称“中项”）的需求量与日俱增；加之现在部分城市将“软考”证书作为积分落户或工作居住证的影响因素之一，更是拉升了“高项”和“中项”考试的热度。

信息系统项目管理师认证考试有三个科目：综合知识、案例分析和论文。考试难度大、覆盖面广、证书含金量高，全国通过率在 10%～15%左右，且三个科目必须在同一期考试中通过（每个科目满分 75 分，45 分为通过）才能拿到信息系统项目管理师的认证证书。特别是近几年案例分析科目的考试难度加大了，不少考生认为，案例分析是难度仅次于论文的科目。

笔者留意到，市面上有关“高项”考试案例分析方面的参考书虽然不少，但这些书的风格基本类似，概括起来有两个特点：一是把案例分析与综合知识、论文合在一起写，没有集中针对案例分析进行全面透彻的讲解；二是针对历年的考试真题，几乎都只是给出了“参考答案”，并没有抽丝剥茧般地去揭示出答案的来由。因此，拿到这些参考书的考生，一看参考答案，感觉题目好像很容易；但一合上书自己做题，就无从下手。原因就在于这些书没有教会考生究竟应该如何解题，因此不容易达到真正辅导的目的。本书完美地解决了同类书的上述弊端。

本书内容包括五章和两个附录。其中，第 1 章详细讲解了案例分析考试科目的出题范围、历年案例分析考题情况和如何做好案例分析科目的应考准备；第 2 章阐述了计算类型的案例分析题的解题技巧、详解了计算类型的案例分析题常考的三大技术：三点估算、关键路径法和挣值技术；第 3 章分别从案例描述及问题、答题思路总解析、各问题答题思路解析及参考答案几个方面详细解析了 2012 年至 2021 年计算类型的案例分析全部真题；第 4 章在历年考试真题的基础上整理出了文字类型的案例分析题解题技巧和百“问”百“答”；第 5 章分别从案例描述及问题、答题思路总解析、各问题答题思路解析及参考答案几个方面详细解析了

2012 年至 2021 年文字类型的案例分析全部真题。附录 1 按五大过程组和十大知识领域分类整理了 47 个项目管理过程；附录 2 按十大知识领域分别整理了 47 个项目管理过程的输入、输出、工具与技术。

笔者深信，这本书是参加“高项”考试的读者朋友所需要的。

借此机会，真心感谢为本书倾注了心血的家人、老师、编辑和各位朋友；当然，我更要感谢阅读本书的每一位读者。由于编者水平有限，书中难免存在疏漏之处，恳请广大读者批评指正。

王树文

2022 年 2 月于广州

目　录

第1章 概述

案例分析科目的考试范围

根据《信息系统项目管理师考试大纲（第 2 版）》（简称《考试大纲》）（全国计算机技术资格办公室编，清华大学出版社出版，2017 年 8 月第 2 版）中的说明，案例分析科目的考试范围，见表 1-1。

表 1-1　案例分析科目的考试范围

考查的范围	考查的主要内容
1．信息化和信息系统的开发方法	1.1　信息系统及其技术和开发方法 1.2　信息化发展与应用 1.3　信息系统综合测试与管理 1.3.1　测试内容和方法 1.3.2　测试需求分析与设计 1.3.3　测试流程 1.3.4　测试执行与评估 1.3.5　测试过程管理
2．信息系统项目管理	2.1　立项管理 2.1.1　可行性研究 2.1.2　项目评估与论证 2.2　采购和合同管理 2.3　项目启动 2.4　项目资源管理 2.4.1　项目人力资源管理 2.4.2　项目成本管理 2.5　项目规划 2.6　项目实施与团队建设 2.6.1　项目绩效检查与评估 2.6.2　项目控制

续表

考查的范围	考查的主要内容
2．信息系统项目管理	2.6.3　项目团队建设 2.6.4　项目干系人管理 2.7　项目整体管理 2.8　项目范围管理 2.9　进度管理 2.10　成本管理 2.11　质量管理 2.12　风险管理 2.13　项目监督与控制 2.14　变更管理与控制 2.15　项目收尾管理
3．信息系统服务管理	3.1　信息系统服务管理计划的制订和执行 3.2　信息系统服务管理的绩效评估和持续改进
4．战略管理	4.1　组织战略和组织战略管理 4.2　组织级项目管理与组织战略 4.3　战略管理与流程管理
5．项目集（大型项目）管理	5.1　项目集收益管理 5.2　项目集干系人管理 5.3　项目集治理 5.4　项目集管理支持过程 5.4.1　项目集整合管理 5.4.2　项目集沟通管理 5.4.3　项目集财务管理 5.4.4　项目集采购管理 5.4.5　项目集质量管理 5.4.6　项目集范围管理 5.4.7　项目集资源管理 5.4.8　项目集风险管理 5.4.9　项目集进度管理
6．项目组合管理	6.1　项目组合管理过程组 6.2　项目组合治理管理 6.3　项目组合绩效管理 6.4　项目组合风险管理
7．信息系统安全管理	7.1　信息安全管理的组织 7.2　信息安全管理计划的制订和执行 7.3　信息系统的安全风险评估 7.4　信息安全管理过程的监控与改进 7.5　信息安全审计

历年案例分析科目的出题范围

2005～2021 年案例分析考查重点及考查内容

信息系统项目管理师自 2005 年第一次开考至 2021 年下半年已历时 17 个年头。除 2006 年、2007 年和 2020 年只在下半年举行一次考试外，其他年份都是上半年和下半年各举行一次考试，上半年和下半年考试的时间分别是 5 月份和 11 月份。案例分析的考题数量都是 3 道题，满分为 75 分。表 1-2 是 2005 年上半年第一次开考至 2021 年下半年案例分析考题的基本情况汇总。

表 1-2 历年案例分析考题基本情况汇总

考期	题号	考查的知识领域	考查的主要知识点
2005.05	第一题	项目人力资源管理	项目团队组建、团队建设和团队管理
	第二题	项目整体管理	变更管理
	第三题	项目整体管理、项目采购管理和合同管理、项目沟通管理	过程控制、合同管理、沟通管理
2005.11	第一题	项目进度管理	编制进度计划表、进度控制、进度管理的七个过程
	第二题	项目成本管理	挣值技术
	第三题	项目沟通管理	沟通规划、沟通技术
2006.11	第一题	项目整体管理、项目配置管理	配置管理、变更管理
	第二题	项目范围管理、项目采购管理和合同管理	合同订立管理、制订项目范围说明书、范围控制
	第三题	项目进度管理	关键路径、自由时差、总时差
2007.11	第一题	项目进度管理、项目整体管理、项目组织结构和项目经理	进度计划、项目实施、项目组织结构
	第二题	项目沟通管理	制订沟通管理计划、有效沟通管理
	第三题	项目人力资源管理	资源冲突管理
2008.05	第一题	项目整体管理	项目执行，跨部门协同
	第二题	项目人力资源管理	项目团队组建、团队建设、人员培养
	第三题	项目进度管理	活动历时估算、进度压缩技术、进度控制的工具与技术
2008.11	第一题	项目人力资源管理	项目团队建设、激励理论
	第二题	项目质量管理	质量规划、质量保证和质量控制
	第三题	项目立项管理、项目风险管理	项目可行性研究、风险识别

续表

考期	题号	考查的知识领域	考查的主要知识点
2009.05	第一题	项目整体管理、项目范围管理、项目进度管理	项目启动、计划制订、分解 WBS、范围控制、进度控制
	第二题	项目人力资源管理	弱矩阵下的人力资源管理
	第三题	项目范围管理	需求工程、需求管理流程
2009.11	第一题	项目风险管理	风险识别、风险应对、风险监控
	第二题	项目整体管理	项目执行、变更控制
	第三题	项目人力资源管理、项目沟通管理	项目团队组建、建设与管理、绩效考核、项目沟通
2010.05	第一题	项目经理的任用	项目经理的选拔，项目经理的地位、作用和任务
	第二题	项目人力资源管理	项目团队建设、项目团队管理、冲突管理
	第三题	项目整体管理	项目启动、项目计划、项目章程
2010.11	第一题	项目采购管理和合同管理	项目招投标、招投标法
	第二题	项目范围管理、项目整体管理	需求变更管理、整体变更控制流程
	第三题	项目成本管理	挣值技术、偏差分析、成本控制、进度控制
2011.05	第一题	项目质量管理	质量规划、质量保证、质量控制
	第二题	项目立项管理、项目整体管理	可行性分析、项目的整体管理
	第三题	项目整体管理、项目配置管理	整体变更控制、CCB、配置管理
2011.11	第一题	项目进度管理、项目成本管理	网络图、关键路径、工期压缩、成本估算
	第二题	项目整体管理	项目整体变更控制
	第三题	项目采购管理	外包的目的、外包项目管理
2012.05	第一题	项目进度管理	关键路径、总工期、进度控制的工具
	第二题	项目成本管理、项目进度管理	挣值计算、成本预测、关键路径法
	第三题	项目整体管理	项目整体变更控制
2012.11	第一题	项目整体管理	项目管理计划、指导与管理项目工作、项目配置管理
	第二题	项目整体管理	项目计划的执行、项目监控
	第三题	项目质量管理	质量规划、质量保证和质量控制
2013.05	第一题	项目质量管理	质量保证、质量管理体系的建立和运行
	第二题	项目进度管理	关键路径法、总时差、制订进度计划、进度控制
	第三题	项目整体管理	项目收尾

续表

考期	题号	考查的知识领域	考查的主要知识点
2013.11	第一题	项目成本管理、项目进度管理	挣值技术、关键路径法、进度控制
	第二题	项目成本管理	成本估算、成本预算、成本估算的工具与技术
	第三题	项目配置管理	识别配置项、配置管理的主要活动、配置管理中存在的问题
2014.05	第一题	项目整体管理、项目范围管理、项目质量管理	需求获取、计划制订、质量保证措施和手段
	第二题	项目进度管理、项目成本管理	制订进度计划、挣值计算、项目预测
	第三题	项目整体管理	项目收尾、合同收尾、项目验收
2014.11	第一题	项目成本管理	挣值技术、预测
	第二题	项目整体管理、项目范围管理、项目沟通管理	范围基准、沟通管理、变更控制
	第三题	项目整体管理、项目干系人管理	制订项目章程、识别干系人
2015.05	第一题	项目进度管理、项目成本管理	关键路径、总时差、自由时差、挣值技术
	第二题	项目整体管理	制订项目管理计划、整体变更控制、项目经理能力素质
	第三题	项目整体管理	项目章程的内容、项目监控、加快进度的方法
2015.11	第一题	项目整体管理	制订项目管理计划过程的输出、项目管理计划的主要内容
	第二题	项目进度管理、项目成本管理	关键路径法、进度压缩、挣值技术
	第三题	项目范围管理	需求管理和需求控制、需求的状态、需求管理的改进
2016.05	第一题	项目进度管理、项目成本管理	关键路径法、工期压缩、成本估算
	第二题	项目整体管理、项目风险管理	制订项目章程、制订项目管理计划、项目风险管理计划
	第三题	项目整体管理	项目执行、项目整体管理计划、工作纠偏
2016.11	第一题	项目进度管理、项目成本管理	关键路径法、挣值技术
	第二题	项目整体管理	整体变更控制流程
	第三题	项目整体管理	项目收尾、项目总结
2017.05	第一题	项目成本管理	挣值技术、成本控制、成本管理相关术语
	第二题	项目质量管理	质量管理过程、质量管理相关工具
	第三题	项目范围管理	范围变更控制、配置管理、范围管理相关术语

续表

考期	题号	考查的知识领域	考查的主要知识点
2017.11	第一题	项目整体管理	整体变更控制流程
	第二题	项目进度管理、项目成本管理	关键路径法、挣值技术
	第三题	项目人力资源管理、项目沟通管理	团队管理、冲突管理、沟通技巧
2018.05	第一题	项目质量管理	项目质量管理，ISO 9000 质量管理原则
	第二题	项目进度管理、项目成本管理	关键路径法、估算成本
	第三题	项目人力资源管理	项目人力资源管理、规划人力资源管理过程的输入和输出、冲突处理的五种策略
2018.11	第一题	项目范围管理	规划范围管理、收集需求、定义范围、确认范围、控制范围
	第二题	项目进度管理、项目成本管理	关键路径法、估算成本、挣值技术
	第三题	项目管理、项目集管理、项目组合管理	项目管理、项目集管理、项目组合管理的基本概念，三者的差异
2019.05	第一题	项目采购管理	采购管理的主要步骤、项目采购管理、采购货物入库的条件、供应商选择
	第二题	项目进度管理、项目成本管理	进度网络分析、挣值技术、进度压缩
	第三题	项目范围管理、项目人力资源管理	项目范围管理、项目人力资源管理、马斯洛需求层次理论、冲突处理的五种策略、X 理论和 Y 理论
2019.11	第一题	项目质量管理	规划质量管理、实施质量保证、控制质量、质量工具、一致性成本和非一致性成本
	第二题	项目成本管理	挣值计算、典型偏差、非典型偏差、进度压缩
	第三题	项目人力资源管理	管理者的权力、马斯洛需求理论、冲突管理、组建项目团队
2020.11	第一题	项目范围管理	项目范围管理、项目范围说明书的内容和作用、需求变更的具体工作
	第二题	项目进度管理、项目成本管理	挣值技术、进度压缩、三点估算法
	第三题	配置管理、信息系统综合测试与管理	配置管理方面存在的问题、系统测试方案、测试技术（黑盒、白盒、灰盒）、配置项状态
2021.05	第一题	项目风险管理、项目整体管理	风险识别中存在的问题、决策树分析、风险分类、整体管理所包括的过程
	第二题	项目进度管理、项目成本管理	关键路径法、项目工期、成本估算、赶工
	第三题	项目沟通管理和干系人管理	沟通渠道数计算、沟通管理和干系人管理的过程及其输入输出、干系人分析模型、干系人参与度评估矩阵

续表

考期	题号	考查的知识领域	考查的主要知识点
2021.11	第一题	项目范围管理	WBS 分解、项目范围说明书的内容、范围基准、范围管理中存在的问题
	第二题	项目进度管理和项目成本管理	项目进度网络图、关键路径法、资源平滑、挣值技术
	第三题	项目配置管理、项目质量管理	配置管理方面存在的问题、配置库变更流程、质量审计、配置权限

2005～2021 年案例分析试题分布

表 1-3 是自 2005 年上半年第一次开考至 2021 年下半年，信息系统项目管理师案例分析考试中考查的知识领域及其分布情况。

表 1-3 历年案例分析题所考查的知识领域及其分布

考查的知识领域	考期及题号
项目整体管理	2005.05（2）[①]/2005.05（3）/2006.11（1）/2007.11（1）/2008.05（1）/2009.05（1）/2009.11（2）/2010.05（3）/2010.11（2）/2011.05（2）/2011.05（3）/2011.11（2）/2012.05（3）/2012.11（1）/2012.11（2）/2013.05（3）/2014.05（1）/2014.05（3）/2014.11（2）/2014.11（3）/2015.05（2）/2015.05（3）/2015.11（1）/2016.05（2）/2016.05（3）/2016.11（2）/2016.11（3）/2017.11（1）/2021.05（1）
项目范围管理	2006.11（2）/2009.05（1）/2009.05（3）/2010.11（2）/2014.05（1）/2014.11（2）/2017.05（3）/2018.11（1）/2019.05（3）/2020.11（1）/2021.11（1）
项目进度管理	2005.11（1）/2006.11（3）/2007.11（1）/2008.05（3）/2009.05（1）/2011.11（1）/2012.05（1）/2012.05（2）/2013.05（2）/2013.11（1）/2014.05（2）/2015.05（1）/2015.11（2）/2016.05（1）/2016.11（1）/2017.11 (2)/2018.05（2）/2018.11（02）/2019.05（2）/2020.11（2）/2021.05（2）/2021.11（2）
项目成本管理	2005.11（2）/2010.11（3）/2011.11（1）/2012.05（2）/2013.11（1）/2013.11（2）/2014.05（2）/2014.11（1）/2015.05（1）/2015.11（2）/2016.05（1）2016.11（1）/2017.05（1）/2017.11（2）/2018.05（2）/2018.11（2）/2019.05（2）/2019.11（2）/2020.11（2）/2021.05（2）/2021.11 (2)
项目质量管理	2008.11（1）/2011.05（1）/2012.11（3）/2013.05（1）/2014.05（1）/2017.05（2）/2018.05（1）/2019.11（1）/2021.11（3）
项目人力资源管理	2005.05（1）/2007.11（3）/2008.05（2）/2008.11（1）/2009.05（2）/2009.11（3）/2010.05（2）/2017.11（3）/2018.05（3）/2019.05（3）/2019.11（3）
项目沟通管理和干系人管理	2005.05（3）/2005.11（3）/2007.11（3）/2009.11（3）/2014.11（2）/2014.11（3）/2017.11 (3) /2021.05（3）

① “XXXX.XX（X）”的含义：前面“XXXX”表示年度，中间“XX”表示考试月份，括号中的“X”表示考题序号，下同。

续表

考查的知识领域	考期及题号
项目风险管理	2008.11（3）/2009.11（1）/2016.05（2）/2021.05（1）
项目采购管理和合同管理	2005.05（3）/2006.11（2）/2010.11（1）/2011.11（3）/2019.05（1）
项目组织结构和项目经理	2007.11（1）/2010.05（1）
项目配置管理	2006.11（1）/2011.05（3）/2013.11（3）/2020.11（3）/2021.11（3）
项目立项管理	2008.11（3）/2011.05（2）
项目集管理	2018.11（3）
项目组合管理	2018.11（3）
信息系统综合测试与管理	2020.11（3）

历年案例分析考题与《考试大纲》对照表

表 1-4 是自 2005 年上半年第一次开考至 2021 年下半年，信息系统项目管理师案例分析考题与《考试大纲》中“考查的范围”和“考查的主要内容”的对照情况。

表 1-4　历年案例分析题考查的主要知识点

考查的范围	考查的主要内容	考期及题号
1. 信息化和信息系统的开发方法	1.1 信息系统及其技术和开发方法	
	1.2 信息化发展与应用	
	1.3 信息系统综合测试与管理	2020.11（3）
2. 信息系统项目管理	2.1 立项管理	2008.11（3）/2011.05（2）
	2.2 采购和合同管理	2005.05（3）/2006.11（2）/2010.11（1）/2011.11（3）/2019.05（1）
	2.3 项目启动	2007.11（1）/2010.05（1）/2010.05（3）/2014.11（3）/2015.05（3）
	2.4 项目资源管理	2005.05（1）/2005.11（2）/2007.11（3）/2008.05（2）/2008.11（1）/2009.05（2）/2009.11（3）/2010.05（2）/2010.11（3）/2011.11（1）/2012.05（2）/2013.11（1）/2013.11（2）/2014.05（2）/2014.11（1）/2015.05（1）/2015.11（2）/2016.05（1）2016.11（1）/2017.05（1）/2017.11（2）/2017.11（3）/2018.05（2）/2018.05（3）/2018.11（2）/2019.05（2）/2019.05（3）/2019.11（2）/2019.11（3）/2020.11（2）/2021.05（2）/2021.11（2）
	2.5 项目规划	2005.11（1）/2006.11（2）/2007.11（1）/2007.11（2）/2008.05（3）/2008.11（2）/2009.05（1）/2009.11（1）/2010.05（3）/2011.05（1）/2010.11（3）/2012.11（1）/2014.05（2）/2015.05（2）/2015.11（1）/2016.05（2）

续表

考查的范围	考查的主要内容	考期及题号
2. 信息系统项目管理	2.6 项目实施与团队建设	2005.05（1）/2007.11（1）/2007.11（3）/2008.05（1）/2008.05（2）/2008.11（1）/2009.11（2）/2009.11（3）/2010.05（2）/2012.11（2）/2016.05（3）/2017.11（3）/2018.05（3）/2019.05（3）
	2.7 项目整体管理	2005.05（2）/2005.05（3）/2006.11（1）/2007.11（1）/2008.05（1）/2009.05（1）/2009.11（2）/2010.05（3）/2010.11（2）/2011.05（2）/2011.05（3）/2011.11（2）/2012.05（3）/2012.11（1）/2012.11（2）/2013.05（3）/2014.05（1）/2014.05（3）/2014.11（2）/2014.11（3）/2015.05（2）/2015.05（3）/2015.11（1）/2016.05（2）/2016.05（3）/2016.11（2）/2016.11（3）/2017.11（1）/2021.05（1）
	2.8 项目范围管理	2006.11（2）/2009.05（1）/2009.05（3）/2010.11（2）/2014.05（1）/2014.11（2）/2017.05（3）/2018.11（1）/2019.05（3）/2020.11（1）/2021.11（1）
	2.9 进度管理	2005.11（1）/2006.11（3）/2007.11（1）/2008.05（3）/2009.05（1）/2011.11（1）/2012.05（1）/2012.05（2）/2013.05（2）/2013.11（1）/2014.05（2）/2015.05（1）/2015.11（2）/2016.05（1）/2016.11（1）/2017.11（2）/2018.05（2）/2018.11（02）/2019.05（2）/2020.11（2）/2021.05（2）/2021.11（2）
	2.10 成本管理	2005.11（2）/2010.11（3）/2011.11（1）/2012.05（2）/2013.11（1）/2013.11（2）/2014.05（2）/2014.11（1）/2015.05（1）/2015.11（2）/2016.05（1）/2016.11（1）/2017.05（1）/2017.11（2）/2018.05（2）/2018.11（2）/2019.05（2）/2019.11（2）/2020.11（2）/2021.05（2）/2021.11（2）
	2.11 质量管理	2008.11（1）/2011.05（1）/2012.11（3）/2013.05（1）/2014.05（1）/2017.05（2）/2018.05（1）/2019.11（1）/2021.11（3）
	2.12 风险管理	2008.11（3）/2009.11（1）/2016.05（2）/2021.05（1）
	2.13 项目监督与控制	2005.05（3）/2005.11（1）/2008.05（3）/2009.05（1）/2013.11（1）
	2.14 变更管理与控制	2005.05（2）/2006.11（1）/2009.11（2）/2010.11（2）/2011.11（2）/2012.05（3）/2014.11（2）/2016.11（2）/2017.11（1）/2021.11（3）
	2.15 项目收尾管理	2013.05（3）/2014.05（3）/2016.11（3）
3. 信息系统服务管理	3.1 信息系统服务管理计划的制订和执行	
	3.2 信息系统服务管理的绩效评估和持续改进	
4. 战略管理	4.1 组织战略和组织战略管理	
	4.2 组织级项目管理与组织战略	
	4.3 战略管理与流程管理	

续表

考查的范围	考查的主要内容	考期及题号
5. 项目集（大型项目）管理	5.1 项目集收益管理	2018.11（3）
	5.2 项目集干系人管理	
	5.3 项目集治理	
	5.4 项目集管理支持过程	
6. 项目组合管理	6.1 项目组合管理过程组	
	6.2 项目组合治理管理	2018.11（3）
	6.3 项目组合绩效管理	
	6.4 项目组合风险管理	
7. 信息系统安全管理	7.1 信息安全管理的组织	
	7.2 信息安全管理计划的制订和执行	
	7.3 信息系统的安全风险评估	
	7.4 信息安全管理过程的监控与改进	
	7.5 信息安全审计	

如何做好案例分析科目的应考准备

考生可以从如下几个方面进行案例分析科目的应考准备：

（1）以项目管理知识体系（包括五大过程组、十大知识领域和47个过程）为核心，根据《考试大纲》，系统学习相关理论知识，重点掌握47个过程的主要输入、工具与技术、输出。

（2）阅读本书第1章，了解案例分析历年的出题范围和考试重点。

（3）阅读本书第2章和第4章（至少3遍），彻底掌握计算类型的和文字类型的案例分析题的答题技巧和方法。

（4）阅读本书附录1和附录2，在头脑中构建出完整的项目管理知识体系总体框架。

（5）阅读本书第3章和第5章（1至2遍），学习历年各考题的答题思路分析和参考答案。

（6）根据自己对知识的掌握情况，选择10～15道左右不同类型的历年考试题，独立完成，然后再对照本书的解析和参考答案，检验自己的解题水平，必要时隔一段时间（如隔两个星期左右的时间）再做一次。

（7）考前一到两周强化记忆五大过程组，十大知识领域，47 个过程的主要输入、输出、工具与技术，项目管理相关技术的计算公式等。

（8）除总结自己的实际项目管理经验外，平时也可多与项目管理经验丰富的人员沟通，听他们谈谈实际项目管理的经验和感受，这样有利于在做案例分析题时做到理论和实践有机结合。

第2章 计算类型的案例分析题解题技巧和计算技术详解

计算类型的案例分析题解题技巧

要想做好、做对计算类型的案例分析题，可以把握好如下诀窍：

（1）把题干和问题全部看完，要看懂题干中的内容描述和各问题需要具体计算的指标究竟是什么。

（2）要能正确理解相关指标的含义并能根据题干中给出的信息进行正确统计。

（3）要能正确使用相关指标的计算公式。

（4）确保计算过程和结果正确。

计算类型的案例分析题经常考的计算技术详解

三点估算法详解

三点估算的结果默认服从正态分布。考生需要掌握如何在正态分布之下计算均值、标准差和完成的可能性。

假如用 t_O 表示最乐观估计值，用 t_M 表示最可能估计值，用 t_P 表示最悲观估计值，则正态分布之下，均值 $t_E=(t_O+4t_M+t_P)/6$，标准差 $\sigma=(t_P-t_O)/6$。

考生需要掌握且能正确运用正态分布的三个特征：

（1）正态分布曲线与横轴所夹的总面积是100%。

（2）正态分布曲线关于均值所在的Y轴对称。

（3）区间$[t_E-\sigma, t_E+\sigma]$的面积是68.26%、区间$[t_E-2\sigma, t_E+2\sigma]$的面积是94.44%、区间$[t_E-3\sigma, t_E+3\sigma]$的面积是99.73%，如图2-1所示。

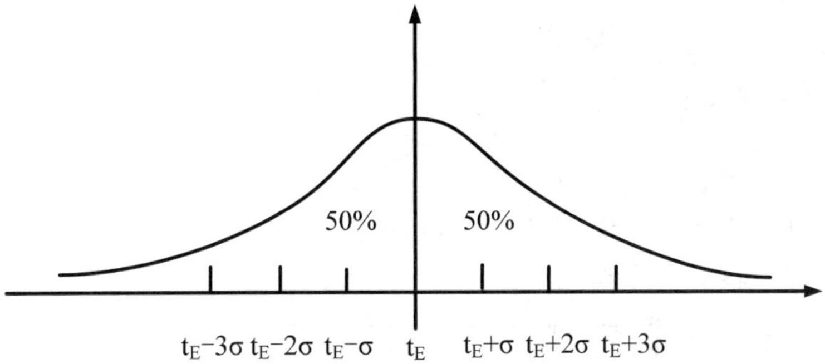

图 2-1　正态分布示意图

计算完成的可能性一般采用如下四个步骤：

步骤一：首先根据题目的描述计算出活动的均值 t_E 和标准差 σ。

步骤二：根据题目中要求的时间段范围，改用 t_E 和 σ 表示。

步骤三：对照正态分布图，找出所对应的区域。

步骤四：（如需要，对要计算的区域进行拆分）计算出所对应的区域的面积，面积的大小就是完成的可能性大小。

【例题】某项工作采用三点估算法进行估算。其中最乐观时间为 6 天可以完成，最可能时间为 12 天可以完成，最悲观时间为 18 天可以完成。问该项工作在 10 天到 12 天完成的可能性是多少？

【解析】

步骤一：首先计算出均值 $t_E=(6+4\times12+18)/6=12$，标准差 $\sigma=(18-6)/6=2$。

步骤二：用 t_E 和 σ 来表示题目中要求的时间段范围，即要求的区间为 $[t_E-\sigma，t_E]$。

步骤三：对照正态分布图，找出所对应的区域。

步骤四：计算出所对应的区域的面积，面积是 34.13%（68.26%/2），因此该项工作在 10 到 12 天完成的可能性是 34.13%，如图 2-2 所示。

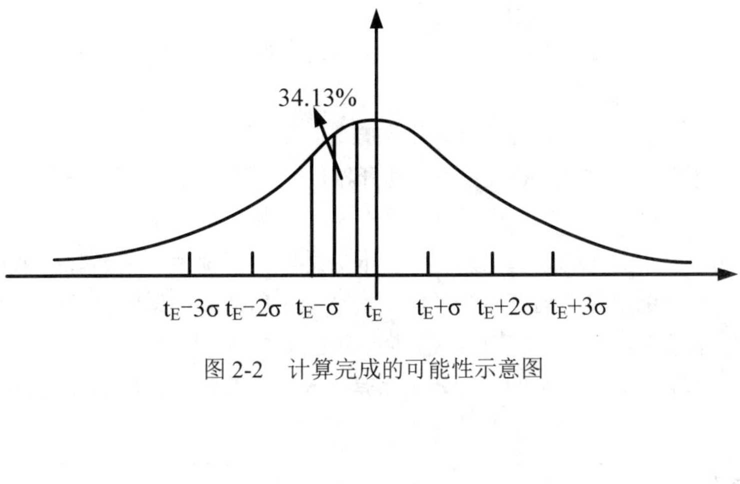

图 2-2　计算完成的可能性示意图

关键路径法详解

关键路径法是在不考虑任何约束和假设条件的情况下，根据项目进度网络图进行推演得到项目进度计划的一种方法。

我们知道，项目中的所有活动，都有四个时间：活动的最早开始时间（Early Start，ES）、活动的最早结束时间（Early Finish，EF）、活动的最晚开始时间（Last Start，LS）和活动的最晚结束时间（Last Finish，LF），如图 2-3 所示。

ES	活动历时	EF
活动名称		
LS	总时差	LF

图 2-3　项目中的活动时间

使用关键路径法的要领就是采用顺推法和逆推法分别计算出项目中每一个活动的最早开始时间（ES）、最早结束时间（EF）、最晚结束时间（LF）和最晚开始时间（LS）。

首先采用顺推法，沿着项目进度网络图从左至右推算出每一个活动的最早开始时间（ES）和最早结束时间（EF）；如果第一个活动从 0 开始计算，那么活动的最早结束时间=最早开始时间+活动历时，（当活动与活动之间的逻辑关系是 F-S 的关系时）紧后活动的最早开始时间=紧前活动的最早结束时间（如果一个紧后活动有多个紧前活动，则紧后活动的最早开始时间=所有紧前活动的最早结束时间最大的那个值）；如果第一个活动从 1 开始计算，那么活动的最早结束时间=最早开始时间+活动历时-1，（当活动与活动之间的逻辑关系是 F-S 的关系时）紧后活动的最早开始时间=紧前活动的最早结束时间+1（如果一个紧后活动有多个紧前活动，则紧后活动的最早开始时间=所有紧前活动的最早结束时间最大的那个值+1）。

正确完成顺推后，最后一个活动的最早结束时间就代表着本项目的总工期（因为项目的最后一个活动完成了，当然整个项目的所有活动都完成了。如果项目的最后一个活动有并列多个，则项目总工期就是这些活动中最早结束时间最大的那个值）。

如下是某项目的项目进度网络图，假设时间单位是天，如果第一个活动选择从第 0 天开始推，则顺推之后的结果如图 2-4 所示。

如果第一个活动选择从第 1 天开始推，则顺推之后的结果如图 2-5 所示。

然后再逆推，逆推法是从项目最后一个活动开始，从右至左反向将每个活动的最晚结束时间和最晚开始时间一一找出来；如果第一个活动取的是从 0 开始计算，那么最晚开始时间=最晚结束时间-工期，（当活动与活动之间的逻辑关系是 F-S 的关系时）紧前活动的最晚结束时间=紧后活动的最晚开始时间（如果一个紧前活动有多个紧后活动，则紧前活动的最晚结束时间=所有紧后活动的最晚结束时间最小的那个值）；如果第一个活动取的是从 1 开始计算，那么最晚开始时间=最晚结束时间-工期+1，（当活动与活动之间的逻辑关系是 F-S 的关系时）紧前活动的最晚结束时间=紧后活动的最晚开始时间-1（如果一个紧前活动有多个紧后活动，则紧前活动的最晚结束时间=所有紧后活动的最晚结束时间最小的那个值-1）。

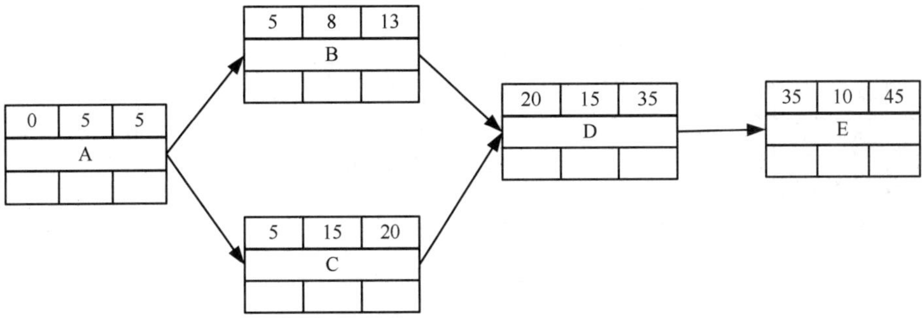

图 2-4　取“0”开始时关键路径法顺推之后的项目进度网络图

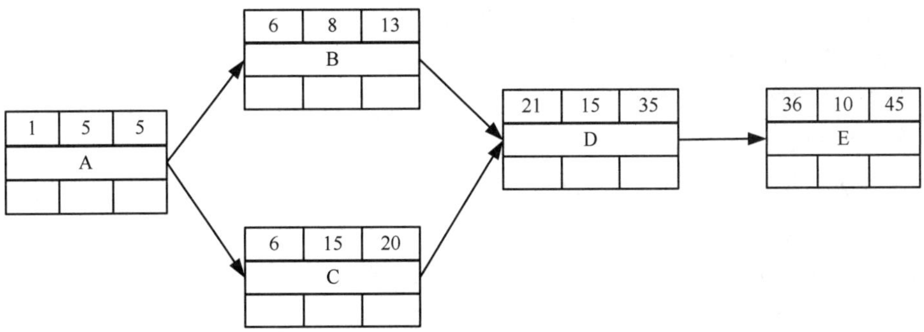

图 2-5　取“1”开始时关键路径法顺推之后的项目进度网络图

逆推时最后一个活动的最晚结束时间等于该活动的最早结束时间（即等于项目的总工期）；如果项目的最后一个活动有并列多个，则这些活动的最晚结束时间都等于这些活动中最早结束时间最大的那个值（即都等于项目的总工期）。

如下的这个项目进度网络图，假设时间单位是天，如果第一个活动选择从第 0 天开始推，则逆推之后的结果如图 2-6 所示。

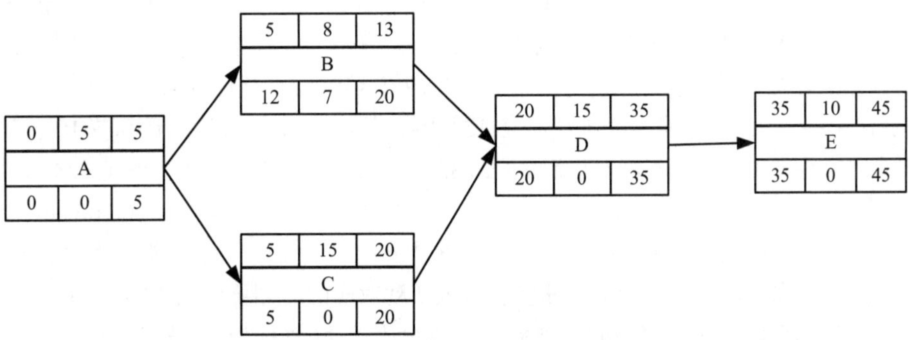

图 2-6　取“0”开始时关键路径法逆推之后的项目进度网络图

如果第一个活动选择从第 1 天开始推，则逆推之后的结果如图 2-7 所示。

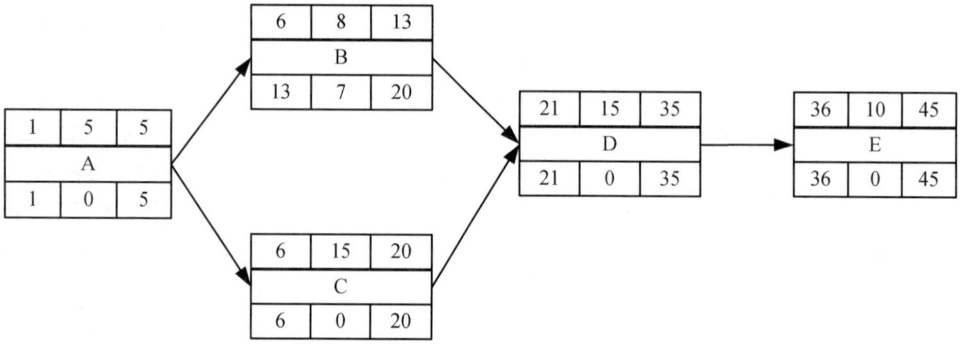

图 2-7　取“1”开始时关键路径法逆推之后的项目进度网络图

选择从 0 开始推时，活动的总时差=活动的 LS−活动的 ES=活动的 LF−活动的 EF，活动的自由时差=后一活动的 ES−当前活动的 EF。

选择从 1 开始推时，活动的总时差=活动的 LS−活动的 ES=活动的 LF−活动的 EF，活动的自由时差=后一活动的 ES−当前活动的 EF−1。

如果一个活动有多个紧后活动，则该活动的自由时差是该活动相对于后续所有紧后活动自由时差的最小值。

关键路径即为项目进度网络图中历时最长的路径，关键路径的总长度等于项目的总工期（如图 2-7，关键路径为 ACDE）。

挣值技术详解

挣值技术（Earned Value Management，EVM）是一种把范围、进度和资源绩效综合起来考虑，以评估项目绩效和进展的方法。挣值技术通过计算和监测计划价值（Planned Value，PV）、挣值（Earned Value，EV）和实际成本（Actual Cost，AC）三个关键指标来判断项目当前绩效、预测项目未来情况。

如图 2-8 所示，完工预算（Budget At Completion，BAC）就是第一次被批准的成本基准。计划价值（PV）就是按项目进度计划在某时间段内完成既定工作所需要花费的成本。挣值（EV）就是实际开展的工作对应计划所需要付出的成本。计算挣值（EV）有两种方法：实际完工法和简单累计法，默认使用实际完工法。实际完工法即完成多少算多少，例如一个活动计划花 10 万元做完（即该活动的计划价值是 10 万元），假设该活动已经完成了 35%，则该活动的挣值（EV）是 10×35% = 3.5 万元。简单累计法有 0/100、10/90、20/80、30/70、40/60、50/50 等法则；0/100 法则的含义是，如果一个活动没有全部完工，那么该活动的挣值就是 0；10/90 法则的含义是，如果一个活动已经开工了但没有全部完工，那么该活动的挣值就是该活动对应的计划价值的 10%；20/80 法则的含义是，如果一个活动已经开工了但没有全部完工，那么该活动的挣值就是该活动对应的计划价值的 20%；其他法则以此类推。例如一个活动计划花 10 万元做完（即该活动的计划价值是 10 万元），假设该活动已经完成了 35%，如果使用 0/100 法则计算挣值，则该活动的挣值 EV 是 0（万元）；如果使用 10/90 法则计算挣值，则该活动的挣值（EV）是 10×10%=1（万元），如果使用 50/50 法则计算挣值，则该活动的挣值（EV）是 10×50%=5（万元）。实际成本（AC）就是实际完成这些工作所付出的成本。需要注意的是：计算项目绩效时，计划价值（PV）、挣值（EV）和实际成本（AC）的统计必须是同一时间段的数值。完工尚需估算（Estimate To Completion，ETC）是指完成所有剩余项目工作的预计成本。完工估算（Estimate At Completion，EAC）是指完成项目所有工作所需的预期总成本，即项目进展到一定程度后对完成项目所需的所有成本进行重新评估之后的结果。根据 EAC、AC 和 ETC 的定义可知，EAC 永远等于已经完成的工作所花的成本 AC 加上剩余工作重新评估还需要花的成本 ETC。

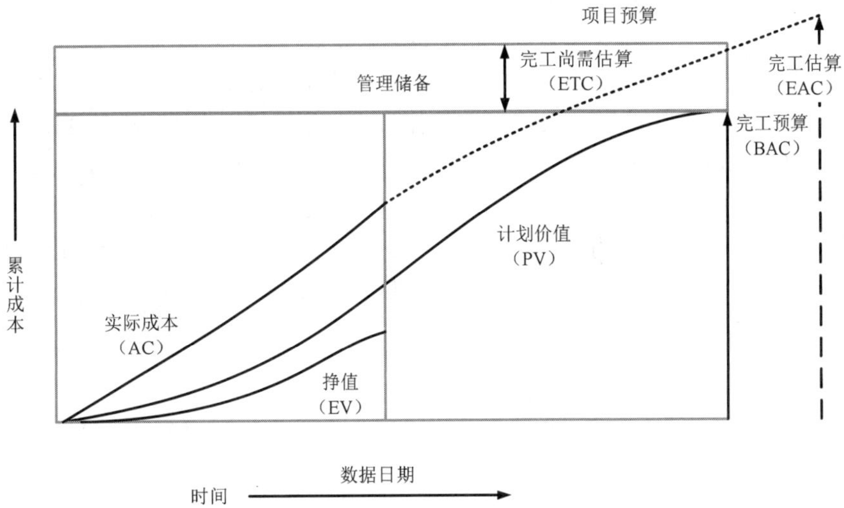

图 2-8 挣值、计划价值和实际成本

表 2-1 中，进度偏差（SV）=挣值（EV）−计划价值（PV）；成本偏差（CV）=挣值（EV）−实际成本（AC）。

表 2-1 挣值技术相关指标计算公式

术语	解释	公式
SV（Schedule Variance）	进度偏差	EV − PV
SPI（Schedule Performance Index）	进度绩效指数	EV/PV
CV（Cost Variance）	成本偏差	EV − AC
CPI（Cost Performance Index）	成本绩效指数	EV/AC
VAC（Variance at Complete）	完工偏差	BAC − EAC
TCPI（To-Completion Performance Index）	完工尚需绩效指数	(BAC − EV)/ETC

SV＞0 表示实际进度比计划进度提前；SV＜0 表示实际进度比计划进度落后；CV＞0 表示成本节约（实际完成的工作所付出的成本小于原计划要付出的成本）；CV＜0 表示成本超支（实际完成的工作所付出的成本大于原计划要付出的成本）。

进度绩效指数（SPI）= 挣值（EV）/计划价值（PV）；成本绩效指数（CPI）=挣值（EV）/实际成本（AC）。

SPI＞1 表示实际进度比计划进度提前；SPI＜1 表示实际进度比计划进度落后；CPI＞1 表示成本节约（实际完成的工作所付出的成本小于原计划要付出的成本）；CPI＜1 表示成本超支（实际完成的工作所付出的成本大于原计划要付出的成本）。

完工偏差（VAC）= 完工预算（BAC）－ 完工估算（EAC）。

完工尚需绩效指数（TCPI）=(BAC－EV)/ETC。

在非典型偏差的情况下（非典型偏差是指项目进度绩效和成本绩效与当前无关，与原计划保持一致），ETC = BAC－EV。因为我们在做项目计划时，期望的进度绩效指数（SPI）和成本绩效指数（CPI）都是 1，即原计划要完成的工作，实际刚好按计划完成，原计划花多少钱完成多少工作，实际刚好花那些钱完成这些工作；即 TCPI=原计划的 CPI = 1，由于 TCPI =(BAC－EV)/ETC，所以 ETC = BAC－EV。

在典型偏差的情况下（典型偏差是指项目进度绩效和成本绩效与当前保持一致，当前怎样未来就怎样），ETC =(BAC－EV)/CPI；因为 TCPI=（项目当前的）CPI，由于 TCPI =(BAC－EV)/ETC，所以 ETC =(BAC－EV)/CPI。

第3章 计算类型的案例分析题真题解析

2012.05 试题一

【说明】阅读下列说明，回答问题 1 至问题 3，将解答填入答题纸的对应栏内。

案例描述及问题

A 公司是一家专门从事系统集成和应用软件开发的公司，目前有员工 100 多人，分属销售部、软件开发部、系统网络部等业务部门。公司销售部主要负责服务和产品的销售工作，将公司现有的产品推销给客户，同时也会根据客户的具体需要，承接信息系统集成项目，并将其中应用软件的研发任务交给软件开发部实施。

经过招投标，A 公司承担了某银行的系统集成项目，合同规定，5 月 1 日之前系统必须完成，并且进行试运行。合同签定后，项目的软件开发任务由软件开发部负责，硬件与网络由系统网络部负责设计与实施。王工担任这个项目的项目经理。王工根据项目需求，组建了项目团队，团队分成软件开发小组和网络集成小组，其中软件开发小组组长是赵工，网络集成小组组长是刘工。王工制订了项目进度计划，下图是该项目的进度网络图。

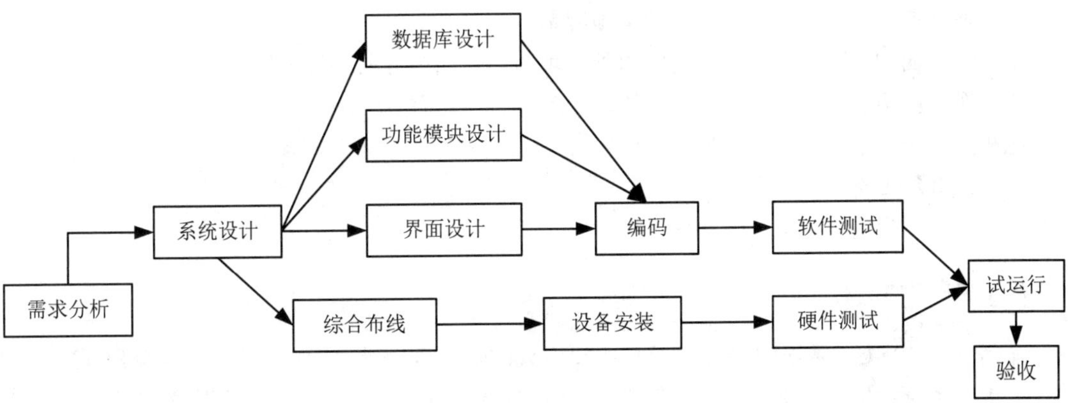

图中各活动的工期在下表中列出：

活动序号	活动名称	工期（天）
1	需求分析	30
2	系统设计	20
3	界面设计	20
4	功能模块设计	25
5	数据库设计	20
6	编码	50
7	软件测试	20
8	综合布线	60
9	设备安装	20
10	硬件测试	10
11	试运行	20
12	验收	2

软件开发中，发现有两个需求定义得不够明确，因此增加了一些功能，导致功能模块设计延长了5天。网络集成过程中，由于涉及物联网等新技术，综合布线延迟了5天，接着采购的一个新设备没有按时到货，到货之后在调试过程中遇到了以前没有遇到的问题，使网络设备安装调试延迟了7天。两个小组分别通过电话向各自部门通报项目进展，而网络集成工作是在用户现场进行的，因此网络集成的进度状况在公司总部进行开发工作的软件开发小组并不了解。上述问题导致了项目整体进度的拖延，绩效状况不佳。

【问题1】（10分）

项目原计划的工期是___（1）___天，如不采取措施，项目最后完工的工期是___（2）___天，这是因为___（3）___、___（4）___等活动的工期变化，导致了关键路径的变化，如果想尽量按照原来的预期完成工作，而使增加成本最少，最常采用的措施应是___（5）___。

请你将上面的叙述补充完整（将空白处应填写的恰当内容写在答题纸的对应栏内）。

【问题2】（6分）

分析案例中发生问题的可能原因。

【问题3】（9分）

结合案例，说明王工应如何实施进度控制？采用的工具与技术有哪些？

答题思路总解析

从问题1和问题3可知：该案例分析主要考查的是项目的进度管理。本案例**【问题1】**以计算为主，主要考查考生对关键路径法的运用。“案例描述及问题”中画“_____”的文字是该项目已经出现的**问题**：即功能模块设计延长了5天，综合布线延迟了5天，网络设备安装调试延迟了7天，项目整体进度的拖延，绩效状况不佳。根据这个问题和"案例描述及问题"中画"____"的文字并结合我们的项目管理经验可以推断出：

（1）需求定义得不准确（这点从"软件开发中，发现有两个需求定义得不够明确，因此增加了一些功能"可以推导出）。

（2）项目初期缺乏对新技术的研究（这点从"软件开发中，发现有两个需求定义得不够明确，因此增加了一些功能"可以推导出）。

（3）外包工作监控不力（这点从"采购的一个新设备没有按时到货"可以推导出）。

（4）风险识别、分析和应对不力（这点从"到货之后在调试过程中遇到了以前没有遇到的问题"可以推导出）。

（5）团队间的沟通不畅（这点从"两个小组分别通过电话向各自部门通报项目进展，而网络集成工作是在用户现场进行的，因此网络集成的进度状况在公司总部进行开发工作的软件开发小组并不了解"可以推导出）等是导致项目出现"功能模块设计延长了5天，综合布线延迟了5天，网络设备安装调试延迟了7天，项目整体进度的拖延，绩效状况不佳"的主要**原因**（用于回答**【问题2】**）。**【问题 3】**虽然要求结合案例进行描述，但这个问题主要还是理论性质的问题。（**案例难度：★★★**）

【问题1】答题思路解析及参考答案

一、答题思路解析

画出项目进度网络图，使用关键路径法，采用顺推和逆推，找出各活动最早开始时间（ES）、最早结束时间（EF）、最晚开始时间（LS）和最晚结束时间（LF）。套用公式计算出每个活动的总时差，关键路径即活动总时差全为"0"且历时最长的那（几）条路径。如下图所示：

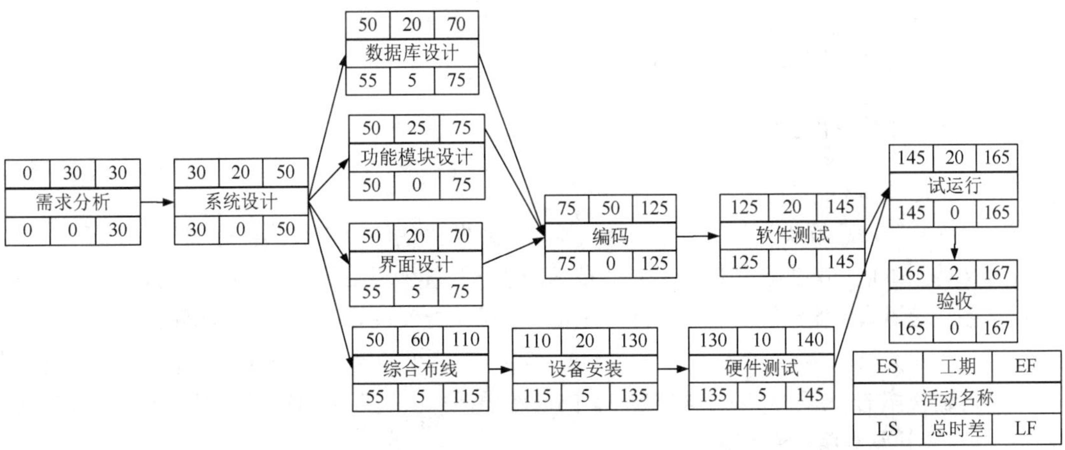

项目的关键路径为需求分析（活动序号1）—系统设计（活动序号2）—功能模块设计（活动序号4）—编码（活动序号6）—软件测试（活动序号7）—试运行（活动序号11）—验收（活动

序号 12)；项目原计划工期是 167 天。

功能模块设计、综合布线和设备安装延迟后，项目进度网络图变为：

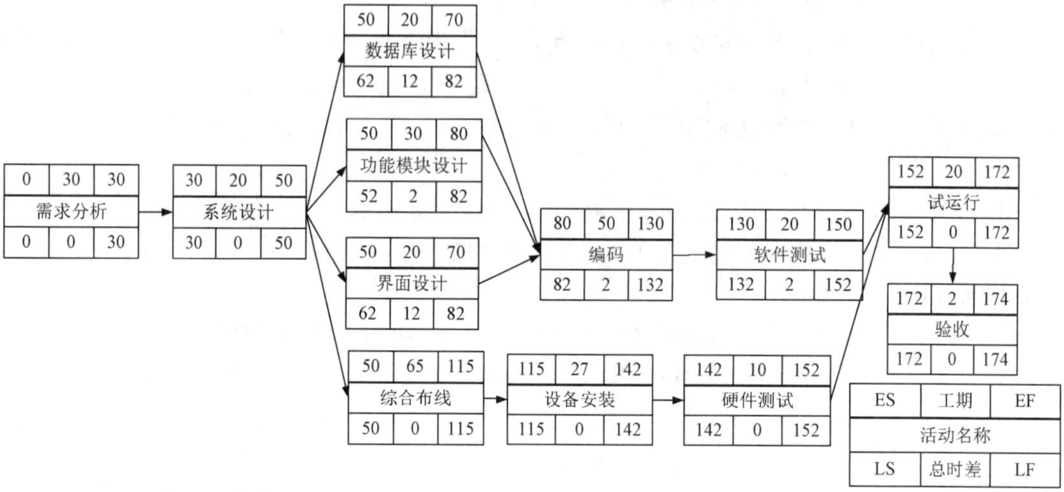

项目的关键路径为需求分析（活动序号 1）－系统设计（活动序号 2）－综合布线（活动序号 8）－设备安装（活动序号 9）－硬件测试（活动序号 10）－试运行（活动序号 11）－验收（活动序号 12)；项目现在的工期是 174 天，引起工期变化的主要原因是综合布线和设备安装这两个活动的工期发生了变化（因为综合布线和设备安装这两个活动此时在关键路径上）。我们知道，进度压缩常用的是两种工具：一种是赶工；一种是快速跟进。此项目活动之间的依赖关系已经固定不能改变，无法快速跟进，因此，就只能选择赶工。**（问题难度：★★★）**

二、参考答案

项目原计划的工期是（167）天，如不采取措施，项目最后完工的工期是（174）天，这是因为（综合布线）、（设备安装）等活动的工期变化，导致了关键路径的变化，如果想尽量按照原来的预期完成工作，而使增加成本最少，最常采用的措施应是（赶工）。

【问题 2】答题思路解析及参考答案

一、答题思路解析

根据“答题思路总解析”中的相关阐述可知，导致发生案例中描述的问题的可能原因主要有：①需求定义得不准确；②项目初期缺乏对新技术的研究；③外包工作监控不力；④风险识别、分析和应对不力；⑤团队间的沟通不畅。另外，案例中出现功能模块设计、综合布线和设备安装等诸多活动的延迟，说明项目进度控制不到位。当然，细心的读者可能会发现，**【问题 3】**的问题描述，其实就是该问题答案的一部分。因为**【问题 3】**的问题描述其实是在暗示项目经理王工在进度控制方面没有做好。**（问题难度：★★★）**

二、参考答案

导致发生案例中描述的问题的可能原因主要有：

（1）需求定义得不准确。

（2）项目初期缺乏对新技术的研究。

（3）外包工作监控不力。

（4）风险识别、分析和应对不力。

（5）团队间的沟通不畅。

（6）项目进度控制不到位。

【问题 3】答题思路解析及参考答案

一、答题思路解析

根据“答题思路总解析”中的相关阐述可知，该问题虽然要求结合案例进行描述，但主要还是一个理论性质的问题。如果读者比较熟悉进度控制的一些方法并具有一定的项目管理经验，该问题就比较容易回答。**（问题难度：★★★）**

二、参考答案

王工应该采用如下的工具与技术来实施进度控制：

（1）把基于 WBS 的工作分解和工时估算等制订出项目进度计划作为进度跟踪和控制的基准。

（2）建立起对项目进度的监督和测量机制。

（3）通过进度报告及时报告出项目的实际进度情况。

（4）依据项目进度基准和日常项目进度报告，比较进度偏差（SV）和进度效率指数（SPI）来衡量项目的进度绩效和偏差。

（5）采用进度比较横道图来观察项目的实际进度与计划进度之间的差异。

（6）对项目中发现的问题，及时采取纠正措施（如进度压缩），如需要，则运用进度变更控制系统和整体变更控制系统进行有效的变更管理。

（7）使用有效的项目管理工具，提高项目管理的工作效率。

2012.05 试题二

【说明】阅读下列说明，回答问题 1 至问题 4，将解答填入答题纸的对应栏内。

案例描述及问题

某项目进入详细设计阶段后，项目经理为后续活动制订了如下图所示的网络计划图，图中的“△”标志代表开发过程的一个里程碑，此处需进行阶段评审，模块 1 和模块 2 都要通过评审后才能开始修复。

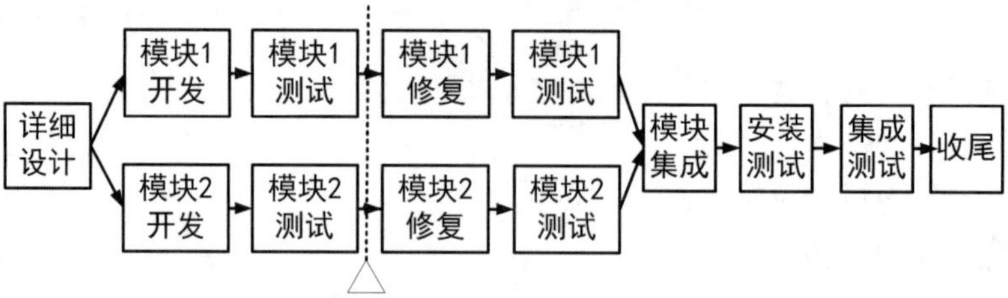

项目经理对网络图中的各活动进行了成本估算，估计每人每天耗费的成本为1000元，安排了各活动的人员数量并统计了模块1、模块2的开发和测试活动的工作量，其中阶段评审活动不计入项目组的时间和人力成本预算，如下表所示：

活动	人数安排	预计完成工作量（人・天）
模块1开发	8	48
模块1测试	1	3
模块1修复	8	8
模块1测试	1	2
模块2开发	10	80
模块2测试	1	3
模块2修复	10	10
模块2测试	1	2

【问题1】（3分）

请计算该项目自模块开发起至模块测试全部结束的计划工期。

【问题2】（10分）

详细设计完成后，项目组用了11天才进入阶段评审。在阶段评审中发现：模块1开发已完成，测试尚未开始；模块2的开发和测试均已完成，修复工作尚未开始，模块2的实际工作量比计划多用了3人・天。

（1）请计算自详细设计完成至阶段评审期间模块1的PV、EV、AC，并评价其进度和成本绩效。

（2）请计算自详细设计完成至阶段评审期间模块2的PV、EV、AC，并评价其进度和成本绩效。

【问题3】（8分）

（1）如果阶段评审未作出任何调整措施，项目仍按当前状况进展，请预测从阶段评审结束到软件集成开始这一期间模块1、模块2的ETC（完工尚需成本）（给出公式并计算结果）。

（2）如果阶段评审后采取了有效的措施，项目仍按计划进展，请预测从阶段评审结束到软件集成开始这一期间模块1、模块2的ETC（完工尚需成本）（给出公式并计算结果）。

【问题4】（4分）

请结合软件开发和测试的一般过程，指出项目经理制订的网络计划和人力成本预算中存在的问题。

答题思路总解析

从本案例后提出的四个问题，我们很容易知道：该案例主要考查的是项目的成本管理和进度管理。本案例后的**【问题1】**、**【问题2】**和**【问题3】**以计算为主，**【问题1】**主要考查考生对关键路径法的运用；**【问题2】**和**【问题3】**主要考查考生对挣值技术相关计算公式的运用。**【问题4】**是一个需要结合案例进行分析的文字描述题。**（案例难度：★★★）**

【问题1】答题思路解析及参考答案

一、答题思路解析

要能正确解答该问题，首先需要知道各活动的历时（计算各活动的历时，只需要把“**预计完成工作量（人•天）**”除以“**人数安排**”即可）。这样，模块1开发的历时为6天，模块1测试的历时为3天，模块1修复的历时为1天，模块1回归测试（为了方便区分，把模块1的第二次测试称为“模块1回归测试”）的历时为2天，模块2开发的历时为8天，模块2测试的历时为3天，模块2修复的历时为1天，模块2回归测试（为了方便区分，把模块2的第二次测试称为“模块2回归测试”）的历时为2天。

然后，画出项目进度网络图，使用关键路径法，采用顺推和逆推，找出各活动最早开始时间（ES）、最早结束时间（EF）、最晚开始时间（LS）和最晚结束时间（LF）。套用公式计算出每个活动的总时差，关键路径即活动总时差全为“0”且历时最长的那（几）条路径。如下图所示（由于本案例限制模块1测试和模块2测试都要通过评审后才能修复，因此，为方便起见，我们在模块1测试和模块2测试后增加了一个历时为0的里程碑活动）：

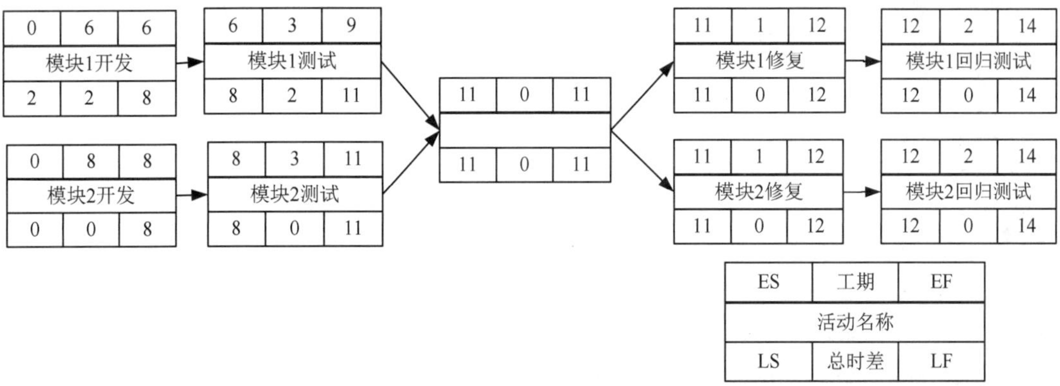

这样，项目的关键路径为模块2开发－模块2测试－模块1修复－模块1回归测试和模块2开发－模块2测试－模块2修复－模块2回归测试；因此，该项目自模块开发起至模块测试全部结束的计划工期为14天。**（问题难度：★★★）**

二、参考答案

该项目自模块开发起至模块测试全部结束的计划工期为14天。

【问题 2】答题思路解析及参考答案

一、答题思路解析

该问题分别需要计算出截至第 11 天模块 1 和模块 2 的计划价值（PV）、挣值（EV）和实际成本（AC）。根据“案例描述及问题”中给出的数据可知，截至第 11 天，模块 1 的计划价值（记作 $PV_{模块1}$）= 48×1000 + 3×1000 = 51000（元），模块 1 的挣值（记作 $EV_{模块1}$）= 48×1000 = 48000（元），模块 1 的实际成本（记作 $AC_{模块1}$）= 48×1000 = 48000（元）；截至第 11 天，模块 2 的计划价值（记作 $PV_{模块2}$）= 80×1000 + 3×1000 = 83000（元），模块 2 的挣值（记作 $EV_{模块2}$）= 80×1000 +3×1000 = 83000（元），模块 2 的实际成本（记作 $AC_{模块2}$）=（83+3）×1000 = 86000（元）。考试时，建议考生还是一定要写出计算公式并代入相关数据进行计算，这样即使最后答案计算错误，只要公式和中间过程计算正确，仍然是可以得到一定的分数的。该问题还需要评价模块 1 和模块 2 的进度和成本绩效，因此，必须知道截至第 11 天模块 1 和模块 2 的成本偏差 CV（或成本绩效指数 SPI）和进度偏差 SV（或进度绩效指数 SPI）。运用公式：CV= EV－AC、CPI= EV / AC、SV= EV－PV、SPI= EV/ PV，简单计算即可得出用于判定的数据。我们知道：CV > 0 或 CPI > 1 表示实际成本节约（实际成本低于预算），CV < 0 或 CPI < 1 表示成本超支（实际成本超过预算）；SV > 0 或 SPI > 1 表示进度提前（实际进度提前于计划进度），SV < 0 或 SPI < 1 表示进度滞后（实际进度滞后于计划进度）。

（问题难度：★★★）

二、参考答案

$PV_{模块1}$ = 48×1000 + 3×1000 = 51000（元）。

$EV_{模块1}$ = 48×1000 = 48000（元）。

$AC_{模块1}$ = 48×1000 = 48000（元）。

模块 1 进度滞后，成本持平。

因为：

SV = EV－PV = 48000－51000 = −3000（元）。

CV = EV－AC = 48000－48000 = 0（元）。

或因为：

SPI = EV / PV = 48000 / 51000 ≈ 0.94。

CPI = EV / AC = 48000 /48000 = 1。

$PV_{模块2}$ = 80×1000 + 3×1000 = 83000（元）。

$EV_{模块2}$ = 80×1000 +3×1000 = 83000（元）。

$AC_{模块2}$ =(83 + 3)×1000 = 86000（元）。

模块 2 进度持平，成本超支。

因为：

SV = EV－PV = 83000－83000 = 0（元）。

CV = EV－AC = 83000－86000 = −3000（元）。

或因为：

$SPI = EV / PV = 83000 / 83000 = 1$。

$CPI = EV / AC = 83000 / 86000 \approx 0.97$。

【问题3】答题思路解析及参考答案

一、答题思路解析

该问题的第（1）小问要考生计算在典型偏差（典型偏差的含义是项目未来的工作绩效与当前一致，即项目未来的成本绩效指数和进度绩效指数都和当前一样）（从“如果阶段评审未作出任何调整措施，项目仍按当前状况进展”这句话可以推导出）的情况下，模块1和模块2的完工尚需成本（ETC）[典型偏差下，ETC =(BAC – EV)/CPI]。该问题的第（2）小问要考生计算在非典型偏差（非典型偏差的含义是项目未来的工作绩效与当前无关，和原计划保持一样，即项目未来的成本绩效指数和进度绩效指数都是“1”）（从“如果阶段评审后采取了有效的措施，项目仍按计划进展”这句话可以推导出）的情况下，模块1和模块2的完工尚需成本（ETC）（非典型偏差下，ETC = BAC–EV）。**（问题难度：★★★）**

二、参考答案

第一小问：

$BAC_{模块1} = 48\times1000 + 3\times1000 + 8\times1000 + 2\times1000 = 61000$（元）。

$ETC_{模块1} =(BAC - EV)/CPI =(61000 - 48000)/1 = 13000$（元）。

$BAC_{模块2} = 80\times1000 + 3\times1000 + 10\times1000 + 2\times1000 = 95000$（元）。

$ETC_{模块2} =(BAC - EV)/CPI =(95000 - 83000)/0.97 \approx 12434$（元）。

第二小问：

$BAC_{模块1} = 48\times1000 + 3\times1000 + 8\times1000 + 2\times1000 = 61000$（元）。

$ETC_{模块1} = BAC - EV = 61000 - 48000 = 13000$（元）。

$BAC_{模块2} = 80\times1000 + 3\times1000 + 10\times1000 + 2\times1000 = 95000$（元）。

$ETC_{模块2} = BAC - EV = 95000 - 83000 = 12000$（元）。

【问题4】答题思路解析及参考答案

一、答题思路解析

根据“答题思路总解析”中的相关阐述可知，该问题是一个需要结合案例进行分析的文字描述题。该问题需要指出项目经理制订的网络计划和人力成本预算中存在的问题，由于本案例并没有就项目进度网络计划和成本预算的过程给出详细描述，因此，无法推测项目经理在进行项目进度网络计划和成本预算方面究竟存在哪些问题。所以，我们就只能去看结果了。从“案例描述及问题”中表格的数据，结合**【问题1】**的“答题思路解析”可知，“模块1开发”和“模块2开发”的历时不一样（“模块1开发”历时6天，“模块2开发”历时8天），因此，“模块1开发”和“模块2开发”无法同时达到里程碑，从而出现等待，会造成资源的浪费和项目工期的延长。**（问题难度：**

★★★）

二、参考答案

问题在于“模块 1 开发”和“模块 2 开发”的历时不一样（“模块 1 开发”历时 6 天，“模块 2 开发”历时 8 天），因此，“模块 1 开发”和“模块 2 开发”无法同时达到里程碑，从而出现等待，会造成资源的浪费和项目工期的延长。

2013.05 试题二

【说明】阅读下列说明，回答问题 1 至问题 4，将解答填入答题纸的对应栏内。

案例描述及问题

W 公司与所在城市电信运营商 Z 公司签订了该市的通信运营平台建设合同。W 公司为此成立了专门的项目团队，由李工担任项目经理，参加项目的还有监理单位和第三方测试机构。李工对项目工作进行了分解，制作出如下表所示的任务清单。经过分析后李工认为进度风险主要来自需求分析与确认环节，因此在活动清单定义的总工期基础上又预留了 4 周的应急储备时间。该进度计划得到了 Z 公司和监理单位的认可。

代号	任务	紧前工作	持续时间（周）
A	项目启动与人员、资源分配	--	8
B	需求分析与确认	A	4
C	总体设计	B	4
D	总体设计评审和修订	B	2
E	详细设计（包括软硬件）	C、D	10
F	编码、单元测试、集成测试	E	15
G	硬件安装与调试	B	4
H	现场安装与软硬件联合测试	F、G	8
I	第三方测试	H	8
J	系统试运行与用户培训	I	2

在项目启动与人员、资源调配（任务 A）阶段，李工经过估算后发现编码、单元测试、集成测试（任务 F）的技术人员不足。经公司领导批准后，公司人力资源部开始招聘技术人员，项目前期工作进展顺利，进入详细设计（任务 E）后，负责任务 E 的骨干老杨提出，详细设计小组前期没有参加需求调研和确认，对需求文档的理解存在疑问。经过沟通后，李工邀请 Z 公司用户代表和项目团队相关人员召开了一次推进会议。会后老杨向李工提出，由于先前对部分用户需求的理解有误，须延迟 4 周才可完成详细设计。考虑到进度计划中已预留了 4 周的时间储备，李工批准了老杨的请

求，并按原进度计划继续执行。

任务 E 延迟 4 周完成后，项目组开始编码、单元测试和集成测试（任务 F）。此时人力资源部招聘的新员工陆续到职，为避免进度延误，李工第一时间安排他们上岗。新招聘的员工大多是应届毕业生，即便有老员工带领，工作效率仍然不高。与此同时，W 公司领导催促李工加快进度，李工只得组织新老员工加班。虽然他们每天加班，可最终还是用了 20 周才完成原来计划用 15 周完成的任务 F。此时已临近春节假期，在李工的提议下，W 公司决定让项目组在假期结束前提前 1 周入驻 Z 公司进行现场安装与软硬件联合调试。由于 Z 公司和监理单位春节期间只有值班人员，无法很好地配合项目组工作，导致联合调试工作进展不顺利。为了把延误的进度赶回来，经公司同意，春节后一上班，李工继续组织项目团队加班。此时许多成员都感到身心疲惫，工作效率下降，对项目经理的安排充满了抱怨。

【问题 1】（8 分）

请根据李工制订的任务清单，将下面的前导图填充完整，并指出项目的关键路径、计算计划总工期、活动 C 和 G 的总时差（总浮动时间）。

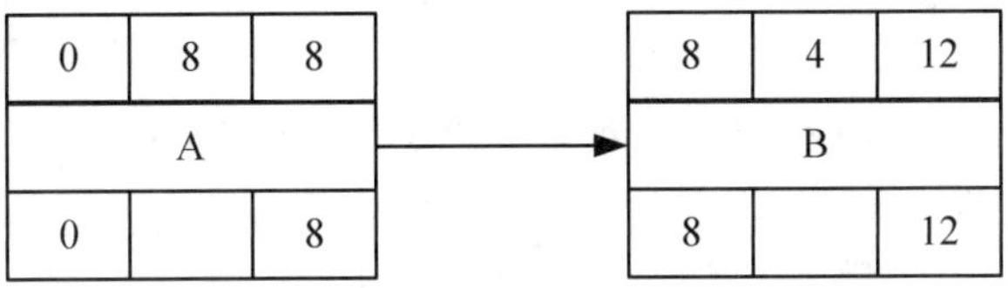

节点图例如下所示：

【问题 2】（6 分）

结合本案例简要叙述项目经理在进度管理中存在的主要问题。

【问题 3】（6 分）

如果你是项目经理，请结合本案例简要叙述后续可采取哪些应对措施。

【问题 4】（5 分）

除了采取进度网络分析，关键路径法和进度压缩技术外，请指出李工在制订进度计划时还可以采用哪些方法或工具。

答题思路总解析

从该“案例描述及问题”后提出的四个问题可知：该案例分析主要考查的是项目的进度管理。

“案例描述及问题”中画“____”的文字是该项目已经出现的**问题**：即项目进度延误，联合调试工作进展不顺利，项目成员感到身心疲惫，工作效率下降，对项目经理的安排充满了抱怨。根据这个问题和“案例描述及问题”中画“____”的文字并结合我们的项目管理经验可以推断出：

（1）在制订项目管理计划时，项目经理李工未充分考虑到需求分析与确认环节之外的风险，导致预留的应急储备时间不够（这点从“李工认为进度风险主要来自需求分析与确认环节”及项目之后出现的一系列问题可以推导出）。

（2）李工在制订项目进度计划之前对项目所需要的人力资源估计不足（这点从“在项目启动与人员、资源调配（任务 A）阶段，李工经过估算后发现编码、单元测试、集成测试（任务 F）的技术人员不足”可以推导出）。

（3）项目经理李工没有及时让项目相关成员充分了解项目的情况（这点从“负责任务 E 的骨干老杨提出，详细设计小组前期没有参加需求调研和确认，对需求文档的理解存在疑问”可以推导出）。

（4）没有给新招聘的员工进行必要的岗前培训（这点从“为避免进度延误，李工第一时间安排他们上岗”和“新招聘的员工大多是应届毕业生，即便有老员工带领，工作效率仍然不高”可以推导出）。

（5）进度压缩的方法不合理，不应单纯采用加班的方式来压缩进度。

（6）李工在团队建设和人员激励方面做得不够（这两点从“李工只得组织新老员工加班”“虽然他们每天加班，可最终还是用了 20 周才完成原来计划用 15 周完成的任务 F”和“许多成员都感到身心疲惫，工作效率下降，对项目经理的安排充满了抱怨”可以推导出）。

（7）项目经理李工与甲方和监理单位沟通不畅（这点从“由于 Z 公司和监理单位春节期间只有值班人员，无法很好地配合项目组工作，导致联合调试工作进展不顺利”可以推导出）。

（8）项目经理李工在进度控制方面所采用的方法过于单一（这点从“为了把延误的进度赶回来，经公司同意，春节后一上班，李工继续组织项目团队加班”可以推导出）是导致项目出现“项目进度延误，联合调试工作进展不顺利，项目成员感到身心疲惫，工作效率下降，对项目经理的安排充满了抱怨”的主要**原因**（用于回答**【问题 2】**）。把**【问题 2】**中发现的这些问题解决了，即针对**【问题 2】**中发现的问题提出的**解决方案**（补救措施），就是**【问题 3】**的答案。**【问题 1】**以计算为主，主要考查考生对关键路径法的运用以及对总时差计算公式的运用。**【问题 4】**是一个理论性质的问题，与本案例关系不大。**（案例难度：★★★）**

【问题 1】答题思路解析及参考答案

一、答题思路解析

画出项目进度网络图，使用关键路径法，采用顺推和逆推，找出各活动最早开始时间（ES）、最早结束时间（EF）、最晚开始时间（LS）和最晚结束时间（LF）。套用公式计算出每个活动的总时差，关键路径即活动总时差全为“0”且历时最长的那（几）条路径。**（问题难度：★★★）**

二、参考答案

（1）该项目的前导图如下：

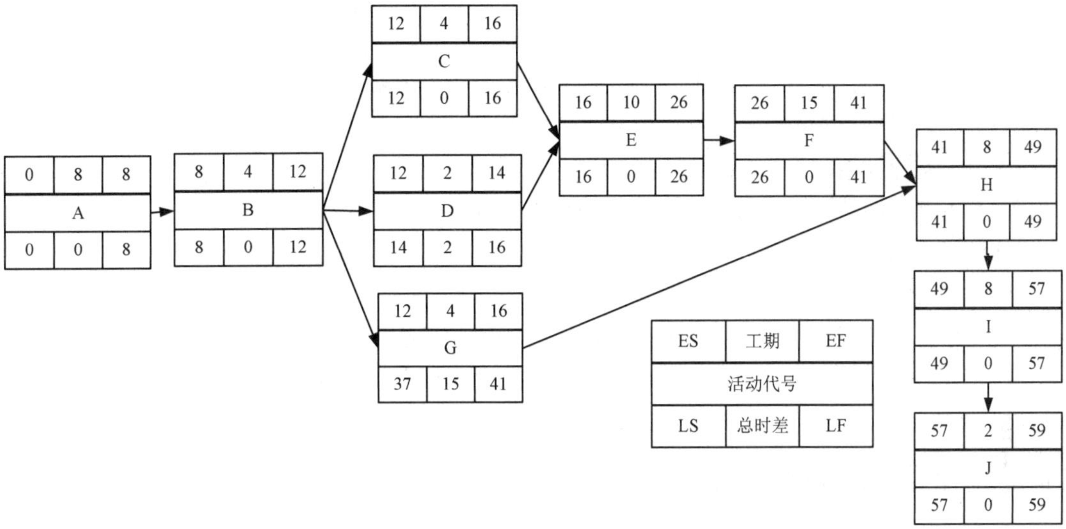

（2）项目的关键路径是 ABCEFHIJ，项目工期为 59（周）。

（3）活动 C 的总时差是 0（周）；活动 G 的总时差是 15（周）。

【问题 2】答题思路解析及参考答案

一、答题思路解析

根据“答题思路总解析”中的相关阐述可知，项目经理在进度管理中存在的主要问题有：

（1）在制订项目管理计划时，项目经理李工未充分考虑到需求分析与确认环节之外的风险，导致预留的应急储备时间不够。

（2）李工在制订项目进度计划之前对项目所需要的人力资源估计不足。

（3）项目经理李工没有及时让项目相关成员充分了解项目的情况。

（4）没有给新招聘的员工进行过必要的岗前培训。

（5）进度压缩的方法不合理，不应单纯采用加班的方式来压缩进度。

（6）李工在团队建设和人员激励方面做得不够。

（7）项目经理李工与甲方和监理单位沟通不畅。

（8）项目经理李工在进度控制方面所采用的方法过于单一。另外，从整个案例的描述中还可发现一个问题，那就是当项目进度出现较大偏差而无法赶回原进度计划时，项目经理李工其实是应该考虑申请对进度基准进行变更的，而他并没有这样做。细心的读者可能会发现，**【问题 4】**的问题描述，其实是该问题的答案的一部分。因为**【问题 4】**的问题描述其实是在暗示我们，项目经理李工在制订进度计划时所采用的工具和方法不够充分，不能满足项目本身的要求。**（问题难度：★★★）**

二、参考答案

项目经理在进度管理中存在的主要问题有：

（1）在制订项目管理计划时，项目经理李工未充分考虑到需求分析与确认环节之外的风险，导致预留的应急储备时间不够。

（2）李工在制订项目进度计划之前对项目所需要的人力资源估计不足。

（3）项目经理李工没有及时让项目相关成员充分了解项目的情况。

（4）没有给新招聘的员工进行必要的岗前培训。

（5）进度压缩的方法不合理，不应单纯采用加班的方式来压缩进度。

（6）李工在团队建设和人员激励方面做得不够。

（7）项目经理李工与甲方和监理单位沟通不畅。

（8）项目经理李工在进度控制方面所采用的方法过于单一。

（9）当项目进度出现较大偏差而无法赶回原进度计划时，项目经理李工其实是应该考虑申请对进度基准进行变更的，而他并没有这样做。

【问题 3】答题思路解析及参考答案

一、答题思路解析

根据“答题思路总解析”中的相关阐述可知，把**【问题 2】**中发现的问题解决了，就是该问题的答案。**（问题难度：★★★）**

二、参考答案

后续可采取的应对措施有：

（1）重新对估算和计划进行一次梳理，确保估算准确、计划合理。

（2）组织对新员工进行岗前培训。

（3）如需要，可向公司申请适当增加一些有经验的人员加入团队。

（4）减少加班，考虑利用一些其他的方法（如提高工作效率等）来保证进度。

（5）做好团队建设和人员激励。

（6）保持与甲方和监理单位的通畅沟通。

【问题 4】答题思路解析及参考答案

一、答题思路解析

根据“答题思路总解析”中的相关阐述可知，该问题是一个纯理论性质的问题，与本案例关系不大。读者如果比较熟悉制订进度计划的工具与技术，本题就比较容易回答。**（问题难度：★★★）**

二、参考答案

除了采取进度网络分析，关键路径法和进度压缩技术外，李工在制订进度计划时还可根据项目实际情况采用诸如关键链法、资源优化技术、调整提前量和滞后量等工具和方法。

2013.11 试题一

【说明】阅读下列说明，回答问题 1 至问题 3，将解答填入答题纸的对应栏内。

案例描述及问题

一个信息系统集成项目有 A、B、C、D、E、F 共 6 个活动，目前是第 12 周末，活动信息如下：

活动 A：持续时间 5 周，预算 30 万元，没有前置活动，实际成本 35.5 万元，已完成 100%。

活动 B：持续时间 5 周，预算 70 万元，前置活动为 A，实际成本 83 万元，已完成 100%。

活动 C：持续时间 8 周，预算 60 万元，前置活动为 B，实际成本 17.5 万元，已完成 20%。

活动 D：持续时间 7 周，预算 135 万元，前置活动为 A，实际成本 159 万元，已完成 100%。

活动 E：持续时间 3 周，预算 30 万元，前置活动为 D，实际成本 0 万元，已完成 0%。

活动 F：持续时间 7 周，预算 70 万元，前置活动为 C 和 E，实际成本 0 万元，已完成 0%。

项目在开始时投入资金为 220 万元，第 10 周获得投入资金 75 万元，第 15 周获得投入资金 105 万元，第 20 周获得投入资金 35 万元。

【问题 1】（12 分）

请计算当前的成本偏差（CV）和进度偏差（SV），以及进度绩效指数（SPI）和成本绩效指数（CPI），并分析项目的进展情况。

【问题 2】（10 分）

分别按照非典型偏差和典型偏差的计算方式，计算项目在第 13 周末的完工尚需成本（ETC）和完工估算成本（EAC）。

【问题 3】（3 分）

在不影响项目完工时间的前提下，同时考虑资金平衡的要求，在第 13 周开始应该如何调整项目进度计划？

答题思路总解析

从该“案例描述及问题”后提出的三个问题可以很容易知道，该案例主要考查的是项目的成本管理和进度管理。本案例后的**【问题 1】**和**【问题 2】**以计算为主，主要考查考生对挣值技术相关计算公式的运用。**【问题 3】**需要根据相关数据绘制预算成本、实际成本和挣值的关系图。**【问题 3】**是结合**【问题 1】**计算出来的数据进行回答。**（案例难度：★★★）**

【问题 1】答题思路解析及参考答案

一、答题思路解析

要计算成本偏差（CV）、进度偏差（SV）、进度绩效指数（SPI）和成本绩效指数（CPI），就必须知道 PV（计划价值）、AC（实际成本）和 EV（挣值），因为 CV= EV－AC、SV= EV－PV、

SPI= EV/PV、CPI= EV/AC。根据“案例描述及问题”中的数据可知，截止到第 12 周末，实际成本（即 AC）是 295 万（35.5+83+17.5+159+0+0），挣值（即 EV）为 247 万（30+70+60×20%+135+0+0），但从“案例描述及问题”中无法直接知道计划价值（PV）。因此，需要采用关键路径法排出项目的进度计划，然后根据进度计划才能统计出原计划截止到第 12 周末应该完成的预算。

画出项目进度网络图，使用关键路径法，采用顺推和逆推，找出各活动最早开始时间（ES）、最早结束时间（EF）、最晚开始时间（LS）和最晚结束时间（LF）。套用公式计算出每个活动的总时差，关键路径即活动总时差全为“0”且历时最长的那（几）条路径，该项目的单代号进度网络图如下：

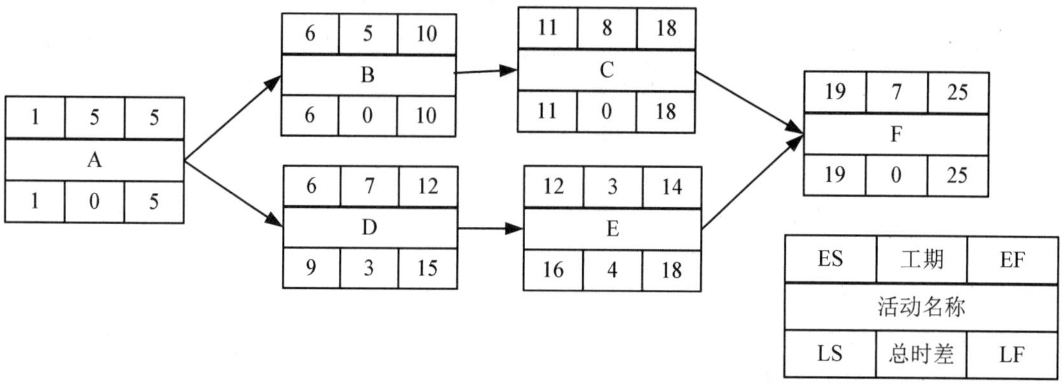

从上面的进度网络图可知，截止到第 12 周末，计划应该完成的活动是 A、B、D（注意，在默认的情况下，计划进度的执行与统计应该按进度网络图中活动最早开始时间进行）以及活动 C 的四分之一（活动 C 的持续时间估算是 8 周完成，按进度计划截至第 12 周末，该活动应该执行第 11 周和第 12 周，共 2 周）。因此，截至第 12 周末，计划价值（PV）为 250 万（30 + 70 + 60/4 + 135 + 0 + 0）。

把上述数据代入公式，即可计算出成本偏差（CV）、进度偏差（SV）、进度绩效指数 SPI 和成本绩效指数（CPI）。

我们知道：CV > 0 或 CPI > 1 表示实际成本节约（实际成本低于预算），CV < 0 或 CPI < 1 表示成本超支（实际成本超过预算）；SV > 0 或 SPI > 1 表示进度提前（实际进度提前于计划进度），SV < 0 或 SPI < 1 表示进度滞后（实际进度滞后于计划进度）。**（问题难度：★★★）**

第3章

二、参考答案

截止到第 12 周末：

PV = 30 + 70 + 60/4 + 135 + 0 + 0 = 250（万元）。

AC = 35.5 + 83 + 17.5 +159 + 0 + 0 = 295（万元）。

EV= 30 + 70 + 60×20% +135 + 0 +0 = 247（万元）。

CV = EV – AC = 247– 295 = –48（万元）。

SV = EV – PV = 247– 250 = –3（万元）。

SPI = EV/PV = 247/250 ≈ 0.99。

CPI = EV/AC = 247/295 ≈ 0.84。

由于 SPI < 1，CPI < 1，因此截至到第 12 周末，项目进度滞后，成本超支。

【问题 2】答题思路解析及参考答案

一、答题思路解析

根据题意，项目开始投资的 220 万元和第 10 周获得的投资 75 万元（共 295 万元）到第 12 周末已全部用完；而后期的投资又需要在第 15 周才能获得。因此，从第 13 周开始（即第 13 周和第 14 周），项目由于缺乏资金而处于停工状态。第 13 周末的工作状态其实和第 12 周末的工作状态是一样的。在非典型偏差的情况下，完工尚需成本（ETC）的计算公式是：ETC = BAC – EV；在典型偏差的情况下，完工尚需成本（ETC）的计算公式是：ETC =(BAC – EV)/CPI。而完工估算成本（EAC）的计算公式都是：EAC = AC + ETC。利用上述公式，可以分别计算出非典型偏差和典型偏差的情况下，完工尚需成本（ETC）和完工估算成本（EAC）。**（问题难度：★★★）**

二、参考答案

BAC = 30 + 70 + 60 + 135 + 30 + 70 = 395（万元）。

非典型偏差的情况下：

ETC = BAC – EV = 395 – 247 = 148（万元）。

EAC= AC+ ETC = 295 + 148 = 443（万元）。

典型偏差的情况下：

ETC =(BAC – EV)/CPI =(395 – 247)×295/247 ≈ 176.8（万元）。

EAC= AC+ ETC = 295 + 176.8 = 471.8（万元）。

【问题 3】答题思路解析及参考答案

一、答题思路解析

根据"答题思路总解析"中的阐述可知，该问题需要结合**【问题 1】**计算出来的数据进行回答。**【问题 1】**的计算数据告诉我们，该项目截至第 12 周末成本超支、进度滞后。而到第 12 周末，已投入的 295 万元已全部用完，这样第 13 周和第 14 周就只能处于暂时停工的状态，等第 15 周资金投入进来后，才可以复工。这样进度又延误了 2 周。此时，在不影响项目完工时间的前提下，同时考虑资金平衡的要求，结合**【问题 1】**"答题思路解析"中的项目进度网络图，可以知道，可采取的办法有：

在第 18 周周末之前通过如下手段努力完成 C 活动和 E 活动：

（1）在保证项目风险可控的前提下，适当并行执行活动 C 和活动 E 来压缩工期。

（2）用高效人员替换低效人员。

（3）改进工作技术和方法，提高工作效率，实现赶工。

（4）通过培训和激励提高人员工作效率，实现赶工（注意在成本超支、进度滞后的情况下不宜采用通过加班的方式来实现赶工，因为加班一般会导致成本的增加）。

在第 25 周周末之前通过如下手段努力完成 F 活动：

（1）用高效人员替换低效人员。

（2）改进工作技术和方法，提高工作效率，实现赶工。

（3）通过培训和激励提高人员工作效率，实现赶工。**（问题难度：★★★）**

二、参考答案

在不影响项目完工时间的前提下，同时考虑资金平衡的要求，可采取的办法有：

在第 18 周周末之前通过如下手段努力完成 C 活动和 E 活动：

（1）在保证项目风险可控的前提下，适当并行执行活动 C 和活动 E 来压缩工期。

（2）用高效人员替换低效人员。

（3）改进工作技术和方法，提高工作效率，实现赶工。

（4）通过培训和激励提高人员工作效率，实现赶工。

在第 25 周周末之前通过如下手段努力完成 F 活动：

（1）用高效人员替换低效人员。

（2）改进工作技术和方法，提高工作效率，实现赶工。

（3）通过培训和激励提高人员工作效率，实现赶工。

2013.11 试题二

【说明】阅读下列说明，回答问题 1 至问题 4，将解答填入答题纸的对应栏内。

案例描述及问题

项目组成员小张根据项目经理的要求绘制了项目 A 的 WBS 图（如下），并根据工作量对项目的成本进行了分配，如下表：

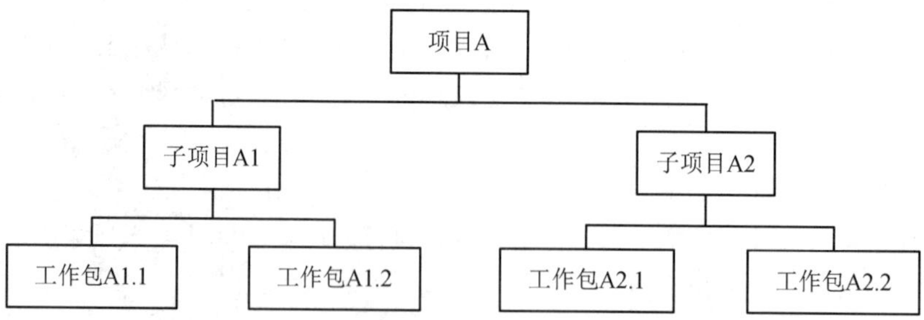

第 3 章

单位：万元

项目		子项目		工作包	
名称	估算值	名称	估算值	名称	估算值
A		A1		A1.1	12
				A1.2	14
		A2		A2.1	18
				A2.2	16

【问题 1】（3 分）

如果小张采取自下而上的估算方法。请计算 A1、A2、A 的估算值分别是多少？

【问题 2】（10 分）

在进行项目预算审批时，财务总监指出在 2012 年初公司实施过一个类似项目，当时的决算金额是 50 万元，考虑到物价因素增加 10%也是可接受的，财务总监要求据此更改预算，请根据财务总监的建议列出 A1、A2、A1.1、A2.1 的估算值以及项目的总预算。

【问题 3】（3 分）

项目经理认为该项目与公司 2012 年初实施的一个类似项目还是有一定区别的，为稳妥起见，就项目预算事宜，项目经理可以向公司财务总监提出何种建议？

【问题 4】（9 分）

除了自下而上的估算方法，本案例还应用了哪些成本估算方法？成本估算的工具与技术还有哪些？

答题思路总解析

从该“案例描述及问题”后提出的四个问题可知，该案例主要考查的是项目的成本管理。本案例后的**【问题 1】**和**【问题 2】**以计算为主。**【问题 3】**是一个文字分析题。**【问题 4】**的前半问需要结合本案例作答，后半问是一个纯理论性质的问题，与本案例关系不大。**（案例难度：★★★）**

【问题 1】答题思路解析及参考答案

一、答题思路解析

该题非常简单，自下而上估算方法的特点就是从底层开始估算，然后往上累加。“案例描述及问题”中的表格中已经有了 A1.1、A1.2、A2.1 和 A2.2 四个工作包的成本估算数据，那么子项目 A1 的成本估算值为 26 万元（12 + 14）；子项目 A2 的成本估算值为 34 万元（18 + 16）。**（问题难度：★★）**

二、参考答案

A1 的成本估算值 = 12 + 14 = 26（万元）。

A2 的成本估算值 = 18 + 16 = 34（万元）。

A 的成本估算值 = 26 + 34 = 60（万元）。

【问题 2】答题思路解析及参考答案

一、答题思路解析

从该问题的描述中不难知道，财务总监采用的是类比估算法（该方法从“财务总监指出在 2012 年初公司实施过一个类似项目，当时的决算金额是 50 万元”可以推导出）和参数估算法（该方法从“考虑到物价因素增加 10%”可以推导出）。由于 2012 年初实施的那个项目的决算金额是 50 万元，考虑到物价因素增加 10%，那么项目 A 的成本估算值应该是 50 + 50×10% = 55（万元）。而小张采用自下而上成本估算法时，估算的项目成本为 60 万元（26 + 34），因此 A1 的成本估算值应该是 55×26/60 ≈ 23.83（万元）；A2 的成本估算值应该是 55×34/60 ≈ 31.17（万元）；A1.1 的成本估算值应该是 55×12/60 = 11（万元）；A2.1 的成本估算值应该是 55×18/60 = 16.5（万元）**（问题难度：★★）**

二、参考答案

项目的总预算 = 50 + 50×10% = 55（万元）。

A1 的成本估算值 = 55×26/60 = 23.83（万元）。

A2 的成本估算值 = 55×34/60 = 31.17（万元）。

A1.1 的成本估算值 = 55×12/60 = 11（万元）。

A2.1 的成本估算值 = 55×18/60 = 16.5（万元）。

【问题 3】答题思路解析及参考答案

一、答题思路解析

该问题的描述中，项目经理认为该项目与公司 2012 年初实施的一个类似项目是有一定区别的，意味着项目经理想为项目 A 多争取一点预算，因此项目经理可以向公司财务总监提出如下建议：①项目成本预算要以项目的实际需求为基础；②由于项目具有一次性、独特性等特点，实际上根本就不存在两个完全可以“类比”的项目，如果完全按类比估算的方法进行成本估算，那么估算的结果准确性就会比较差，因此，需要根据项目的具体情况，适当调整项目预算，这样比较科学和合理。**（问题难度：★★★）**

二、参考答案

项目经理可以向公司财务总监提出如下建议：

（1）项目成本预算要以项目的实际需求为基础。

（2）由于项目具有一次性、独特性等特点，实际上根本就不存在两个完全可以“类比”的项目，如果完全按类比估算的方法进行成本估算，那么估算的结果准确性就会比较差，因此，需要根据项目的具体情况，适当调整项目预算，这样比较科学和合理。

【问题 4】答题思路解析及参考答案

一、答题思路解析

根据"答题思路总解析"中的阐述可知，该问题的前半问需要结合本案例作答，后半问是一个纯理论性质的问题，与本案例关系不大。根据【问题 2】"答题思路解析"中的阐述，本案例还应用了类比估算法和参数估算法。读者如果比较熟悉成本估算的工具与技术，那么该问题的后半问就比较容易回答（成本估算的工具与技术还有：专家判断、三点估算、储备分析、质量成本、项目管理软件、卖方投标分析、群体决策技术）。**（问题难度：★★★）**

二、参考答案

本案例还应用了类比估算法和参数估算法。

成本估算的工具与技术还有：专家判断、三点估算、储备分析、质量成本、项目管理软件、卖方投标分析、群体决策技术等。

2014.05 试题二

【说明】阅读下列说明，回答问题 1 至问题 4，将解答填入答题纸的对应栏内。

案例描述及问题

一个信息系统集成项目有 A、B、C、D、E、F、G 共 7 个活动。各个活动的顺序关系、计划进度和成本预算如下图所示，大写字母为活动名称，其后面括号中的第一个数字是该活动计划进度持续的周数，第二个数字是该活动的成本预算，单位是万元。该项目资金分三次投入，分别在第 1 周初、第 10 周初和第 15 周初投入资金。

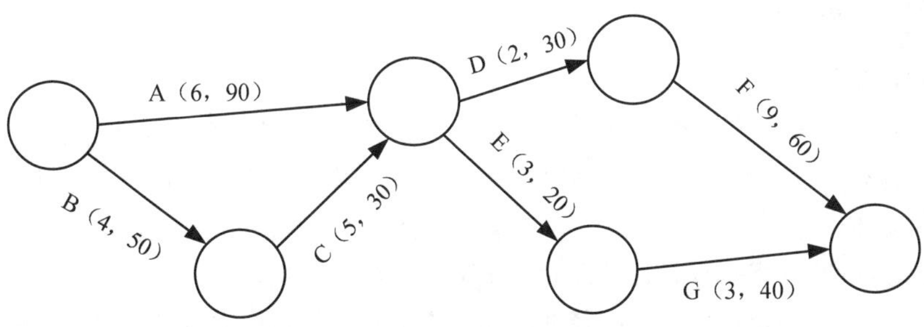

项目进行的前 9 周，由于第 3 周时公司有个临时活动停工 1 周。为赶进度，从其他项目组中临时抽调 4 名开发人员到本项目组。第 9 周末时，活动 A、B 和 C 的信息如下，其他活动均未进行。

活动 A：实际用时 8 周，实际成本 100 万元，已完成 100%；

活动 B：实际用时 4 周，实际成本 55 万元，已完成 100%；

活动 C：实际用时 5 周，实际成本 35 万元，已完成 100%。

从第 10 周开始，抽调的 4 名开发人员离开本项目组，这样项目进行到第 14 周末的情况如下，其中由于对活动 F 的难度估计不足，导致了进度和成本的偏差。

活动 D：实际用时 2 周，实际成本 30 万元，已完成 100%；

活动 E：实际用时 0 周，实际成本 0 万元，已完成 0%；

活动 F：实际用时 3 周，实际成本 40 万元，已完成 20%；

活动 G：实际用时 0 周，实际成本 0 万元，已完成 0%。

【问题 1】(10 分)

在不影响项目总体工期的前提下，制订能使资金成本最优化的资金投入计划。请计算三个资金投入点分别要投入的资金量并写出在此投入计划下项目各个活动的执行顺序。

【问题 2】(5 分)

请计算项目进行到第 9 周末时的成本偏差（CV）和进度偏差（SV），并分析项目的进展情况。

【问题 3】(5 分)

请计算项目进行到第 15 周时的成本偏差（CV）和进度偏差（SV），并分析项目的进展情况。

【问题 4】(5 分)

若需要在项目（进行到）第 15 周时计算完工尚需成本（ETC）和完工估算成本（EAC），采用哪种方式计算更适合？写出计算公式。

答题思路总解析

从该“案例描述及问题”后提出的前三个问题可知，该案例主要考查的是项目的成本管理和进度管理。本案例后提出的四个问题，都以计算为主，主要考查考生对挣值技术相关公式及关键路径法的运用。**（案例难度：★★★）**

【问题 1】答题思路解析及参考答案

一、答题思路解析

在问题描述中，要求在不影响项目总体工期的前提下，制订能使资金成本最优化的资金投入计划；其含义就是说，资金投入得越晚越好（当然，前提条件是要不影响项目的总体工期）；因为资金有时间价值，同样的资金量，越晚投入，其价值就会越大。因此，该问题其实就是需要我们按所有计划活动最迟开始时间来执行并计算此种情况下的资金需求量。

画出项目进度网络图，使用关键路径法，采用顺推和逆推，找出各活动最早开始时间（ES）、最早结束时间（EF）、最晚开始时间（LS）和最晚结束时间（LF）。套用公式计算出每个活动的总时差，关键路径即活动总时差全为“0”且历时最长的那（几）条路径，该项目的单代号进度网络图如下（为方便顺推和逆推，在网络图中，笔者在 A、C 活动和 F、G 活动后分别添加了一个历时为零的虚活动）：

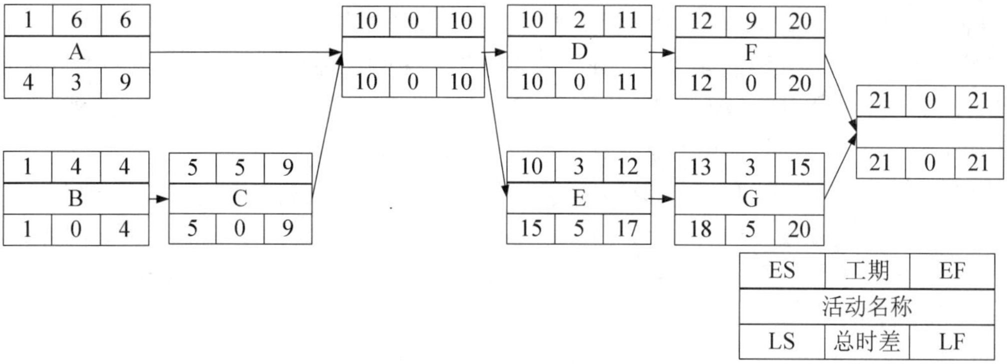

从上面的进度网络图可知，A 活动最晚开始时间是第 4 周，B 活动最晚开始时间是第 1 周，C 活动最晚开始时间是第 5 周，D 活动最晚开始时间是第 10 周，E 活动最晚开始时间是第 15 周，F 活动最晚开始时间是第 12 周，G 活动最晚开始时间是第 18 周。根据这一分析及项目进度网络图可知，第 1 周初到第 9 周末应该完成的活动是 A、B、C 三个活动；第 10 周初到第 14 周末要完成的活动是 D 和三分之一的 F 活动（F 活动一共历时 9 周，计划第 12 周、13 周和 14 周执行 F 活动，执行三周，即计划完成 F 活动的三分之一）；第 15 周初到项目结束，则应该完成剩下的工作，即 F 活动的三分之二、E 活动和 G 活动。

根据各个活动所需要的成本预算，就可以计算出，第 1 周初需要投入的资金为 170 万元（90+50+30）（用于完成第 1 周初到第 9 周末应该完成的 A、B、C 三个活动）；第 10 周初需要投入的资金为 50 万元（30+ 60×3/9）（用于完成第 10 周初到第 14 周末应该完成的 D 活动和三分之一的 F 活动）；第 15 周初需要投入的资金为 100 万元（60×6/9+20+40）（用于完成 F 活动的三分之二、E 活动和 G 活动）。**（问题难度：★★★）**

二、参考答案

第 1 周初需要投入的资金为 170 万元（90+50+30）（用于完成第 1 周初到第 9 周末应该完成的 A、B、C 三个活动）。

第 10 周初需要投入的资金为 50 万元（30+60×3/9）（用于完成第 10 周初到第 14 周末应该完成的 D 活动和三分之一的 F 活动）。

第 15 周初需要投入的资金为 100 万元（60×6/9+20+40）（用于完成 F 活动的三分之二、E 活动和 G 活动）。

活动的执行顺序可以如下安排：第 1～4 周执行 B 活动，第 4～9 周执行 A 活动，第 5～9 周执行 C 活动，第 10～11 周执行 D 活动，第 12～20 周执行 F 活动，第 15～17 周执行 E 活动，第 18～20 周执行 G 活动。

【问题 2】答题思路解析及参考答案

一、答题思路解析

要计算成本偏差（CV）、进度偏差（SV），就必须知道 PV（计划价值）、AC（实际成本）和

EV（挣值），因为 CV= EV－AC、SV= EV－PV。根据**【问题 1】**“答题思路解析”中的阐述，截止到第 9 周末的计划价值（PV）是 170 万元（90+50+30）；根据“案例描述及问题”中的数据可知，截止到第 9 周末，实际成本（AC）是 190 万元（100+55+35），挣值（EV）是 170 万元（90+50+30）。把上述数据代入公式，即可计算出成本偏差（CV）和进度偏差（SV）。

我们知道：CV > 0 或 CPI > 1 表示实际成本节约（实际成本低于预算），CV < 0 或 CPI < 1 表示成本超支（实际成本超过预算）；SV > 0 或 SPI > 1 表示进度提前（实际进度提前于计划进度），SV < 0 或 SPI < 1 表示进度滞后（实际进度滞后于计划进度）。**（问题难度：★★★）**

二、参考答案

截止到第 9 周末：

PV = 90+50+30 = 170（万元）。

AC = 100+55+35 = 190（万元）。

EV= 90+50+30 = 170（万元）。

CV = EV－AC = 170−190 = −20（万元）。

SV = EV－PV = 170−170 = 0（万元）。

由于 CV < 0，SV = 0，因此截至到第 9 周末，实际进度与计划吻合，但成本超支了 20 万元。

【问题 3】答题思路解析及参考答案

一、答题思路解析

要计算成本偏差（CV）、进度偏差（SV），就必须知道 PV（计划价值）、AC（实际成本）和 EV（挣值），因为 CV= EV－AC、SV= EV－PV。根据**【问题一】**“答题思路解析”中的阐述，截止到第 14 周末的计划价值（PV）是 220 万元（90+50+30+30+60×3/9）；根据“案例描述及问题”中的数据可知，截止到第 14 周末，实际成本（AC）是 260 万元（100+55+35+30+40），挣值（EV）是 212 万元（90+50+30+30+60×20%）。把上述数据代入公式，即可计算出成本偏差（CV）和进度偏差（SV）。

我们知道：CV > 0 或 CPI > 1 表示实际成本节约（实际成本低于预算），CV < 0 或 CPI < 1 表示成本超支（实际成本超过预算）；SV > 0 或 SPI > 1 表示进度提前（实际进度提前于计划进度），SV < 0 或 SPI < 1 表示进度滞后（实际进度滞后于计划进度）。**（问题难度：★★★）**

二、参考答案

项目进行到第 15 周时：

PV = 90+50+30+30+60×3/9 = 220（万元）。

AC = 100+55+35+30+40 = 260（万元）。

EV= 90+50+30+30+60×20% = 212（万元）。

CV = EV－AC = 212－260 = −48（万元）。

SV = EV－PV = 212－220 = −8（万元）。

由于 CV < 0，SV < 0，因此项目进行到第 15 周时，实际进度比计划进度滞后，成本超支了 48 万元。

【问题4】答题思路解析及参考答案

一、答题思路解析

“案例描述及问题”中只是提到“对F活动的难度估算不足，导致了进度和成本的偏差”，这意味着其他活动之前的估算是合适的。因此，我们只需要对F活动的完工尚需成本（ETC）和完工估算成本（EAC）采用典型偏差进行计算，其他尚未执行的E活动和G活动仍然按非典型偏差计算即可。在典型偏差的情况下，完工尚需成本（ETC）的计算公式是：ETC =(BAC – EV)/CPI；在非典型偏差的情况下，完工尚需成本（ETC）的计算公式是：ETC = BAC – EV。而完工估算成本（EAC）的计算公式都是：EAC = AC + ETC。按如上分析，可以计算出F活动的ETC（记为ETC^F）为(60 – 12)/(12/40)= 160（万元）（F活动的BAC实际上就是F活动的PV，截至第15周时F活动的EV是12万元，AC是40万元）；E活动的ETC（记为ETC^E）为20 – 0 = 20（万元）（由于截至第15周时E活动尚未执行，因此E活动的ETC实际上就等于E活动的PV）；G活动的ETC（记为ETC^G）为60 – 0 = 60（万元）（由于截至第15周时G活动尚未执行，因此G活动的ETC实际上就等于G活动的PV）。**（问题难度：★★★）**

二、参考答案

案例中只是提到“对F活动的难度估算不足，导致了进度和成本的偏差”，这意味着其他活动之前的估算是合适的。因此，对F活动采用典型偏差进行计算、对其他尚未执行的E活动和G活动仍然采用非典型偏差进行计算比较合适。

$ETC= ETC^F + ETC^E + ETC^G = (PV^F-EV^F)/CPI^F + PV^E + PV^G = (60 - 12)/(12/40)+ 20 + 40 = 48/(12/40)+ 20 + 40 = 160 + 20 + 40 = 220$（万元）。

EAC =(AC + ETC)= 260 + 220 = 480（万元）。

2014.11 试题一

【说明】阅读下列说明，回答问题1至问题3，将解答填入答题纸的对应栏内。

案例描述及问题

某项目由A、B、C、D、E、F、G、H、I、J共10个工作包组成，项目计划执行时间为5个月。在项目执行到第3个月末的时候，公司对项目进行了检查，检查结果如下表所示（假设项目工作量在计划期内均匀分布）。

工作包	预算（万元）	预算按月份分配（万元）					实际完成（%）
		第一个月	第二个月	第三个月	第四个月	第五个月	
A	12	6	6				100
B	8	2	3	3			100

续表

工作包	预算（万元）	预算按月份分配（万元）					实际完成（%）
		第一个月	第二个月	第三个月	第四个月	第五个月	
C	20		6	10	4		100
D	10		6		4		75
E	3	2	1				75
F	40			20	15	5	50
G	3					3	50
H	3				2	1	50
I	2				1	1	25
J	4				2	2	25

【问题 1】（4 分）

计算到目前为止，项目的 PV、EV 分别为多少。

【问题 2】（11 分）

假设该项目到目前为止已支付 80 万元，请计算项目的 CPI 和 SPI，并指出项目整体的成本和进度执行情况以及项目中哪些工作包落后于计划进度，哪些工作包超前于计划进度。

【问题 3】（10 分）

如果项目的当前状态代表了项目未来的执行情况，预测项目未来的结束时间和总成本。并针对项目目前的状况，提出相应的应对措施。

答题思路总解析

从该“案例描述及问题”后提出的三个问题可知，该案例主要考查的是项目的成本管理。本案例后提出的三个问题，都以计算为主，主要考查考生对挣值技术相关公式的理解和运用。**（案例难度：★★）**

【问题 1】答题思路解析及参考答案

一、答题思路解析

本题需要计算截止到第三个月末的 PV（计划价值）和 EV（挣值）。根据“案例描述及问题”中表格中给出的数据，经过简单统计就知道，截止到第三个月末，活动 A 的 PV 是 12 万元（6 + 6）、活动 B 的 PV 是 8 万元（2 + 3 + 3）、活动 C 的 PV 是 16 万元（6 + 10）、活动 D 的 PV 是 6 万元、活动 E 的 PV 是 3 万元（2 + 1）、活动 F 的 PV 是 20 万元、其他活动的 PV 都是 0。因此，截至第三个月末，项目的 PV 是 65 万元（12+ 8+ 16+ 6+ 3+ 20）；截至第三个月末，项目的 EV 是表格中“预算（万元）”一列与“实际完成（%）”一列对应数据之积/100 之后的数据之和。**（问题难度：★★）**

二、参考答案

PV= 6 + 6 + 2 + 3 + 3 + 6 + 10 + 6 + 2 + 1 + 20=65（万元）。

EV=12×100/100 +8×100/100 +20×100/100 +10×75/100 +3×75/100 +40×50/100 +3×50/100 +3×50/100 +2×25/100 +4×25/100 = 74.25（万元）。

【问题 2】答题思路解析及参考答案

一、答题思路解析

从该问题的描述中可知，截止到第三个月末，项目的实际成本（AC）是 80 万元；根据**【问题 1】**参考答案中的数据可知，截止到第三个月末的 PV 是 65 万元，EV 是 74.25 万元。本问题需要计算 CPI（成本绩效指数）和 SPI（进度绩效指数），而 CPI = EV/AC，SPI = EV/PV。把 EV、AC 和 PV 的值代入上述公式，即可计算出 CPI 和 SPI。

我们知道：CV > 0 或 CPI > 1 表示实际成本节约（实际成本低于预算），CV < 0 或 CPI < 1 表示成本超支（实际成本超过预算）；SV > 0 或 SPI > 1 表示进度提前（实际进度提前于计划进度），SV < 0 或 SPI < 1 表示进度滞后（实际进度滞后于计划进度）。因此，根据计算出来的 CPI 和 SPI 的值，就可以判断出项目整体的成本和进度执行情况。

项目中哪些工作包落后于计划进度、哪些工作包超前于计划进度，其实很简单就能判断出来，我们只需要比较截止到第三个月，各活动计划价值和挣值就可以了。从“案例描述及问题”中表格内的数据可知，截止到第三个月末，活动 A 的计划价值 PV 是 12 万元，挣值 EV 是 12 万元（EV = PV，表示实际进度与计划进度一致）；活动 B 的计划价值 PV 是 8 万元，挣值 EV 是 8 万元（EV = PV，表示实际进度与计划进度一致）；活动 C 的计划价值 PV 是 16 万元，挣值 EV 是 20 万元（EV > PV，表示实际进度超前于计划进度）；活动 D 的计划价值 PV 是 6 万元，挣值 EV 是 7.5 万元（EV > PV，表示实际进度超前于计划进度）；活动 E 的计划价值 PV 是 3 万元，挣值 EV 是 2.25 万元（EV < PV，表示实际进度落后于计划进度）；活动 F 的计划价值 PV 是 20 万元，挣值 EV 是 20 万元（EV = PV，表示实际进度与计划进度一致）；活动 G 的计划价值 PV 是 0 万元，挣值 EV 是 1.5 万元（EV > PV，表示实际进度超前于计划进度）；活动 H 的计划价值 PV 是 0 万元，挣值 EV 是 1.5 万元（EV > PV，表示实际进度超前于计划进度）；活动 I 的计划价值 PV 是 0 万元，挣值 EV 是 0.5 万元（EV > PV，表示实际进度超前于计划进度）；活动 J 的计划价值 PV 是 0 万元，挣值 EV 是 1 万元（EV > PV，表示实际进度超前于计划进度）。**（问题难度：★★）**

二、参考答案

CPI=EV/AC=74.25/80 ≈ 0.93。

SPI=EV/PV=74.25/65×100% ≈ 1.14。

由此可见，项目在第三个月末时，实际进度比计划进度有所提前，实际成本与计划成本有所超支。

落后于计划进度的工作包有：E。

超前于计划进度的工作包有：C、D、G、H、I、J。

【问题3】答题思路解析及参考答案

一、答题思路解析

本问题的前半问要预测项目未来的结束时间和总成本，即需要根据目前的情况来预测项目的完工工期和项目的完工估算（EVC）。根据问题中的“如果项目的当前状态代表了项目未来的执行情况”这句话可知，采用典型偏差来进行预测。典型偏差的含义是项目未来的工作绩效与当前一致，即项目未来的成本绩效指数和进度绩效指数都和当前一样。在典型偏差的情况下，待完工估算ETC =(BAC − EV)/CPI，而EAC = AC + ETC；在典型偏差的情况下，项目的完工工期 = 项目原工期/SPI。根据“案例分析及问题”中表格内的数据，可以统计出该项目的BAC是105（万元），根据**【问题1】**和**【问题2】**中统计和计算出来的数据，代入上面的公式，就会计算出项目的完工工期和项目的完工估算。本题的后半问需要根据项目的当前绩效来回答。由于截止到第三个月末，项目的进度提前，成本超支，因此，可采取的应对措施有：①选用投入产出比更合算的人员加入项目组，降低项目的成本开销；②采用更先进的工作技术和方法来提高工作效率，降低项目的成本开销；③通过培训和激励提高现有人员的工作效率，降低项目成本的开销；④在采用以上措施时，需要注意既降低了项目成本的开销，又能确保项目进度不延误。**（问题难度：★★）**

二、参考答案

BAC= 12+8+20+10+3+40+3+3+2+4= 105（万元）。

EAC = AC + ETC = 80+(105 − 74.25)/0.93 ≈ 113.1（万元）。

项目的完工工期 = 项目原工期/SPI = 5/1.14 = 4.39（个月）。

针对项目目前的状况，可采取的应对措施有：

（1）选用投入产出比更合算的人员加入项目组，降低项目的成本开销。

（2）采用更先进的工作技术和方法来提高工作效率，降低项目的成本开销。

（3）通过培训和激励提高现有人员的工作效率，降低项目成本的开销。

（4）在采用以上措施时，需要注意既降低了项目成本的开销，又能确保项目进度不延误。

2015.05 试题一

【说明】阅读下列说明，回答问题1至问题4，将解答填入答题纸的对应栏内。

案例描述及问题

某信息系统工程项目由A、B、C、D、E、F、G七个任务构成，项目组根据不同任务的特点，人员情况等，对各项任务进行了历时估算并排序，并给出了进度计划，如图一所示。

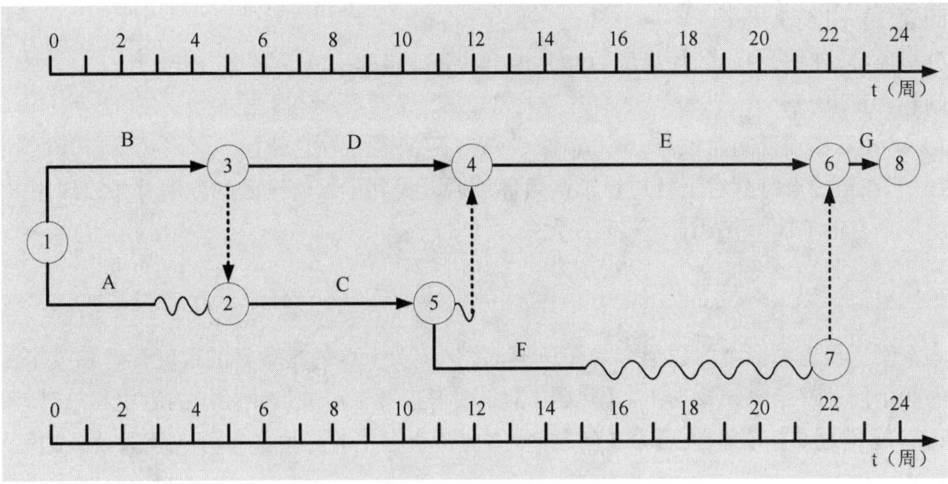

图一

项目中各项任务的预算（方框中，单位为万元），从财务部获取的监控点处各项任务的实际费用（括号中，单位为万元），及各项任务在监控点时的完成情况如图二所示。

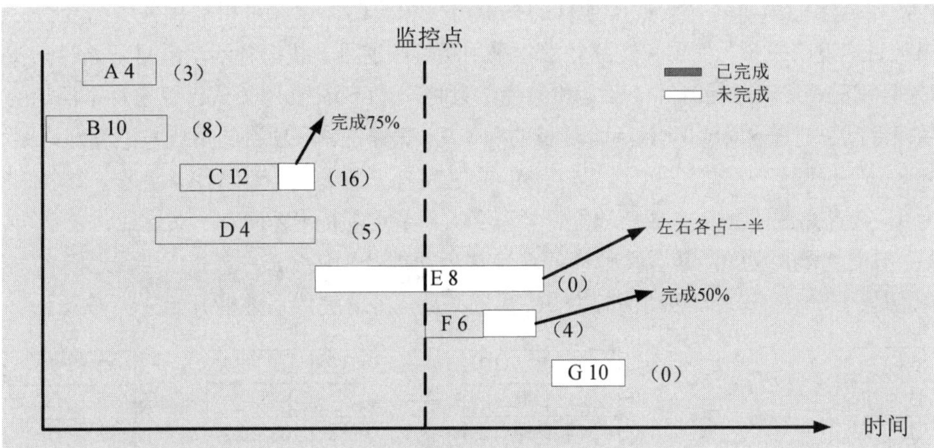

图二

【问题 1】（10 分）

（1）请指出该项目的关键路径、工期。

（2）本例给出的进度计划图叫什么图？还有哪几种图可以表示进度计划？

（3）请计算计划任务 A、D 和 F 的总时差和自由时差。

（4）若任务 C 拖延 1 周，对项目的进度有无影响？为什么？

【问题 2】（7 分）

请计算监控点时刻对应的 PV、EV、AC、CV、SV、CPI 和 SPI。

【问题 3】（4 分）

请分析监控点时刻对应的项目绩效，并指出绩效改进的措施。

【问题 4】（4 分）

（1）请计算该项目的总预算。

（2）若在监控点时刻对项目进行了绩效评估后，找到了影响绩效的原因并予以纠正，请预测此种情况下项目的 ETC、EAC。

答题思路总解析

从本案例后提出的四个问题很容易知道：该案例主要考查的是项目的进度管理和成本管理。本案例后的四个问题都是以计算为主。**【问题 1】**主要考查考生对关键路径法的运用和总时差、自由时差的计算；**【问题 2】**、**【问题 3】**和**【问题 4】**主要考查考生对挣值技术相关计算公式的运用。**（案例难度：★★★）**

【问题 1】答题思路解析及参考答案

一、答题思路解析

首先，该问题的第一问是要找出项目的关键路径和工期，因此可以运用关键路径法。

画出项目进度网络图，使用关键路径法，采用顺推和逆推，找出各活动最早开始时间（ES）、最早结束时间（EF）、最晚开始时间（LS）和最晚结束时间（LF）。套用公式计算出每个活动的总时差，关键路径即活动总时差全为“0”且历时最长的那（几）条路径，该项目的单代号进度网络图如下（注意：“案例分析及问题”中的“图一”，节点③->②之间有一条虚线，表示③->②是一个虚任务，该任务历时为 0，其含义是任务 B 完成后才能开始任务 C；节点⑤->④之间有一条虚线，表示⑤->④是一个虚任务，该任务历时为 0，其含义是任务 C 完成后才能开始任务 E；节点⑦->⑥之间有一条虚线，表示⑦->⑥是一个虚任务，该活动历时为 0，其含义是任务 F 完成后才能开始任务 G）。

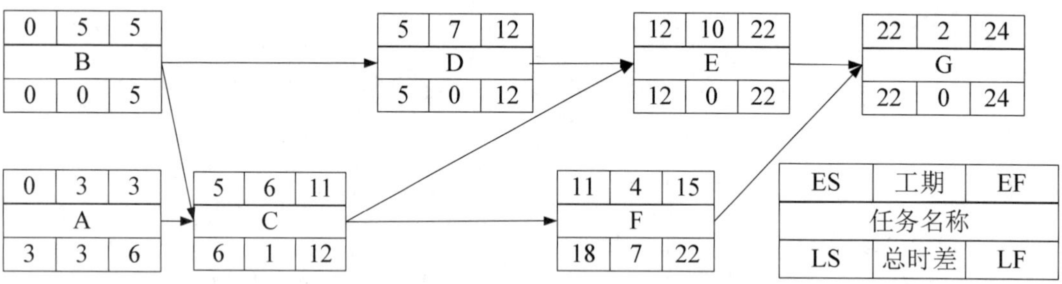

因此，项目的关键路径为 BDEG，项目工期为 24 周。

该问题的第（2）小问是一个纯理论性质的问题，读者如果比较熟悉“制订进度计划过程的输出”就容易知道，本例给出的进度计划图叫双代号时标网络图。还有双代号网络图、甘特图和单代号网络图等可以表示进度计划。

该问题的第（3）小问，利用总时差和自由时差的计算公式进行计算，任务 A 的总时差是 3 周

（3 - 0），自由时差是 2 周（5 - 2）；任务 D 的总时差是 0 周（5 - 5），自由时差是 0 周（12 - 12）；任务 F 的总时差是 7 周（18 - 11），自由时差是 7 周（22 - 15）。

该问题的第（4）小问，根据上面的项目进度网络图可知，任务 C 有 1 周的总时差，因此若任务 C 拖延 1 周，对项目的进度没有影响。**（问题难度：★★★）**

二、参考答案

（1）项目的关键路径为 BDEG，项目工期为 24 周。

（2）本例给出的进度计划图叫双代号时标网络图，还有双代号网络图、甘特图和单代号网络图等可以表示进度计划。

（3）任务 A 的总时差是 3 周，自由时差是 2 周；任务 D 的总时差是 0 周，自由时差是 0 周；任务 F 的总时差是 7 周，自由时差是 7 周。

（4）若任务 C 拖延 1 周，对项目的进度没有影响。因为任务 C 有 1 周的总时差。

【问题 2】答题思路解析及参考答案

一、答题思路解析

要计算监控点时刻对应的 PV、EV、AC、CV、SV、CPI 和 SPI，就需要先观察“案例描述及问题”中的“图二”中的数据，先统计出截止到监测点时刻的 PV（计划价值）、AC（实际成本）和 EV（挣值），然后利用公式：CV= EV - AC、CPI= EV / AC、SV= EV - PV、SPI= EV / PV 分别计算出成本偏差（CV）、进度偏差（SV）、成本绩效指数 CPI 和进度绩效指数（SPI）。根据“案例描述及问题”中“图二”中的数据可知，截止到监测点时刻的 PV 是 34 万元（4 + 10 + 12 + 4 + 8/2），AC 是 36 万元（3 + 8 + 16 + 5 + 4），EV 是 30 万元（4 + 10 + 12×75% + 4 + 6×50%）（注意：任务 F 原计划是在监测点之后开始的，实际上提前执行了，到监测点时刻已完成了 50%，所以统计项目挣值 EV 时，需要把任务 F 的挣值也统计进去）。把上述数据代入相关公式，即可计算出成本偏差（CV）、进度偏差（SV）、成本绩效指数（CPI）和进度绩效指数（SPI）。**（问题难度：★★）**

二、参考答案

PV = 4 + 10 + 12 + 4 + 8/2 = 34（万元）。

EV = 4 + 10 + 12×75% + 4 + 6×50% = 30（万元）。

AC = 3 + 8 + 16 + 5 + 4 = 36（万元）。

SV = EV - PV = 30−34 = −4（万元）。

CV = EV - AC = 30−36 = −6（万元）。

CPI = EV / AC = 30/36 ≈ 0.83。

SPI = EV / PV = 30/34 ≈ 0.88。

【问题 3】答题思路解析及参考答案

一、答题思路解析

我们知道：CV > 0 或 CPI > 1 表示实际成本节约（实际成本低于预算），CV < 0 或 CPI < 1 表

示成本超支（实际成本超过预算）；SV > 0 或 SPI > 1 表示进度提前（实际进度提前于计划进度），SV < 0 或 SPI < 1 表示进度滞后（实际进度滞后于计划进度）。根据**【问题 2】**的参考答案可知，CPI < 1，SPI < 1，因此此时项目进度滞后、成本超支。这种情况，改进绩效的措施主要有：

（1）用高效人员替换低效人员。

（2）改进工作技术和方法，提高工作效率，实现赶工。

（3）通过培训和激励提高人员工作效率，实现赶工（注意在成本超支、进度滞后的情况下不宜采用通过加班的方式来实现赶工，因为加班一般会导致成本的增加）。**（问题难度：★★★）**

二、参考答案

当前项目的绩效是进度滞后、成本超支。

改进绩效的措施主要有：

（1）用高效人员替换低效人员。

（2）改进工作技术和方法，提高工作效率，实现赶工。

（3）通过培训和激励，提高人员工作效率，实现赶工。

【问题 4】答题思路解析及参考答案

一、答题思路解析

该问题的第（1）小问要我们计算该项目的总预算，只需要把“案例分析及问题”中“图二”中各活动的预算累加即可，即项目的总预算 BAC 是 54 万元（4 + 10 + 12 + 4 + 8 + 6 + 10）。

该问题的第（2）小问是要考生计算在非典型偏差（从“若在监控点时刻对项目进行了绩效评估后，找到了影响绩效的原因并予以纠正”这句话可以推导出）的情况下项目的完工尚需成本（ETC）（非典型偏差下，ETC = BAC - EV）和完工估算（EAC）（EAC = AC + ETC）。将相关数据代入公式，即可计算出 ETC 和 EAC。**（问题难度：★★★）**

二、参考答案

第一小问：

项目的总预算 BAC 是 54 万元。

第二小问：

ETC = BAC - EV = 54-30 = 24（万元）。

EAC = AC + ETC = 36 + 24 = 60（万元）。

2015.11 试题二

【说明】阅读下列说明，回答问题 1 至问题 4，将解答填入答题纸的对应栏内。

案例描述及问题

已知某信息工程项目由 A、B、C、D、E、G、H、I 八个活动构成，项目工期要求为 100 天。

项目组根据初步历时估算、各活动间逻辑关系得出的初步进度计划网络图如下图所示（箭线下方为活动历时）。

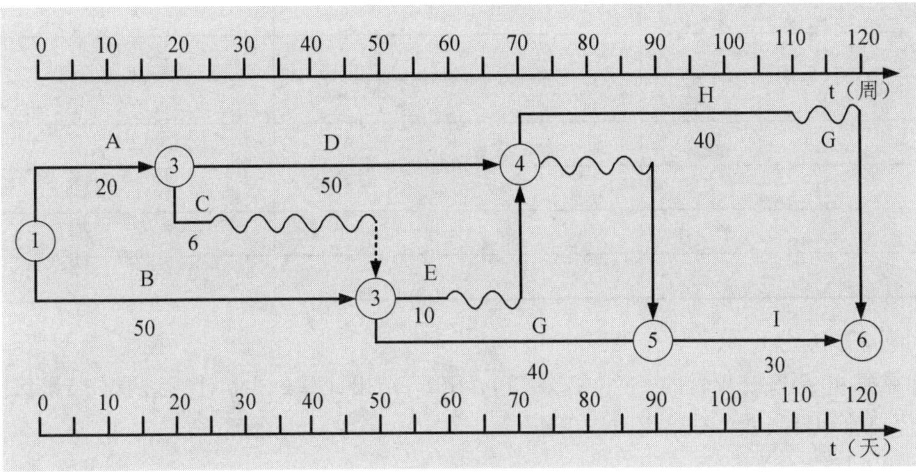

【问题 1】（7 分）

（1）请给出该项目初步进度计划的关键路径和工期。

（2）该项目进度计划需要压缩多少天才能满足工期要求？可能需要压缩的活动都有哪些？

（3）若项目组将 B 和 H 均压缩至 30 天，是否可满足工期要求？压缩后项目的关键路径有多少条？关键路径上的活动是什么？

【问题 2】（9 分）

项目组根据工期要求，资源情况及预算进行了工期优化，即将活动 B 压缩至 30 天、D 压缩至 40 天，并形成了最终进度计划网络图；给出的项目所需资源数量与资源费率如下：

活动	资源	费率（元/人天）	活动	资源	费率（元/人天）
A	1 人	180	E	1 人	180
B	2 人	220	G	2 人	200
C	1 人	150	H	2 人	100
D	2 人	240	I	2 人	150

按最终进度计划执行到第 40 天晚对项目进行监测时发现，活动 D 完成一半，活动 E 准备第二天开始，活动 G 完成了 1/4；此时累计支付的实际成本为 40000 元，请在下表中填写此时该项目的绩效信息。

活动	PV	EV
A		
B		

续表

活动	PV	EV
C		
D		
E		
G		
H		
I		
合计		

【问题 3】（6 分）

请计算第 40 天晚时项目的 CV、SV、CPI、SPI（给出计算公式和计算结果，结果保留 2 位小数），评价当前项目绩效，并给出改进措施。

【问题 4】（3 分）

项目组发现问题后及时进行了纠正，对项目的后续执行没有影响，请预测项目完工尚需成本（ETC）和完工估算（EAC）（给出计算公式和计算结果）。

答题思路总解析

从本案例后提出的四个问题很容易知道：该案例主要考查的是项目的进度管理和成本管理。本案例后的四个问题都是以计算为主。**【问题 1】**主要考查考生对关键路径法的运用；**【问题 2】**、**【问题 3】**和**【问题 4】**主要考查考生对挣值技术相关计算公式的运用（其中**【问题 3】**还涉及需要根据当前的项目绩效提出改进措施）。**（案例难度：★★★★）**

【问题 1】答题思路解析及参考答案

一、答题思路解析

首先，该问题的第（1）小问要找出项目的关键路径和工期，因此可以运用关键路径法。

画出项目进度网络图，使用关键路径法，采用顺推和逆推，找出各活动最早开始时间（ES）、最早结束时间（EF）、最晚开始时间（LS）和最晚结束时间（LF）。套用公式计算出每个活动的总时差，关键路径即活动总时差全为“0”且历时最长的那（几）条路径，该项目的单代号进度网络图如下（注意：“案例分析及问题”中的网络图，节点④->⑤之间有一条连结线，但没有具体活动，表示④->⑤是一个虚活动，该活动历时为 0，其含义是活动 D 完成后才能开始活动 I）：

根据“案例描述及问题”中给出的网络图可知，活动 B、C 完成后才能开展活动 E 和活动 G，活动 D、活动 E 完成后才能开展活动 H 和活动 I。为方便读者更容易看懂项目进度网络图，笔者在活动 B 和活动 C 后增加了一个历时为 0 的活动 L，在活动 D 和活动 E 后增加了一个历时为 0 的活动 M。

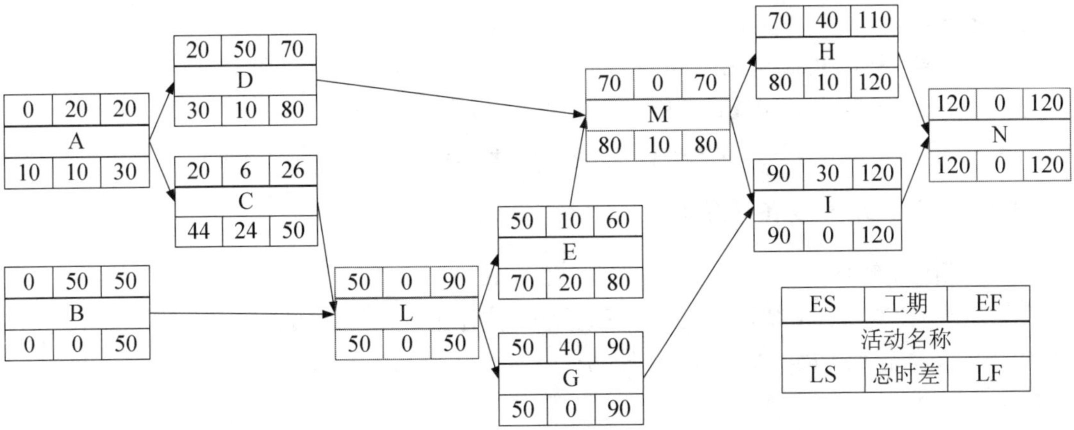

因此，很容易知道该问题第（1）小问的答案：项目的关键路径为 BGI，项目工期为 120 天。

采用关键路径法排出的项目工期为 120 天，公司要求的项目工期为 100 天，因此需要压缩 20 天才能满足公司的工期要求。根据项目进度网络图，该项目的网络路径有：BGI（历时为：50 + 40 + 30 = 120 天）、BEI（历时为：50 + 10 + 30 = 90 天）、BEH（历时为：50 + 10 + 40 = 100 天）、ADH（历时为：20 + 50 + 40 = 110 天）、ADI（历时为：20 + 50 + 30 = 100 天）、ACEH（历时为：20 + 6 + 10 + 40 = 76 天）、ACEI（历时为：20 + 6 + 10 + 30 = 66 天）、ACGI（历时为：20 + 6 + 40 + 30 = 96 天）。由于只有 BGI 和 ADH 这两条路径的历时超过了 100 天，因此可能需要压缩的活动为：A、B、D、G、H、I。因此，该问题第（2）小问也迎刃而解。

针对该问题的第（3）小问，B 和 H 均压缩至 30 天后，项目的进度网络图如下：

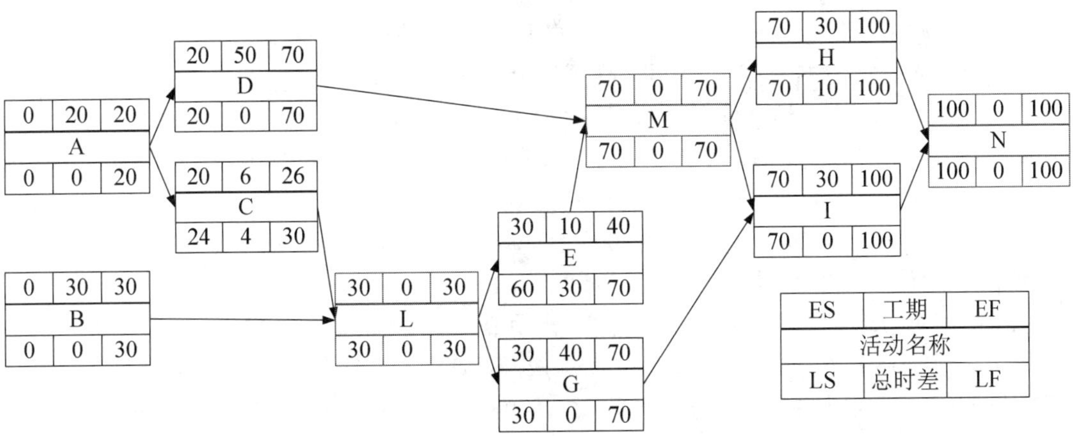

从该网络图可以看出，项目总工期为 100 天，因此，若项目组将 B 和 H 均压缩至 30 天，是可以满足工期要求的。压缩后项目的关键路径有 3 条，分别是：ADH、ADI、BGI。（**问题难度：★★★★**）

二、参考答案

（1）关键路径是 BGI，项目工期为 120 天。

（2）需要压缩 20 天，可能需要压缩的活动时：A、B、D、G、H、I。

（3）可以满足工期要求。关键路径有 3 条，分别是：ADH、ADI 和 BGI。

【问题 2】答题思路解析及参考答案

一、答题思路解析

项目组根据工期要求，资源情况及预算进行了工期优化，即将活动 B 压缩至 30 天、活动 D 压缩至 40 天，此种情况下的项目进度网络图为：

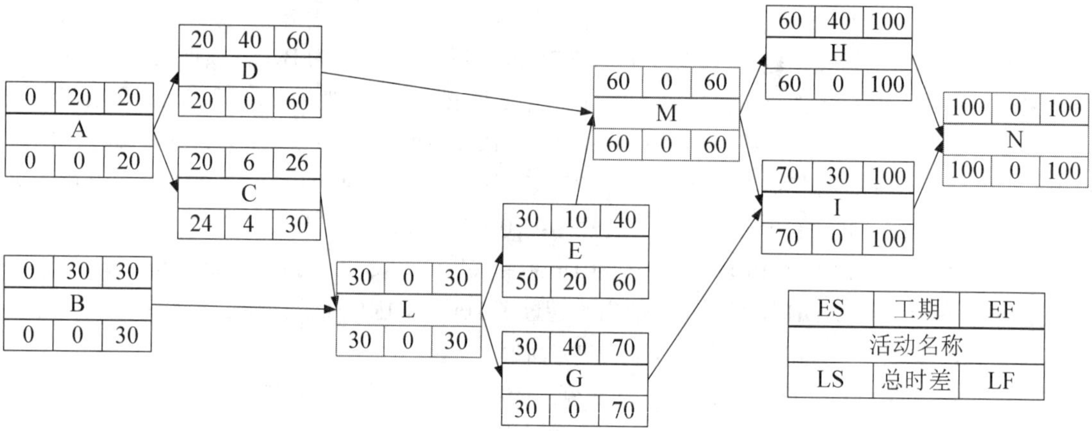

根据该问题中给出的所需资源数量与资源费率，结合上述项目进度网络图，很容易计算出各个活动 0～40 天的计划价值（PV）。A 活动的 PV 是 3600 元（20×1×180 = 3600）（活动 A 按计划应该做完）、活动 B 的 PV 是 13200 元（30×2×220 = 13200）（活动 B 按计划应该做完）、活动 C 的 PV 是 900 元（6×1×150 = 900）（活动 C 按计划应该做完）、活动 D 的 PV 是 9600 元（40×2×240/2 = 9600）（活动 D 按计划应该做完一半）、活动 E 的 PV 是 1800 元（10×1×180 = 1800）（活动 E 按计划应该做完）、活动 G 的 PV 是 4000 元（40×2×200/4 = 4000）（活动 G 按计划应该做完四分之一）、活动 H 和活动 I，按计划还没有开始，因此它们的 PV 都是 0 元。

执行到第 40 天晚对项目进行监测时发现，活动 D 完成一半，活动 E 准备第二天开始，活动 G 完成了 1/4，则意味着 A、B、C 三个活动已经完成，而 H 和 I 两个活动还没有开始。因此，活动 A 的 EV 是 3600 元、活动 B 的 EV 是 13200 元、活动 C 的 EV 是 900 元、活动 D 的 EV 是 9600 元（40×2×240/2 = 9600）（活动 D 实际做完了一半）、活动 G 的 EV 是 4000 元（40×2×200/4 = 4000）（活动 G 实际做完了四分之一）；活动 E、活动 H 和活动 I 都还没有开始，因此它们的 EV 都是 0 元。**（问题难度：★★★）**

二、参考答案

活动	PV	EV
A	3600（元）	3600（元）
B	13200（元）	13200（元）
C	900（元）	900（元）
D	9600（元）	9600（元）
E	1800（元）	0（元）
G	4000（元）	4000（元）
H	0（元）	0（元）
I	0（元）	0（元）
合计	33100（元）	31300（元）

【问题3】答题思路解析及参考答案

一、答题思路解析

要计算第40天晚时项目的CV、SV、CPI、SPI，有了**【问题2】**的参考答案，该问题就很容易了。利用公式：CV= EV－AC、SV= EV－PV、CPI= EV / AC、SPI= EV / PV分别计算出成本偏差（CV）、进度偏差（SV）、成本绩效指数（CPI）和进度绩效指数（SPI）。根据**【问题2】**的参考答案和**【问题2】**中的描述：累计支付的实际成本为40000元，我们知道PV = 33100元，EV = 31300元，AC = 40000元。因此，CV= EV－AC = 31300－40000 =－8700（元）、SV= EV－PV = 31300－33100 =－1800（元）、CPI= EV/AC ≈ 31300/40000 = 0.78、SPI= EV/PV = 31300/33100 ≈ 0.95。

我们知道：CV > 0或CPI > 1表示实际成本节约（实际成本低于预算），CV < 0或CPI < 1表示成本超支（实际成本超过预算）；SV > 0或SPI > 1表示进度提前（实际进度提前于计划进度），SV < 0或SPI < 1表示进度滞后（实际进度滞后于计划进度）。由于CPI = 0.78（CPI < 1）、SPI = 0.95（SPI < 1），因此此时项目进度滞后、成本超支。这种情况，改进绩效的措施主要有：①用高效人员替换低效人员实现赶工；②改进工作技术和方法，提高工作效率，实现赶工；③通过培训和激励提高人员工作效率，实现赶工（注意在成本超支、进度滞后的情况下不宜采用通过加班的方式来实现赶工，因为加班一般会导致成本的增加）。**（问题难度：★★★）**

二、参考答案

CV= EV－AC = 31300－40000 =－8700（元）。

SV= EV－PV = 31300－33100 =－1800（元）。

CPI= EV / AC = 31300/40000 ≈ 0.78。

SPI= EV / PV = 31300/33100 ≈ 0.95。

当前项目的绩效是进度滞后、成本超支。

改进绩效的措施主要有：

（1）用高效人员替换低效人员，实现赶工。

（2）改进工作技术和方法，提高工作效率，实现赶工。

（3）通过培训和激励提高人员工作效率，实现赶工。

【问题 4】答题思路解析及参考答案

一、答题思路解析

该问题是要考生计算在非典型偏差（从“项目组发现问题后及时进行了纠正，对项目的后续执行没有影响”这句话可以推导出）的情况下项目的完工尚需成本（ETC）（非典型偏差下，ETC = BAC－EV）和完工估算（EAC）（EAC = AC + ETC）。将相关数据代入公式，即可计算出 ETC 和 EAC。

根据题目中的相关数据知道，活动 A 的总 PV 是 3600 元（20×1×180 = 3600）、活动 B 的总 PV 是 13200 元（30×2×220 = 13200）、活动 C 的总 PV 是 900 元（6×1×150 = 900）、活动 D 的总 PV 是 19200 元（40×2×240 = 19200）、活动 E 的总 PV 是 1800 元（10×1×180 = 1800）、活动 G 的总 PV 是 16000 元（40×2×200 = 16000）、活动 H 的总 PV 是 8000 元（40×2×100 = 8000）、活动 I 的总 PV 是 9000 元（30×2×150 = 9000）。因此，BAC 为 71700 元（3600 + 13200 + 900 + 19200 + 1800 + 16000 + 8000 + 9000）。**（问题难度：★★★）**

二、参考答案

该项目的 BAC 是 71700 元。

ETC = BAC－EV = 71700－31300 = 40400（元）。

EAC = AC + ETC = 40000 + 40400 = 80400（元）。

2016.05 试题一

【说明】阅读下列说明，回答问题 1 至问题 3，将解答填入答题纸的对应栏内。

案例描述及问题

下图给出了一个信息系统项目的进度网络图：

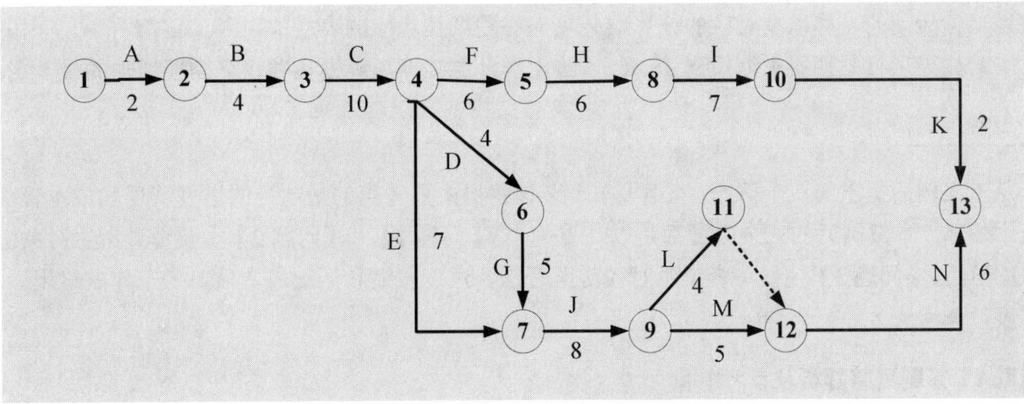

下表给出了该项目各项作业正常工作与赶工工作的时间和费用：

活动	正常工作		赶工工作	
	时间/天	费用/元	时间/天	费用/元
A	2	1200	1	1500
B	4	2500	3	2700
C	10	5500	7	6400
D	4	3400	2	4100
E	7	1400	5	1600
F	6	1900	4	2200
G	5	1100	3	1400
H	6	9300	4	9900
I	7	1300	5	1700
J	8	4600	6	4800
K	2	300	1	400
L	4	900	3	1000
M	5	1800	3	2100
N	6	2600	3	2960

【问题 1】（3 分）

请给出项目关键路径。

【问题 2】（3 分）

请计算项目总工期。

【问题 3】（19 分）

（1）请计算关键路径上各活动的可缩短时间，每缩短一天增加的费用和增加的总费用。将关键路径上各活动的名称以及对应的计算结果填入答题纸相对应的表格中。

（2）如果项目工期要求缩短到 38 天，请给出具体的工期压缩方案并计算需要增加的最少费用。

答题思路总解析

从本案例后提出的三个问题，很容易知道：该案例主要考查的是项目的进度管理和成本管理中的成本估算。本案例后的三个问题都是以计算为主。**【问题 1】**和**【问题 2】**主要考查考生对关键路径法的运用；**【问题 3】**主要考查考生对关键路径法、进度压缩和活动成本估算等工作的运用。**（案例难度：★★★）**

【问题 1】答题思路解析及参考答案

一、答题思路解析

画出项目进度网络图，使用关键路径法，采用顺推和逆推，找出各活动最早开始时间（ES）、最早结束时间（EF）、最晚开始时间（LS）和最晚结束时间（LF）。套用公式计算出每个活动的总时差，关键路径即活动总时差全为“0”且历时最长的那（几）条路径，该项目的单代号进度网络图如下（注意：根据“案例分析及问题”中的图示，节点⑪->⑫之间有一条虚线，表示⑪->⑫是一个虚任务，该任务历时为 0，其含义是任务 L 完成后才能开始任务 N）：

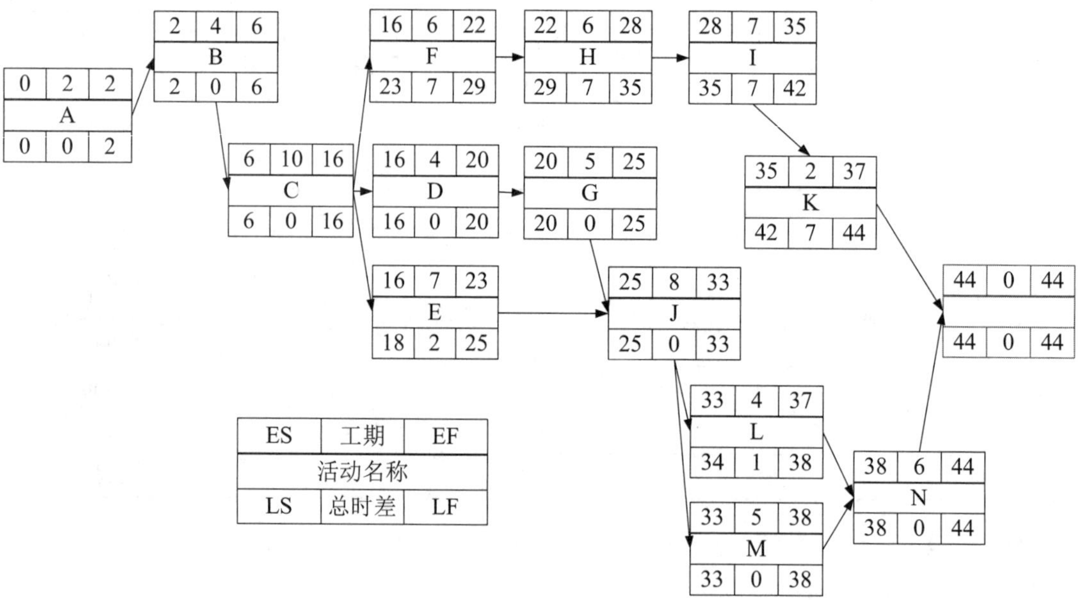

因此，项目的关键路径为 ABCDGJMN。**（问题难度：★★★）**

二、参考答案

项目的关键路径为 ABCDGJMN。

【问题2】答题思路解析及参考答案

一、答题思路解析

根据**【问题1】**答题思路解析，很容易知道，项目的总工期为44天。**（问题难度：★★）**

二、参考答案

项目的总工期为44天。

【问题3】答题思路解析及参考答案

一、答题思路解析

针对本问题的第（1）小问，根据**【问题1】**答题思路解析和参考答案可知，项目关键路径上的活动为A、B、C、D、G、J、M、N这8个活动。根据“案例描述及问题”中表格中的数据，很容易知道：活动A可以缩短1天（2-1），每缩短一天增加的费用是300元（1500-1200），增加的总费用是300元（1500-1200）；活动B可以缩短1天（4-3），每缩短一天增加的费用是200元（2700-2500），增加的总费用是200元（2700-2500）；活动C可以缩短3天（10-7），每缩短一天增加的费用是300元［(6400-5500)/3］，增加的总费用是900元（6400-5500）；活动D可以缩短2天（4-2），每缩短一天增加的费用是350元［(4100-3400)/2］，增加的总费用是700元（4100-3400）；活动G可以缩短2天（5-3），每缩短一天增加的费用是150元［(1400-1100)/2］，增加的总费用是300元（1400-1100）；活动J可以缩短2天（8-6），每缩短一天增加的费用是100元［(4800-4600)/2］，增加的总费用是200元（4800-4600）；活动M可以缩短2天（5-3），每缩短一天增加的费用是150元［(2100-1800)/2］，增加的总费用是300元（2100-1800）；活动N可以缩短3天（6-3），每缩短一天增加的费用是120元［(2960-2600)/3］，增加的总费用是360元（2960-2600）。

针对本问题的第（2）小问，根据**【问题1】**答题思路解析和参考答案可知，该项目一共有5条网络路径，分别是ABCFHIK、ABCDGJLN、ABCDGJMN、ABCEJLN和ABCEJMN。路径ABCFHIK的历时长度为27天；路径ABCDGJLN的历时长度为43天；路径ABCDGJMN的历时长度为44天（关键路径）；路径ABCEJLN的历时长度为41天；路径ABCEJMN的历时长度为42天。因此，只有ABCDGJLN、ABCDGJMN、ABCEJLN和ABCEJMN这4条路径需要压缩（因为它们都超过了38天），其中路径ABCDGJLN需要压缩5天（43-38）、路径ABCDGJMN需要压缩6天（44-38）、路径ABCEJLN需要压缩3天（41-38）、路径ABCEJMN需要压缩4天（42-38）。需要压缩的可能活动就是A、B、C、D、E、G、J、L、M、N。题目要求要保证增加的费用最少，因此，针对某条具体路径进行压缩时，需要从该条路径可以压缩的活动中，选择压缩单位时长增加费用最少的活动开始压缩。可以先把关键路径压缩到38天（因为关键路径是首先必须压缩的），看看压缩关键路径后，其他路径的历时长度有没有缩短到38天（含38天）之内；如果其他路径的历时长度已经小于等于38天了，那就不需要再压缩了，否则再去压缩那些历时长度超过了38天的路径。关键路径上的活动是A、B、C、D、G、J、M和N，根据对本问题第（1）小问的解析，很容易知道，应该首先压缩活动J和活动N，J活动可以压缩2天，增加的成本是200元；N活动可以压缩3天，增加的成本是360元；然后再把活动G或活动M压缩1天，增加的成本是150元，此时增加的费用为710元（200＋3600＋150）[①]。这样，原来的关键路径就缩短到了38天。此时，ABCDGJLN的历时长度为38天（2+4+10+4+5+6+4+3），路径ABCEJLN的历时长度为36天（2+4+10+7+6+4+3），路径ABCEJMN的历时长度为36天（2+4+10+7+6+4+3）；路径ABCDGJLN、ABCEJLN和ABCEJMN的历时长度都没有超过38天，因此就不需要再压缩了。**（问题难度：★★★）**

二、参考答案

第一小问：

活动	可压缩时间	每缩短1天增加的费用	增加的总费用
A	1	300	300
B	1	200	200
C	3	300	900
D	2	350	700
G	2	150	300
J	2	100	200
M	2	150	300
N	3	120	360

第二小问：

如果项目工期要求缩短到38天，则可以这样来压缩工期：活动J压缩2天、活动M压缩1天、活动N压缩3天，需要增加的最少费用是710元。

2016.11 试题一

【说明】阅读下列说明。回答问题1至问题4，将解答填入答题纸的对应栏内。

案例描述及问题

已知某信息工程由A、B、C、D、E、F、G、H八个活动构成，项目的活动历时，活动所需人数、费用及活动逻辑关系如下表所示：

① 该问题的第（2）小问存在一定的歧义：按照“案例描述及问题”中给出的“各项作业正常工作与赶工工作的时间”，活动G和活动M要么压缩2天、要么不压缩，不能单独压缩1天，如果是这样的话，那么就只能压缩活动B了，此时增加的费用为760元（200＋360＋200）。而该问题的第（1）小问要求计算“每缩短一天增加的费用”，则又意味着活动可以单独压缩1天。

活动	历时（单位：天）	所需人数	费用（单位：元/人天）	紧前活动
A	3	3	100	-
B	2	1	200	A
C	8	4	400	A
D	4	3	100	B
E	10	2	200	C
F	7	1	200	C
G	8	3	300	D
H	5	4	200	E、F、G

【问题 1】（4 分）

请给出该项目的关键路径和工期。

【问题 2】（12 分）

第 14 天晚的监控数据显示活动 E、G 均完成一半，F 尚未开始，项目实际成本支出为 12000 元。

（1）请计算此时项目的计划值（PV）和挣值（EV）。

（2）请判断此时项目的成本偏差（CV）和进度偏差（SV），以及成本和进度执行情况。

【问题 3】（3 分）

若后续不作调整，项目工期是否有影响？为什么？

【问题 4】（6 分）

（1）请给出总预算（BAC）、完工尚需估算（ETC）和完工估算（EAC）的值。

（2）请预测是否会超出总预算（BAC）？完工偏差（VAC）是多少？

答题思路总解析

从本案例后提出的四个问题，很容易知道：该案例主要考查的是项目的进度管理和成本管理。本案例后的四个问题都是以计算为主。**【问题 1】**主要考查考生对关键路径法的运用；**【问题 2】**、**【问题 3】**和**【问题 4】**主要考查考生对挣值技术的运用。**（案例难度：★★★）**

【问题 1】答题思路解析及参考答案

一、答题思路解析

画出项目进度网络图，使用关键路径法，采用顺推和逆推，找出各活动最早开始时间（ES）、最早结束时间（EF）、最晚开始时间（LS）和最晚结束时间（LF）。套用公式计算出每个活动的总时差，关键路径即活动总时差全为“0”且历时最长的那（几）条路径，该项目的单代号进度网络图如下：

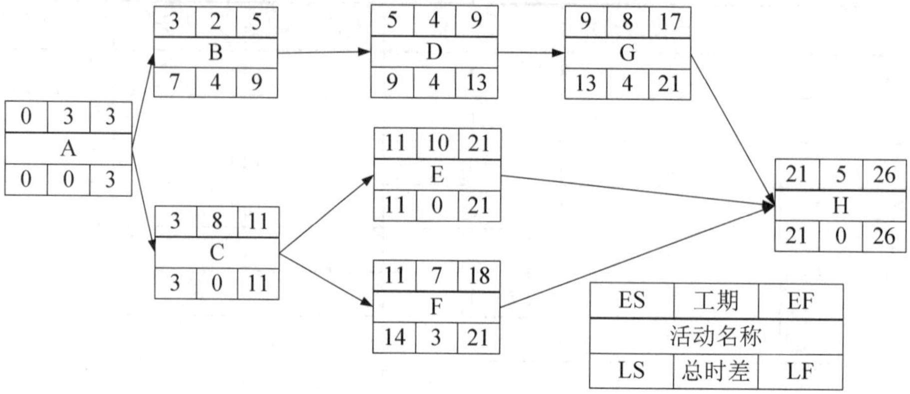

因此，项目的关键路径为 ACEH，项目的工期为 26 天。**（问题难度：★★★）**

二、参考答案

项目的关键路径为 ACEH，工期为 26 天。

【问题 2】答题思路解析及参考答案

一、答题思路解析

在理想情况下，所有活动都是以它们的最早开始时间来执行的。因此，根据**【问题 1】**答题思路解析，很容易知道，按计划到第 14 天晚，应该完成的活动有：A、B、C、D。另外，活动 E 应该完成 3 天任务量，活动 F 应该完成 3 天任务量，活动 G 应该完成 5 天任务量。因此，截至第 14 天晚的 PV 应该是：3×3×100 + 2×1×200 + 8×4×400 + 4×3×100 + 3×2×200 + 3×1×200 + 5×3×300=900 + 400 + 12800 + 1200 + 1200 + 600 + 4500 = 21600（元）。根据【问题 2】中给出的信息可知，截至第 14 天晚，实际完成的活动有：A、B、C、D，活动 E、G 均完成一半。因此，截至第 14 天晚的 EV 应该是：3×3×100 + 2×1×200 + 8×4×400 + 4×3×100 + 5×2×200 + 4×3×300=900 + 400 + 12800 + 1200 + 2000 + 3600 = 20900（元）。因此，就可以根据公式计算出成本偏差（CV）和进度偏差（SV）：CV= EV − AC = 20900 − 12000 = 8900（元），SV = EV − PV = 20900 − 21600 = −700（元）。由于 CV > 0，SV< 0，所以成本节约，进度滞后。**（问题难度：★★★）**

二、参考答案

（1）PV = 3×3×100 + 2×1×200 + 8×4×400 + 4×3×100 + 3×2×200 + 3×1×200 + 5×3×300=900 + 400 + 12800 + 1200 + 1200 + 600 + 4500 = 21600（元）。EV = 3×3×100 + 2×1×200 + 8×4×400 + 4×3×100 + 5×2×200 + 4×3×300=900 + 400 + 12800 + 1200 + 2000 + 3600 = 20900（元）。

（2）成本偏差 CV= EV − AC = 20900 − 12000 = 8900（元），进度偏差 SV = EV − PV = 20900 − 21600 = −700（元）。由于 CV > 0，SV< 0，所以成本节约，进度滞后。

【问题3】答题思路解析及参考答案

一、答题思路解析

根据【问题3】中给出的信息："若后续不作调整"可知，项目未来的绩效是典型偏差。因此，项目的完成工期估算 = 预计工期/SPI = 26/(20900/21600)≈26.87（天）>26（天），即对项目工期会有影响，工期会延长。（问题难度：★★★）

二、参考答案

项目的完成工期估算 = 预计工期/SPI = 26/(20900/21600)≈26.87（天）>26（天），即项目工期会有影响，工期会延长。

【问题4】答题思路解析及参考答案

一、答题思路解析

根据"案例描述及问题"中给出的信息，容易计算出 BAC，BAC = 3×3×100 + 2×1×200 + 8×4×400 + 4×3×100 + 10×2×200 + 7×1×200 + 8×3×300 + 5×4×200 = 900 + 400 + 12800 + 1200 + 4000 + 1400 + 7200 + 4000 = 31900（元）。默认按典型偏差计算，因此 ETC =(BAC − EV)/CPI =(31900 − 20900)/（20900/12000）≈ 6315.8（元），EAC = AC + ETC = 12000 + 6315.8 = 18315.8（元），VAC = BAC − EAC = 31900 − 18315.8 = 13584.2（元）。由于 VAC >0，因此不会超出总预算（BAC）。（问题难度：★★★）

二、参考答案

（1）BAC = 3×3×100 + 2×1×200 + 8×4×400 + 4×3×100 + 10×2×200 + 7×1×200 + 8×3×300 + 5×4×200 = 900 + 400 + 12800 + 1200 + 4000 + 1400 + 7200 + 4000 = 31900（元）。完工尚需估算（ETC）=(BAC − EV)/CPI =(31900 − 20900)/(20900/12000)≈ 6315.8（元）。完工估算（EAC）= AC + ETC = 12000 + 6315.8 = 18315.8（元），VAC = BAC − EAC = 31900 − 18315.8 = 13584.2（元）。

（2）不会超出总预算（BAC）。完工偏差（VAC）= BAC − EAC = 31900 − 18315.8 = 13584.2（元）。

2017.05 试题一

【说明】阅读下列说明，回答问题1至问题4，将解答填入答题纸的对应栏内。

案例描述及问题

某项目工期为6个月，该项目的项目经理在第3个月末对项目进行了中期检查，检查结果表明完成了计划进度的90%，相关情况见下表（单位：万元），表中活动之间存在F-S关系。

序号	活动	第1月	第2月	第3月	第4月	第5月	第6月	PV值
1	编制计划	4	4					8
2	需求调研		6	6				12
3	概要设计			4	4			8
4	数据设计				8	4		12
5	详细设计					8	2	10
	月度 PV	4	10	10	12	12	2	
	月度 AC	4	11	11				

【问题 1】(8 分)

计算中期检查时项目的 CPI、CV 和 SV，以及“概要设计”活动的 EV 和 SPI。

【问题 2】(4 分)

如果按照当前的绩效，计算项目的 ETC 和 EAC。

【问题 3】(8 分)

请对该项目目前的进展情况作出评价。如果公司规定，在项目中期评审中，项目的进度绩效指标和成本绩效指标在计划值的正负 10%即为正常，则该项目是否需要采取纠正措施？如需要，请说明可采取哪些纠正措施进行成本控制；如不需要，请说明理由。

【问题 4】(5 分)

结合本案例，判断下列选项的正误（填写在答题纸的对应栏内，正确的选项填写“√”，错误的选项填写“×”)：

(1) 应急储备是包含在成本基准内的一部分预算，用来应对已经接受的已识别风险，并已经制订应急或减轻措施的已识别风险。 ( )

(2) 管理储备主要应对项目的“已知-未知”风险，是为了管理控制的目的而特别留出的项目预算。 ( )

(3) 管理储备是项目成本基准的有机组成部分，不需要高层管理者审批就可以使用。 ( )

(4) 成本基准就是项目的总预算，不需要按照项目工作分解结构和项目生命周期进行分解。 ( )

(5) 成本管理过程及其使用的工具与技术会因应用领域的不同而变化，一般在项目生命期定义过程中对此进行选择。 ( )

答题思路总解析

根据“案例描述及问题”中的相关信息，很容易判断出该案例主要考查的是项目成本管理。针对**【问题 1】**，只需要统计出前 3 个月总的 PV、EV 和 AC 以及活动“概要设计”的 PV 和 EV，问题就迎刃而解。**【问题 2】**考的是在典型偏差情况之下，项目的 ETC 和 EAC，只需要统计出项目总的 BAC，然后套用典型偏差情况之下 ETC 的计算公式就可以算出 ETC，然后用 AC + ETC，就得到了 EAC。**【问题 3】**也不难，有了**【问题 1】**的数据，就可以判断该项目的进度绩效指数（SPI）和成本绩效指数（CPI）与计划的 SPI 和 CPI 之间的差值了（计划的 SPI 和 CPI 都是“1”）。**【问题 4】**是一个纯理论性质的问题，与本案例没什么关系。**（案例难度：★★★）**

【问题 1】答题思路解析及参考答案

一、答题思路解析

根据“答题思路总解析”中的阐述可知，只需要统计出前 3 个月总的 PV、EV 和 AC 以及活动“概要设计”的 PV 和 EV，问题就迎刃而解。根据“案例描述及问题”中表格内的数据信息，可以计算出前 3 个月总的 PV 是 24 万元（4 + 10 + 10），总的 EV 是 21.6 万元（因为项目的 SPI 为 0.9，而 EV = SPI×PV），AC 是 26 万元（4 + 11 + 11）。“案例描述及问题”中告诉我们，活动之间的关系是 F-S 关系，而活动“编制计划”和“需求调研”的总 PV 是 20 万（8 + 12），前 3 个月的 EV 是 21.6 万，这就意味着活动“编制计划”和“需求调研”已经完成，现在正在执行活动“概要设计”，因此活动“概要设计”的 EV 是 1.6 万元（21.6 − 20），而前 3 个月活动“概要设计”的 PV 是 4 万元，套用公式就可以算出活动“概要设计”的 SPI 为 0.4（1.6/4）。**（问题难度：★★★）**

二、参考答案

前 3 个月项目的 PV = 4 + 10 + 10 =24（万元），EV = SPI×PV = 0.9×24 = 21.6（万元），AC = 4 + 11 + 11 = 26（万元），活动“编制计划”和“需求调研”的 PV = 8 + 12 = 20（万元）。

CPI = EV/AC = 21.6/26 ≈ 0.83。

CV = EV − AC = 21.6 − 26 = −4.4（万元）。

SV = EV − PV = 21.6 − 24 = 2.4（万元）。

“概要设计”活动的 EV = 21.6 − 20= 1.6(万元)，“概要设计”活动的 SPI = EV/PV = 1.6/4 = 0.4。

【问题 2】答题思路解析及参考答案

一、答题思路解析

根据“答题思路总解析”中的阐述可知，该问题考的是在典型偏差情况下，项目的 ETC 和 EAC。该项目总的 BAC 是 50 万元（8 + 12 + 8 + 12 + 10），在典型偏差情况下 ETC 的计算公式是 ETC =(BAC − EV)/CPI，因此，ETC =(50 − 21.6)/0.83 ≈ 34.22（万元），EAC = AC + ETC = 26 + 34.22 = 60.22（万元）。**（问题难度：★★★）**

二、参考答案

ETC =(50 − 21.6)/0.83 = 34.22（万元）。

EAC = AC + ETC = 26 + 34.22 = 60.22（万元）。

【问题 3】答题思路解析及参考答案

一、答题思路解析

由“案例描述及问题”中的数据以及**【问题 1】**的答案可知，前 3 个月该项目的进度绩效指数是 0.9，成本绩效指数是 0.83，实际进度绩效指数与计划进度绩效指数的偏差在 10%的正常偏差范围，因此暂时可以不采取纠正措施，但由于已经达到了最大临界值，因此也不能掉以轻心。项目实际成本绩效指数与计划成本绩效指数的偏差超过了 10%，因此需要采取成本纠正措施。改进成本绩效的措施主要有：①用高效人员替换低效人员实现赶工；②改进工作技术和方法，提高工作效率，实现赶工；③通过培训和激励提高人员工作效率，实现赶工（注意这样的情况下不能采用加班的方式来赶工，因为加班一般会导致成本增加）。**（问题难度：★★★）**

二、参考答案

由于该项目的进度绩效指数是 0.9，成本绩效指数是 0.83，因此，该项目的进度绩效在正常偏差范围之内，暂时可以不用采取纠正措施，该项目的成本绩效超出了正常的偏差范围，需要采用纠正措施。

进行成本控制的纠正措施主要有：

（1）用高效人员替换低效人员实现赶工。

（2）改进工作技术和方法，提高工作效率，实现赶工。

（3）通过培训和激励提高人员工作效率，实现赶工。

【问题 4】答题思路解析及参考答案

一、答题思路解析

根据“答题思路总解析”中的阐述可知，该问题是一个纯理论性质的问题。（1）很容易判断是正确的；管理储备用于应对“未知-未知”风险，因此（2）错误；管理储备不属于项目成本基准，因此（3）错误；项目总预算 = 成本基准 + 管理储备，成本需要按照项目工作分解结构和项目生命周期进行分解，因此（4）错误；（5）也很容易判断是正确的。**（问题难度：★★★）**

二、参考答案

（1）应急储备是包含在成本基准内的一部分预算，用来应对已经接受的已识别风险，并已经制订应急或减轻措施的已识别风险。（√）

（2）管理储备主要应对项目的“已知一未知”风险，是为了管理控制的目的而特别留出的项目预算。（×）

（3）管理储备是项目成本基准的有机组成部分，不需要高层管理者审批就可以使用。（×）

（4）成本基准就是项目的总预算，不需要按照项目工作分解结构和项目生命周期进行分解。（×）

（5）成本管理过程及其使用的工具与技术会因应用领域的不同而变化，一般在项目生命期定义过程中对此进行选择。（√）

2017.11 试题二

【说明】阅读下列说明，回答问题 1 至问题 4，将解答填入答题纸的对应栏内。

案例描述及问题

某信息系统项目包含A、B、C、D、E、F、G、H、I、J十个活动。各活动的历时、成本估算值、活动逻辑关系如下表所示：

活动名称	活动历时（天）	成本估算值（元）	紧前活动
A	2	2000	-
B	4	3000	A
C	6	5000	B
D	4	3000	A
E	3	2000	D
F	2	2000	A
G	2	2000	F
H	3	3000	E、G
I	2	2000	C、H
J	3	3000	I

【问题1】（10分）

（1）请计算活动H、G的总浮动时间和自由浮动时间。

（2）请指出该项目的关键路径。

（3）请计算该项目的总工期。

【问题2】（3分）

项目经理在第9天结束时对项目进度进行统计，发现活动C完成了50%，活动E完成了50%，活动G完成了100%，请判断该项目工期是否会受到影响？为什么？

【问题3】（10分）

结合[问题2]，项目经理在第9天结束时对项目成本进行了估算，发现活动B的实际花费比预估多了1000元，活动D的实际花费比预估少了500元，活动C的实际花费为2000元，活动E的实际花费为1000元，其他活动的实际花费与预估一致。

（1）请计算该项目的完工预算（BAC）。

（2）请计算该时点计划值（PV）、挣值（EV）、成本绩效指数（CPI）、进度绩效指数（SPI）。

【问题4】（2分）

项目经理对项目进度、成本与计划不一致的原因进行了详细分析，并制订了改进措施。假设该改进措施是有效的，能确保项目后续过程中不会再发生类似问题，请计算该项目的完工估算（EAC）。

答题思路总解析

从本案例后提出的四个问题，很容易知道：该案例主要考查的是项目的进度管理和成本管理。本案例后的四个问题都是以计算为主，**【问题 1】**主要考查考生对关键路径法的运用；**【问题 2】**主要考查考生通过数据来比较项目计划和实际情况的差异；**【问题 3】**和**【问题 4】**主要考查考生对挣值技术相关计算公式的运用。**（案例难度：★★★）**

【问题 1】答题思路解析及参考答案

一、答题思路解析

根据“案例描述及问题”中表格内的数据信息，画出项目进度网络图，使用关键路径法，采用顺推和逆推，找出各活动最早开始时间（ES）、最早结束时间（EF）、最晚开始时间（LS）和最晚结束时间（LF）。套用公式计算出每个活动的总时差，关键路径即活动总时差全为“0”且历时最长的那（几）条路径，该项目的单代号进度网络图如下：

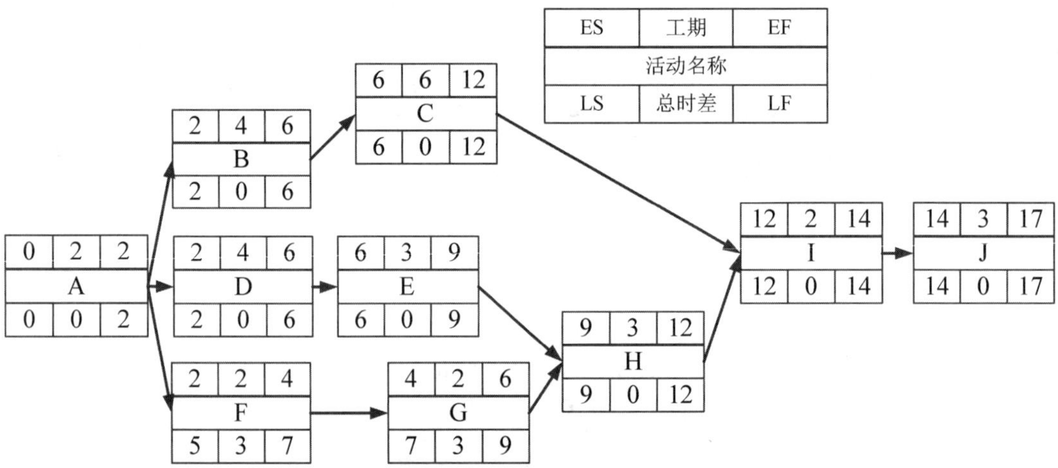

从上图中很容易知道，项目的关键路径是 ABCIJ 和 ADEHIJ，项目总工期为 17 天。根据总时差和自由时差的计算公式，可以计算出活动 H 和 G 的总时差分别是 0 天和 3 天，H 和 G 的自由时差分别是 0 天和 3 天。**（问题难度：★★★）**

二、参考答案

（1）活动 H 的总浮动时间是 0 天，自由浮动时间是 0 天；活动 G 的总浮动时间是 3 天，自由浮动时间是 3 天。

（2）该项目的关键路径是 ABCIJ 和 ADEHIJ。

（3）项目的总工期是 17 天。

【问题 2】答题思路解析及参考答案

一、答题思路解析

根据【问题 1】的答题思路解析可以知道按计划到第 9 天结束时，活动 E 应该全部完成，而实际上只完成了 50%，而 E 活动又是关键路径上的活动，所以将影响工期。**（问题难度：★★★）**

二、参考答案

因为按计划到第 9 天结束时，活动 E 应该全部完成，而现在只完成了 50%，而 E 活动又是关键路径上的活动，所以将影响工期。

【问题 3】答题思路解析及参考答案

一、答题思路解析

根据【问题 1】的答题思路解析和【问题 2】给出的相关信息可知，截至第 9 天末计划应该完成的工作有：活动 A、B、D、E、F、G 应该全部完工，活动 C 应该完成一半，因此 PV 应该是 16500 元（2000+3000+5000/2+3000+2000+2000+2000）。截至第 9 天实际完成的工作有：活动 A、B、D、F 全部完工；活动 C 完成了 50%，活动 E 完成了 50%，活动 G 完成了 100%，活动 H、I 和 J 还没有开始，因此 EV 应该是 15500 元（2000+3000+5000×0.5+3000+2000×0.5+ 2000+2000）。项目的完工预算（BAC）是 27000 元（2000+3000+5000+3000+2000+2000+2000+3000+ 2000+3000）。实际成本（AC）是 15500 元（2000+4000+2000+2500+1000+2000+2000）。CPI=EV/AC= 15500/15500 = 1；SPI=EV/PV=15500/16500≈0.94。**（问题难度：★★★）**

二、参考答案

（1）BAC = 2000+3000+5000+3000+2000+2000+2000+3000+2000+3000 = 27000（元）。

（2）PV=2000+3000+5000×0.5+3000+2000+2000+2000=16500（元）。

EV=2000+3000+5000×0.5+3000+2000×0.5+2000+2000=15500（元）。

AC=2000+4000+2000+2500+1000+2000+2000=15500（元）。

CPI=EV/AC=15500/15500=1。

SPI=EV/PV=15500/16500≈0.94。

【问题 4】答题思路解析及参考答案

一、答题思路解析

该问题是需要计算非典型偏差情况下的 EAC（从“假设该改进措施是有效的，能确保项目后续过程中不会再发生类似问题”可以推导出）。非典型偏差情况下的 ETC = BAC−EV= 27000 − 15500 = 11500，EAC = AC + ETC = 15500+11500 = 27000（元）。**（问题难度：★★★）**

二、参考答案

EAC=AC+ETC=15500+(27000−15500)=27000（元）。

2018.05 试题二

【说明】阅读下列说明，回答问题 1 至问题 3，将解答填入答题纸的对应栏内。

案例描述及问题

某软件项目包含 8 项活动，活动之间的依赖关系以及各活动的工作量和所需的资源如下表所示。假设不同类型的工作人员之间不能互换，但是同一类型的人员都可以从事与其相关的所有工作。所有参与该项目的工作人员，从项目一开始就进入项目团队，并直到项目结束时才能离开，在项目过程中不能承担其他活动（所有的工作都按照整天计算）。

活动	工作量（人□天）	依赖	资源类型
A	4	-	SA
B	3	A	SD
C	2	A	SD
D	4	A	SD
E	3	B	SC
F	3	C	SC
G	8	C、D	SC
H	2	E、F、G	SA

注：SA：系统分析人员 SD；系统设计人员；SC：软件编码人员。

【问题 1】（14 分）

假设该项目团队有 SA 人员 1 人，SD 人员 2 人，SC 人员 3 人，请将下面（1）～（11）处的答案填写在答案纸的对应栏内。

- A 结束后，先投入__（1）__个 SD 完成 C，需要__（2）__天。
- C 结束后，再投入__（3）__个 SD 完成 D，需要__（4）__天。
- C 结束后，投入__（5）__个 SC 完成__（6）__，需要__（7）__天。
- D 结束后，投入 2 个 SD 完成 B。
- C、D 结束后，投入__（8）__个 SC 完成 G，需要__（9）__天。
- G 结束后，投入__（10）__个 SC 完成 E，需要 1 天。
- E、F、G 完成后，投入 1 个 SA 完成 H，需要 2 天。
- 项目总工期为__（11）__天。

【问题 2】（7 分）

假设现在市场上一名 SA 每天的成本为 500 元，一名 SD 每天的成本为 500 元，一名 SC 每天的成本为 600 元，项目要压缩至 10 天完成。

（1）则应增加什么类型的资源？增加多少？

（2）项目成本增加还是减少？增加或减少多少？（请给出简要计算步骤）

【问题 3】（6 分）

请判断以下描述是否正确（填写在答题纸的对应栏内，正确的选项填写“√”，不正确的选项填写“×”）：

（1）活动资源估算过程同费用估算过程紧密相关，外地施工团队聘用熟悉本地相关法规的咨询人员的成本不属于活动资源估算的范畴，只属于项目的成本部分。（　）

（2）制订综合资源日历属于活动资源估算过程的一部分，一般只包括资源的有无，而不包括人力资源的能力和技能。（　）

（3）项目变更造成项目延期，应在变更确认时发布，而非在交付前发布。（　）

答题思路总解析

从本案例后提出的三个问题，很容易知道：该案例主要考查的是项目的进度管理和成本管理。本案例后的**【问题 1】**和**【问题 2】**以计算为主，**【问题 1】**主要考查考生对项目进度网络图和关键路径法顺推的运用；**【问题 2】**主要考查进度压缩和项目成本估算。**【问题 3】**是一个纯理论性质的问题，与本案例没什么关系。**（案例难度：★★★★）**

【问题 1】答题思路解析及参考答案

一、答题思路解析

首先，根据“案例描述及问题”中表格内的数据信息，画出项目进度网络图：

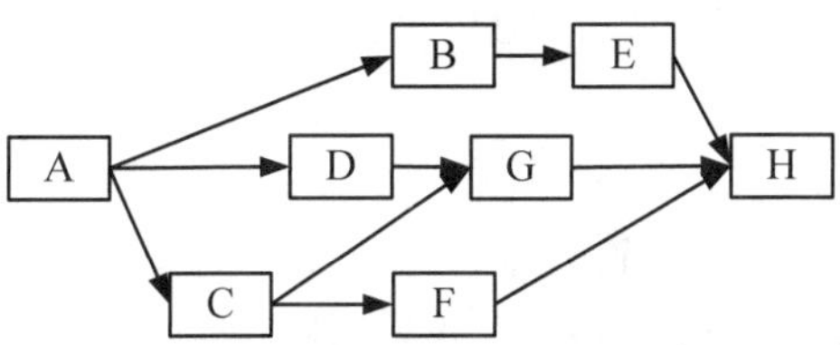

接着，再根据**【问题 1】**中的描述把增加的依赖关系补充到项目进度网络图中，新的项目进度网络图如下：

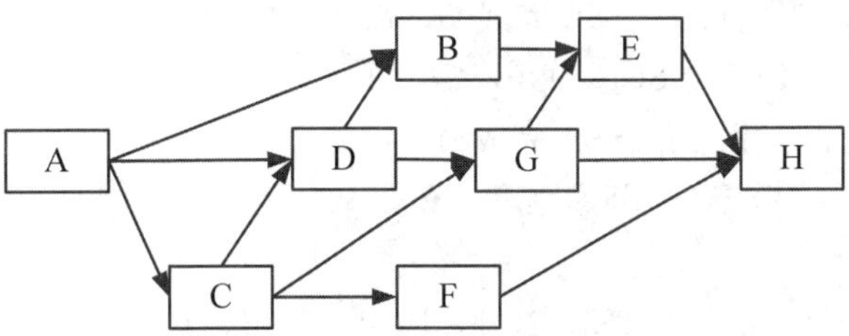

增加的三个依赖关系是：C 完成后开始 D、D 完成后开始 B、G 完成后开始 E。

根据“案例描述及问题”中表格内的数据信息和**【问题 1】**中的描述可知，活动 A 需要历时 4 天（因为活动 A 的工作量是 4 人·天，只有 1 个 SA，所以需要历时 4 天）；活动 C 需要历时 1 天（因为活动 C 的工作量是 2 人·天，有 2 个 SD，所以只需要历时 1 天）；活动 D 需要历时 2 天（因为活动 D 的工作量是 4 人·天，只有 2 个 SD，所以需要历时 2 天）；活动 B 需要历时 2 天（因为活动 B 的工作量是 3 人·天，只有 2 个 SD，而“案例描述及问题”中提到“所有的工作都按照整天计算”，所以需要历时 2 天）；活动 F 需要历时 1 天（因为活动 F 的工作量是 3 人·天，有 3 个 SC，所以只需要历时 1 天）；活动 G 需要历时 3 天（因为活动 G 的工作量是 8 人·天，只有 3 个 SC，而“案例描述及问题”中提到“所有的工作都按照整天计算”，所以需要历时 3 天）；活动 E 需要历时 1 天（因为活动 E 的工作量是 3 人·天，有 3 个 SC，所以只需要历时 1 天）；活动 H 需要历时 1 天（因为活动 H 的工作量是 2 人·天，有 2 个 SA，所以只需要历时 1 天）。

有了各个活动的历时和新的项目进度网络，采用关键路径法顺推，就可以推出各个活动的开始时间和结束时间了，如下图：

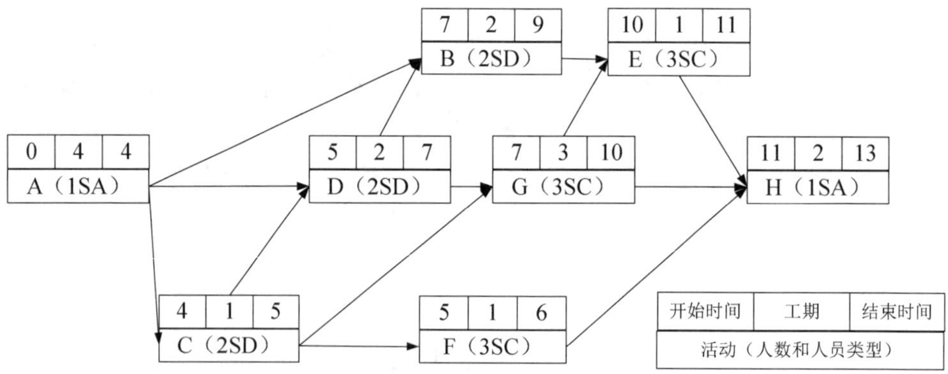

从上图中很容易知道：

- A 结束后，先投入（**2**）个 SD 完成 C，需要（**1**）天。
- C 结束后，再投入（**2**）个 SD 完成 D，需要（**2**）天。
- C 结束后，投入（**3**）个 SC 完成（**F**），需要（**1**）天。
- D 结束后，投入 2 个 SD 完成 B。
- C、D 结束后，投入（**3**）个 SC 完成 G，需要（**3**）天。
- G 结束后，投入（**3**）个 SC 完成 E，需要 1 天。
- E、F、G 完成后，投入 1 个 SA 完成 H，需要 2 天。
- 项目总工期为（**13**）天。**（问题难度：★★★★）**

二、参考答案

（1）～（11）处分别是 2、1、2、2、3、F、1、3、3、3、13。

【问题2】答题思路解析及参考答案

一、答题思路解析

有了**【问题1】**的答案，**【问题2】**就简单了。项目要压缩至10天完成，而由**【问题1】**知道，项目的工期为13天。因此需要压缩3天工期。根据项目进度网络图，只需要把活动A压缩到2天、活动H压缩到1天，就满足了工期10天的要求了。这样，增加1个SA就可以了。压缩前的成本是42900元[(500×1 + 500×2 + 600×3)×13]，压缩后的成本是38000元[(500×2 + 500×2 + 600×3)×10]，项目成本减少了4900元（由于一名SA每天的成本是500元、一名SD每天的成本为500元、一名SC每天的成本为600元，这种方案无疑成本也是最低的）。**（问题难度：★★★）**

二、参考答案

（1）应增加SA，增加1名。

（2）项目成本减少，减少了4900元。

原成本：(500×1 + 500×2 + 600×3)×13 = 42900（元）。

增加人员后成本：(500×2 + 500×2 + 600×3)×10 = 38000（元）。

42900 − 38000 = 4900（元）。

【问题3】答题思路解析及参考答案

一、答题思路解析

根据“答题思路总解析”中的描述可知，该问题是一个纯理论性质的问题。

（1）活动资源估算过程同费用估算过程紧密相关，外地施工团队聘用熟悉本地相关法规的咨询人员的成本不属于活动资源估算的范畴，只属于项目的成本部分。这显示是错误的。只要是用于完成活动所花的成本都属于活动成本。

（2）制订综合资源日历属于活动资源估算过程的一部分，一般只包括资源的有无，而不包括人力资源的能力和技能。这显示是错误的。估算活动资源，既包括资源的可用性，也包括资源的能力和技能。

（3）项目变更造成项目延期，应在变更确认时发布，而非在交付前发布。这是正确做法。**（问题难度：★★★）**

二、参考答案

（1）活动资源估算过程同费用估算过程紧密相关，外地施工团队聘用熟悉本地相关法规的咨询人员的成本不属于活动资源估算的范畴，只属于项目的成本部分。（×）

（2）制订综合资源日历属于活动资源估算过程的一部分，一般只包括资源的有无，而不包括人力资源的能力和技能。（×）

（3）项目变更造成项目延期，应在变更确认时发布，而非在交付前发布。（√）

2018.11 试题二

【说明】阅读下列说明，回答问题 1 至问题 4，将解答填入答题纸的对应栏内。

案例描述及问题

某信息系统项目包含如下十个活动。各活动的历时、活动逻辑关系如下表所示：

活动名称	活动历时（天）	紧前活动
A	2	-
B	5	A
C	2	B、D
D	6	A
E	3	C、G
F	3	A
G	4	F
H	4	E
I	5	E
J	3	H、I

【问题 1】(9 分)

（1）请给出该项目的关键路径和总工期。

（2）请给出活动 E、G 的总浮动时间和自由浮动时间。

【问题 2】(5 分)

在项目开始前，客户希望将项目工期压缩为 19 天，并愿意承担所发生的所有额外费用。经过对各项活动的测算发现，只有活动 B、D、I 有可能缩短工期，其余活动均无法缩短工期。活动 B、D、I 最多可以缩短的天数以及额外费用如下：

活动名称	最多可以缩短的天数	每缩短一天需要增加的额外费用（元）
B	2	2000
D	3	2500
I	3	3000

在此要求下，请给出费用最少的工期压缩方案及其额外增加的费用。

【问题 3】(4 分)

请将下面（1）～（4）处的答案填写在答题纸的对应栏内。

项目活动之间的依赖关系分为四种：

（1）______是法律或合同要求或工作的内在性质决定的依赖关系。

（2）______是基于具体应用领域的最佳实践或者基于项目的某种特殊性质而设定，即便还有其他顺序可以选用，但项目团队仍缺省按照此种特殊的顺序安排活动。

（3）______是项目活动与非项目活动之间的依赖关系。

（4）______是项目活动之间的紧前关系，通常在项目团队的控制中。

【问题 4】（9 分）

假设该项目的总预算为 20 万元。其中包含 2 万元管理储备和 2 万元应急储备，当项目进行到某一天时，项目实际完成的工作量仅为应完成工作的 60%，此时的 PV 为 12 万元，实际花费为 10 万元。

（1）请计算该项目的 BAC。

（2）请计算当前时点的 EV、CV、SV。

（3）在当前绩效情况下，请计算项目的完工尚需估算 ETC。

答题思路总解析

从本案例后提出的四个问题，很容易知道：该案例主要考查的是项目的进度管理和成本管理。本案例后的**【问题 1】**、**【问题 2】**和**【问题 3】**以计算为主，**【问题 1】**主要考查考生对关键路径法的运用；**【问题 2】**主要考查进度压缩和项目估算；**【问题 4】**主要考查考生对挣值技术相关计算公式的运用。**【问题 3】**是一个纯理论性质的问题，与本案例没什么关系。**（案例难度：★★★）**

【问题 1】答题思路解析及参考答案

一、答题思路解析

根据"案例描述及问题"中表格内的数据信息，画出项目进度网络图，使用关键路径法，采用顺推和逆推，找出各活动最早开始时间（ES）、最早结束时间（EF）、最晚开始时间（LS）和最晚结束时间（LF）。套用公式计算出每个活动的总时差，关键路径即活动总时差全为"0"且历时最长的那（几）条路径，该项目的单代号进度网络图如下：

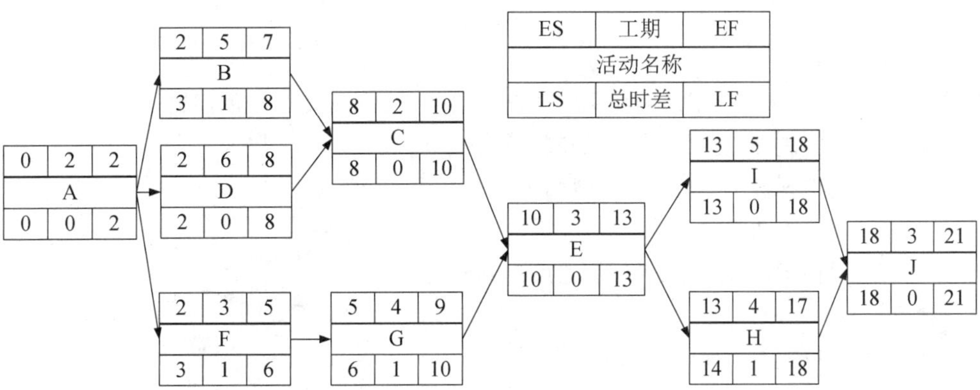

从上图中很容易知道，项目的关键路径是 ADCEIJ，项目总工期为 21 天。使用总时差和自由时差的计算公式，可以计算出活动 E 和 G 的总时差分别是 0 天和 1 天，自由时差分别是 0 天和 1 天。**（问题难度：★★★）**

二、参考答案

（1）该项目的关键路径是 ADCEIJ，总工期是 21 天。

（2）活动 E 的总浮动时间是 0 天，自由浮动时间也是 0 天；活动 G 的总浮动时间是 1 天，自由浮动时间也是 1 天。

【问题 2】答题思路解析及参考答案

一、答题思路解析

根据【问题 1】答题思路解析及参考答案中的描述可知，该项目的总工期是 21 天，现在客户希望压缩到 19 天。因此，需要缩短 2 天工期。根据项目进度网络图可知，该项目一共有 6 条网络路径，分别是 ABCEIJ、ABCEHJ、ADCEIJ、ADCEHJ、AFGEIJ、AFGEHJ。路径 ABCEIJ 的历时长度为 20 天，路径 ABCEHJ 的历时长度为 19 天，路径 ADCEIJ 的历时长度为 21 天，路径 ADCEHJ 的历时长度为 20 天，路径 AFGEIJ 的历时长度为 20 天，路径 AFGEHJ 的历时长度为 19 天。因此，需要压缩的路径有 4 条，它们分别是：ABCEIJ（需要压缩 1 天）、ADCEIJ（需要压缩 2 天）、ADCEHJ（需要压缩 1 天）、AFGEIJ（需要压缩 1 天）。题目要求只能缩短活动 B、D、I 的工期，根据【问题 2】中表格中的数据和需要压缩的 4 条路径很容易知道，活动 I 需要压缩 1 天（这样路径 ABCEIJ 和 AFGEIJ 就都缩短为了 19 天）、活动 D 需要压缩 1 天（这样路径 ADCEIJ 和路径 ADCEHJ 就都缩短为了 19 天）。这样，就满足了工期压缩的要求且增加的费用是最少的。需要增加的费用是 5500 元（2500 元 +3000 元）。**（问题难度：★★★★）**

二、参考答案

活动 D 和 I 分别需要压缩 1 天，增加的费用是 5500 元。

【问题 3】答题思路解析及参考答案

一、答题思路解析

根据答题思路总解析中的描述，我们知道该问题是一个纯理论性质的问题。

（1）的表述是强制性依赖关系（硬逻辑依赖关系）。

（2）的表述是选择性依赖关系（软逻辑依赖关系）。

（3）的表述是外部依赖关系。

（4）的表述是内部依赖关系。**（问题难度：★★★）**

二、参考答案

（1）强制性依赖关系（或硬逻辑依赖关系）。

（2）选择性依赖关系（或软逻辑依赖关系）。

（3）外部依赖关系。

（4）内部依赖关系。

【问题 4】答题思路解析及参考答案

一、答题思路解析

这一问不难，我们知道，BAC 是不包括管理储备的。因此，该项目的 BAC 是 18 万元（20 万元减去管理储备 2 万元）。PV 是 12 万元，项目实际完成的工作量仅为应完成工作的 60%，因此，EV 是 60%×PV，即 7.2 万元。实际花费为 10 万元，即 AC 是 10 万元。套用公式，可以计算出 CV（CV = EV – AC）和 SV（SV = EV – PV）分别是−2.8 万元和−4.8 万元。题目中没有说明项目未来的绩效情况，默认按典型偏差计算。在典型偏差的情况之下，完工尚需估算（ETC）的计算公式是 ETC =(BAC – EV)/CPI。因此 ETC 为 15 万元[(18 – 7.2)/(7.2/10)]。**（问题难度：★★★）**

二、参考答案

（1）BAC = 20 – 2 = 18（万元）。

（2）EV = 60%×PV = 0.6×12 = 7.2（万元），CV = EV – AC = 7.2 – 10 = −2.8（万元），SV = EV – PV = 7.2 – 12 = −4.8（万元）。

（3）ETC =(BAC – EV)/CPI =(18 – 7.2)/(7.2/10)= 15（万元）。

2019.05 试题二

【说明】阅读下列说明，回答问题 1 至问题 3，将解答填入答题纸的对应栏内。

案例描述及问题

某公司承接了一个软件外包项目，项目内容包括 A、B 两个模块的开发测试。项目经理创建了项目的 WBS（见下表），估算了资源、工期，项目人力资源成本是 1000 元/（人・天）。

活动	人员安排	预计完成工作（人・天）
模块 A 开发	8	48
模块 A 单元测试	1	4
模块 A 修复	8	8
模块 A 回归测试	1	3
模块 B 开发	8	80
模块 B 单元测试	1	3
模块 B 修复	10	10

续表

活动	人员安排	预计完成工作（人·天）
模块 B 回归测试	1	2
A、B 接口测试	1	2
A、B 联调	2	4

【问题 1】（7 分）

根据目前 WBS 安排，请计算项目的最短工期，并绘制对应的时标网络图。

【问题 2】（10 分）

项目开展 11 天后，阶段评审发现：模块 A 的修复工作完成了一半，回归测试工作还没有开始；模块 B 开发工作已经结束，准备进入单元测试。此时，项目已经花费了 18 万元的人力资源成本。

（1）请计算项目当前的 PV、EV、AC、CV、SV，并评价项目目前的进度和成本绩效。

（2）按照当前绩效继续进行，请预测项目 ETC（写出计算过程，计算结果精确到个位）。

【问题 3】（6 分）

基于【问题 2】，针对项目目前的绩效，项目经理应采取哪种措施保证项目按时完工？

答题思路总解析

从本案例后提出的三个问题，很容易知道：该案例主要考查的是项目的进度管理和成本管理。本案例后的**【问题 1】**、**【问题 2】**以计算为主，**【问题 1】**主要考查考生对进度网络分析技术的运用；**【问题 2】**主要考查挣值技术相关计算公式的运用。**【问题 3】**需要根据**【问题 2】**的结果，给出改进措施。**（案例难度：★★★）**

【问题 1】答题思路解析及参考答案

一、答题思路解析

根据“案例描述及问题”中的相关信息可知，模块 A 开发历时为 6 天（48/8），模块 A 单元测试历时为 4 天（4/1），模块 A 修复历时为 1 天（8/8），模块 A 回归测试历时为 3 天（3/1），模块 B 开发历时为 10 天（80/8），模块 B 单元测试历时为 3 天（3/1），模块 B 修复历时为 1 天（10/10），模块 B 回归测试历时为 2 天（2/1），A、B 接口测试历时为 2 天（2/1），A、B 联调历时为 2 天（4/2）。另外，模块 A 与模块 B 可以并行开发和测试，它们之间没有依赖关系；而模块 A 开发、模块 A 单元测试、模块 A 修复、模块 A 回归测试，活动与活动之间是 F-S 的关系；模块 B 开发、模块 B 单元测试、模块 B 修复、模块 B 回归测试，活动与活动之间也是 F-S 的关系；模块 A 和模块 B 都需要通过回归测试后才能进行 A、B 接口测试；A、B 接口测试和 A、B 联调也是 F-S 的关系。

根据以上信息很容易绘制出对应的时标网络图，如下图所示：

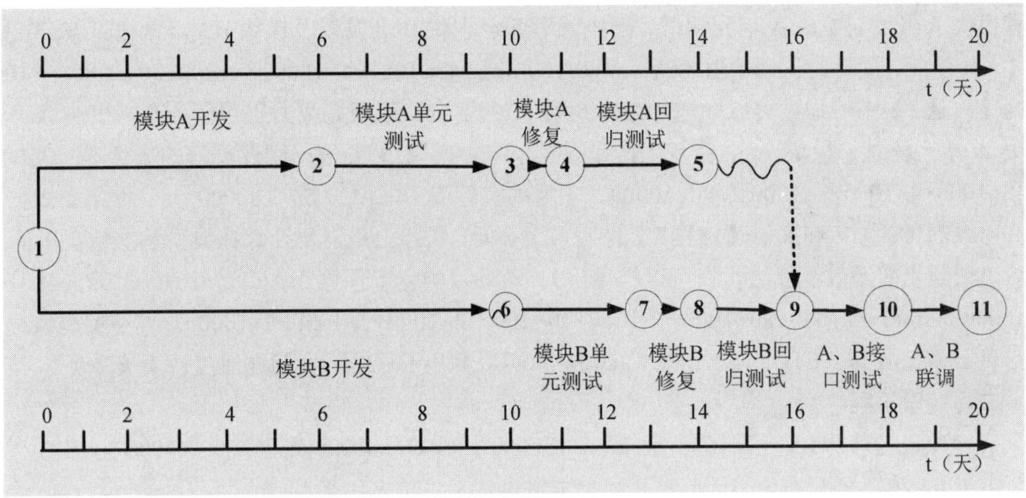

时标网络图

从上面的时标网络图中可知，该项目的最短工期是 20 天。（**问题难度：★★★**）

二、参考答案

（1）项目的最短工期是 20 天。

（2）对应的时标网络图如下：

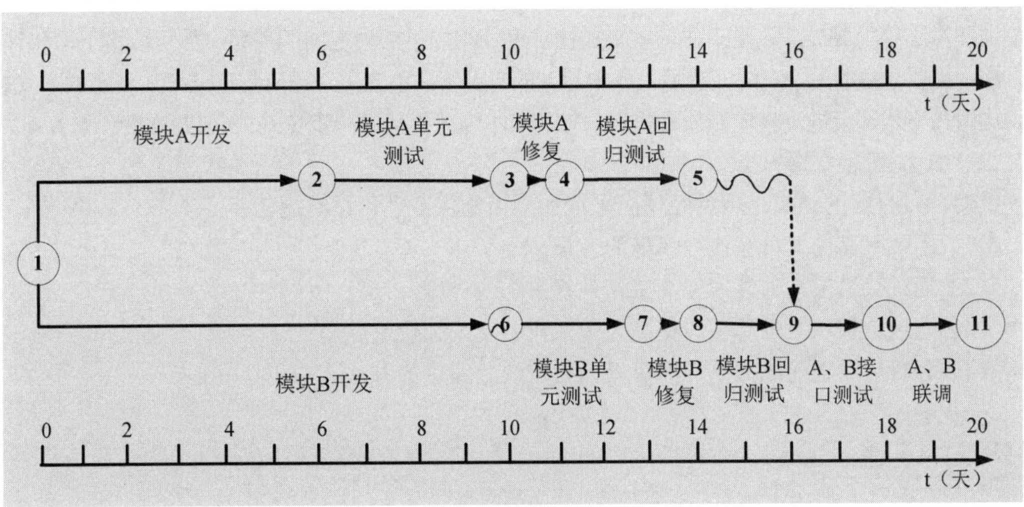

时标网络图

【问题 2】答题思路解析及参考答案

一、答题思路解析

根据【问题 1】答题思路解析及参考答案中的描述可知，按计划到 11 天结束，应该完成的活动有模块 A 开发、模块 A 单元测试、模块 A 修复、模块 B 开发以及模块 B 单元测试，应该完成三分之一。因此，项目的计划价值（PV）是 141000 元（48×1000+4×1000+8×1000+80×1000+1×1000）。根据【问题 2】中的描述可以知道，截止到第 11 天下班，已经完成的工作任务有：模块 A 开发、模块 A 单元测试、模块 A 的修复工作完成了一半、模块 B 开发；因此项目的 EV 是 136000 元（48×1000+4×1000+8×1000/2+80×1000）。项目的实际成本（AC）是 180000 元。套用公式，很容易算出该项目的 CV 和 SV。【问题 2】的第（2）小问，实际上是需要计算在典型偏差情况下的 ETC（从“按照当前绩效继续进行”可以推导出）。该项目的完工预算 BAC 是 164000 元（48×1000+4×1000+8×1000+3×1000+80×1000+3×1000+10×1000+2×1000+2×1000+4×1000）。典型偏差情况下的 ETC 的计算公式是：ETC =(BAC −EV)/CPI，就可以算出 ETC 了。**（问题难度：★★★）**

二、参考答案

（1）项目当前的 PV = 141000 元、EV = 136000 元、AC=180000 元、CV = −44000 元、SV = −5000 元。由于 CV 和 SV 都为负，因此项目目前的进度滞后、成本绩效超支。

（2）ETC =(BAC −EV)/CPI =(164000 − 136000)/(136000/180000)=37059（元）。

【问题 3】答题思路解析及参考答案

一、答题思路解析

根据【问题 2】的计算结果可知该项目进度滞后、成本超支。在这种情况下，改进绩效的措施主要有：①用效率高的人员替换效率低的人员；②通过改进工具与技术提高工作效率来加快进度；③通过培训和激励等手段提高人员工作效率来加快进度；④分析活动之间的关系，如可以，采取快速跟进的方法。需要注意的是：在进度滞后、成本超支的情况下，不宜采用加班赶工或增加资源的方式赶工，因为这两种方式都会进一步增加项目成本，导致成本绩效指数进一步变差。**（问题难度：★★★）**

二、参考答案

针对项目目前的绩效，项目经理应采取如下措施保证项目按时完工：

（1）用效率高的人员替换效率低的人员。

（2）通过改进工具与技术提高工作效率来加快进度。

（3）通过培训和激励等手段提高人员工作效率来加快进度。

（4）分析活动之间的关系，如可以，采取快速跟进的方法。

2019.11 试题二

【说明】阅读下列说明，回答问题 1 至问题 3，将解答填入答题纸的对应栏内。

案例描述及问题

某公司完成一个工期 10 周的系统集成项目，该项目包含 A、B、C、D、E 五项任务。项目经理制订了成本预算表（表 1），执行过程中记录了每个时段项目的执行情况（表 2、表 3）。

表 1　成本预算表（单位：万元）

任务	1 周	2 周	3 周	4 周	5 周	6 周	7 周	8 周	9 周	10 周
A	10	15	5							
B		10	20	20						
C				5	5	25	5			
D					5	15	10	10		
E								5	20	25
合计	10	25	25	25	10	40	15	15	20	25

表 2　成本支出表（单位：万元）

任务	1 周	2 周	3 周	4 周	5 周	6 周	7 周	8 周	9 周	10 周
A	10	14	10							
B		10	14	20						
C				5	5	10				
D					5	8				
E										
合计	10	24	24	25	10	18	0	0	0	0

表 3　任务完成百分比

任务	1 周	2 周	3 周	4 周	5 周	6 周	7 周	8 周	9 周	10 周
A	30%	50%	100%							
B		20%	50%	100%						
C				5%	10%	40%				
D					10%	20%				
E										
合计										

【问题 1】（5 分）

项目执行到了第 6 周，请填写如下的项目 EV 表，将答案填写在答题纸对应栏内。

第 6 周末各活动的 EV 值　　　　（单位：万元）

任务	1 周	2 周	3 周	4 周	5 周	6 周	7 周	8 周	9 周	10 周
A										
B										
C										

续表

任务	1周	2周	3周	4周	5周	6周	7周	8周	9周	10周
D										
E										
合计										

【问题2】(14分)

(1)经分析任务C的成本偏差是非典型的，而任务D的偏差是典型的。针对目前的情况，请计算项目完工时的成本估算值(EAC)。

(2)判断项目当前的绩效情况。

【问题3】(6分)

针对项目目前的进度绩效，请写出项目经理可选的措施。

答题思路总解析

从本案例后提出的三个问题，很容易知道：该案例主要考查的是项目的成本管理。本案例后的**【问题1】**、**【问题2】**以计算为主，**【问题1】**主要考查考生对挣值(EV)的认识；**【问题2】**主要考查挣值技术相关计算公式的运用。**【问题3】**需要根据**【问题2】**的结果，给出改进措施。**(案例难度：★★★)**

【问题1】答题思路解析及参考答案

一、答题思路解析

根据“案例描述及问题”中的表3可以知道：截止到第6周末，任务A和任务B全部完成，任务C完成了40%，任务D完成了20%，任务E没有开始。因此，截至第6周，任务A的EV是30万元，任务B的EV是50万元，任务C的EV是16万元(40%×40)，任务D的EV是8万元(20%×40)，任务E的EV是0万元。**(问题难度：★★★)**

二、参考答案

第6周末各活动的EV值如下(单位：万元)：

任务	1周	2周	3周	4周	5周	6周	7周	8周	9周	10周
A			30							
B				50						
C						16				
D						8				
E						0				
合计			30	50		24				

【问题 2】答题思路解析及参考答案

一、答题思路解析

根据【问题 2】的描述，任务 C 的成本偏差是非典型的，而任务 D 的成本偏差是典型的。所以任务 C 的 ETC= BAC- EV= 40 − 16 = 24（万元）；任务 D 的 ETC=(BAC- EV)/CPI=(40 − 8)/(8/13)= 52（万元）；根据“案例描述及问题”中的表 2 知道：截止到第 6 周末，项目已花的实际成本 AC 是 111 万元（10 + 24 + 24 + 25 + 10 + 18）；项目的 EAC = AC + ETC（C）+ ETC（D）+ BAC（E）= 111 + 24 + 52 + 50 =237（万元）。根据“案例描述及问题”中的表 1 知道：截止到第 6 周末，项目应完成的计划价值（PV）是 135 万元（10 + 25 + 25 + 25 + 10 + 40）。根据【问题 1】的答题思路解析和参考答案知道截止到第 6 周末，项目的挣值（EV）是 104 万元（30 + 50 + 24）。因此，截止到第 6 周末，项目的进度绩效指数（SPI） = EV/PV = 104/135 ≈ 0.77，项目的成本绩效指数（CPI）= EV/AC = 104/111 ≈ 0.94。项目 SPI 和 CPI 都小于 1，说明项目进度滞后，成本超支。**（问题难度：★★★）**

二、参考答案

（1）任务 C 的 ETC= BAC- EV= 40 − 16 = 24（万元）。

任务 D 的 ETC=(BAC- EV)/CPI=(40 − 8)/(8/13)= 52（万元）。

截止到第 6 周末，项目已花的实际成本 AC 是 111 万元。

项目的 EAC = AC + ETC（C）+ ETC（D）+ BAC（E）= 111 + 24 + 52 + 50 =237（万元）。

（2）截止到第 6 周末，项目的挣值（EV）是 104 万元。

截止到第 6 周末，项目的进度绩效指数（SPI）= EV/PV = 104/135 ≈ 0.77，项目的成本绩效指数（CPI）= EV/AC = 104/111 ≈ 0.94。

项目进度滞后，成本超支。

【问题 3】答题思路解析及参考答案

一、答题思路解析

根据【问题 2】的计算结果可知，该项目进度滞后、成本超支。在这种情况下，改进绩效的措施主要有：①用效率高的人员替换效率低的人员；②通过改进工具与技术提高工作效率来加快进度；③通过培训和激励等手段提高人员工作效率来加快进度；④分析活动之间的关系，如可以，采取快速跟进的方法；⑤加强质量管理，减少出错、及时发现并处理问题，减少返工，从而缩短工期。需要注意的是：在进度滞后、成本超支的情况下，不宜采用加班赶工或增加资源的方式赶工，因为这两种方式都会进一步增加项目成本，导致成本绩效指数进一步变差。**（问题难度：★★★）**

二、参考答案

针对项目目前的绩效，项目经理应采取如下措施保证项目按时完工：

（1）用效率高的人员替换效率低的人员。

（2）通过改进工具与技术提高工作效率来加快进度。

（3）通过培训和激励等手段提高人员工作效率来加快进度。

（4）分析活动之间的关系，如可以，采取快速跟进的方法。

（5）加强质量管理，减少出错、及时发现并处理问题，减少返工，从而缩短工期。

2020.11 试题二

【说明】阅读下列说明，回答问题 1 至问题 4，将解答填入答题纸的对应栏内。

案例描述及问题

某软件开发项目包括 A、B、C、D 四个活动，项目总预算为 52000 元。截至 6 月 30 日，各活动相关信息如下表所示。

活动	成本预算	计划成本	实际进度	实际成本
A	25000	25000	100%	25500
B	12000	9000	50%	5400
C	10000	5800	50%	1100
D	5000	0	0	0

C 活动是项目中的一项关键任务，目前刚刚开始，项目经理希望该任务能在 24 天之内完成，项目组一致决定采取快速跟进的方法加快项目进度，并估算 C 活动的预计工期为乐观 14 天、最可能 20 天、悲观 32 天。

【问题 1】（13 分）

结合案例，请计算截至 6 月 30 日各活动的挣值和项目的进度偏差（SV）与成本偏差（CV），并判断项目的执行绩效。

【问题 2】（3 分）

项目组决定采用快速跟进的方式加快进度，请简述该方式的不足。

【问题 3】（4 分）

如果当前项目偏差属于典型偏差，请计算完工估算成本（EAC）。

【问题 4】（5 分）

项目经理尝试采用资源优化技术 24 天完成 C 活动的目标，请计算能达到项目经理预期目标的概率。

答题思路总解析

从本案例后提出的四个问题，很容易知道：该案例主要考查的是项目的进度管理和成本管理。本案例后的**【问题 1】**、**【问题 3】**考查的是挣值技术，**【问题 2】**主要考查考生对快速跟进的认识，

【问题 4】考查的是三点估算计算概率。**（案例难度：★★★）**

【问题 1】答题思路解析及参考答案

一、答题思路解析

根据“案例描述及问题”中的相关信息可知：截至 6 月 30 日，该项目的计划价值（PV）是 39800 元（25000+9000+5800+0），挣值（EV）是 36000 元（25000×100%+12000×50%+10000×50%+5000×0%），其中活动 A 的挣值是 25000 元（25000×100%）、活动 B 的挣值是 6000 元（12000×50%）、活动 C 的挣值是 5000 元（10000×50%）、活动 D 的挣值是 0 元（5000×0%），实际成本（AC）是 32000 元（25000+5400+1100+0），套用公式 SV = EV－PV = 36000－39800 = −3800（元），CV = EV－AC = 36000－32000 = 4000（元）。由于 SV < 0，CV > 0，所以项目进度滞后，成本节约。**（问题难度：★★）**

二、参考答案

活动 A 的挣值（EV） = 25000×100%=25000（元）。

活动 B 的挣值（EV）=12000×50%=6000（元）。

活动 C 的挣值（EV） =10000×50%=5000（元）。

活动 D 的挣值（EV）=5000×0%=0（元）。

PV = 25000+9000+5800+0= 39800（元）。

EV = 25000×100%+12000×50%+10000×50%+5000×0% = 36000（元）。

AC = 25000+5400+1100+0 = 32000（元）。

SV = EV－PV = 36000－39800 = −3800（元）。

CV = EV－AC = 36000－32000 = 4000（元）。

由于 SV < 0，CV > 0，所以项目进度滞后，成本节约。

【问题 2】答题思路解析及参考答案

一、答题思路解析

根据“**答题思路总解析**”，该问题主要是考查考生对进度压缩的方法之一：快速跟进的理解，快速跟进的不足主要有：

（1）可能造成返工。

（2）可能增加项目的风险。

（3）由于返工和风险增加，可能会增加项目成本。**（问题难度：★★★）**

二、参考答案

快速跟进方式的不足主要有：

（1）可能造成返工。

（2）可能增加项目的风险。

（3）由于返工和风险增加，可能会增加项目成本。

【问题 3】答题思路解析及参考答案

一、答题思路解析

根据“案例描述及问题”中给出的信息知道该项目的 BAC 是 52000 元，套用典型偏差情况下 EAC 的计算公式，EAC = AC + ETC = 32000+(BAC−EV)/CPI = 32000+(52000−36000)/(36000/32000)= 32000+16000×32000/36000 ≈ 32000 + 14222.2 = 46222.2（元）。**（问题难度：★★）**

二、参考答案

EAC = AC + ETC = 32000+(BAC − EV)/CPI = 32000+(52000 − 36000)/(36000/32000)= 32000+16000×32000/36000 ≈ 32000 + 14222.2 = 46222.2（元）

【问题 4】答题思路解析及参考答案

（10） 答题思路解析

根据“答题思路总解析”中的描述知道该问题考查的主要是三点估算计算概率，根据“**案例描述及问题**”中给出的信息可以计算出 C 活动的工期均值 t_E 是 21 天[(14+20×4×32)/6]，标准差 σ 是 3 天[(32−14)/6]。问题问的是活动 C 在 24 天内完成的概率是多少，即活动 C 在(0,24 天)这个区间内完成的概率是多少。由于时间没有负数，所以(0,24)实际上是(-∞,24)，我们可以把(-∞,24)转换为用活动 C 的工期均值和标准差来表示，即(-∞,工期均值 t_E + 标准差 σ)，利用正态分布图，可以解算出，(-∞,t_E +σ)这一区域的面积是 50% + 68.26%/2 = 84.13%（见下图），所以项目经理预计 24 天内完成活动 C 的概率是 84.13%。**（问题难度：★★）**

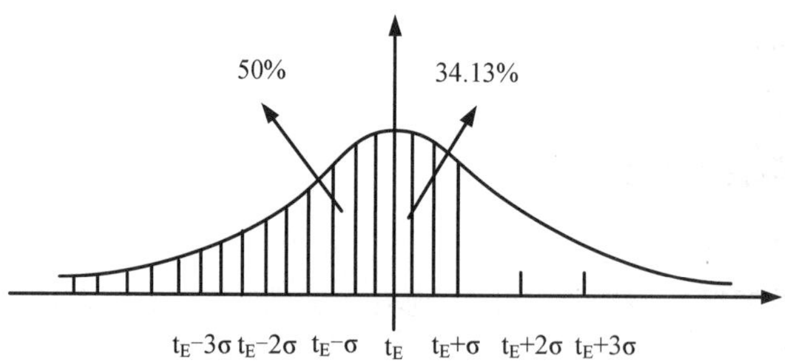

二、参考答案

项目经理在预计 24 天内完成活动 C 的概率是 84.13%。

2021.05 试题二

【说明】阅读下列说明，回答问题 1 至问题 5，将解答填入答题纸的对应栏内。

案例描述及问题

某项目的网络图如下：

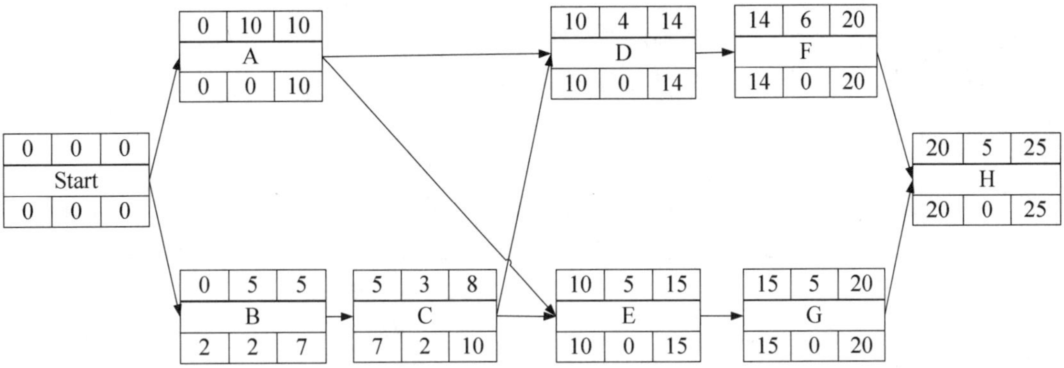

其中，各活动正常完工时间、正常完工直接成本、最短完工时间、赶工增加直接成本（如下表所示）。另外，项目的间接成本为 500 元/天。

活动	正常完工时间（天）	正常完工直接成本（百元）	最短完工时间（天）	赶工增加直接成本（百元/天）
A	10	30	7	4
B	5	10	4	2
C	3	15	2	2
D	4	20	3	3
E	5	25	3	3
F	6	32	3	5
G	5	8	2	1
H	5	9	4	4
合计		149		

【问题 1】（4 分）

请确定项目的关键路径。

【问题 2】（3 分）

根据网络图确定项目正常完工的工期是多少天？所需的成本是多少？

【问题 3】（3 分）

讨论下列事件对计划项目进度有何影响：

（1）活动 D 拖期 2 天；

（2）活动 B 拖期 2 天；

（3）活动 F 和 G 在规定进度之前 1 天完成。

【问题 4】（7 分）

项目想提前一天完工，基于成本最优原则，可以针对哪些活动赶工？赶工后的项目成本是多少？

【问题 5】（8 分）

基于项目整体成本最优原则，请列出需要赶工的活动及其工期。

基于以上结果，确定赶工后的项目工期及所需成本。

答题思路总解析

从本案例后提出的五个问题，很容易知道：该案例主要考查的是项目的进度管理和成本管理。本案例后的**【问题 1】**、**【问题 2】**和**【问题 3】**考的是关键路径法和成本估算，**【问题 4】**和**【问题 5】**考的是进度压缩的赶工技术和成本估算。**（案例难度：★★★★）**

【问题 1】答题思路解析及参考答案

一、答题思路解析

根据“案例描述及问题”中给出的运用了关键路径法之后的项目进度网络图可知项目的关键路径有两条，分别是 ADFH 和 AEGH（因为这两条路径上所有活动的总时差都是 0 天）。**（问题难度：★★）**

二、参考答案

项目的关键路径是 ADFH 和 AEGH。

【问题 2】答题思路解析及参考答案

一、答题思路解析

根据“案例描述及问题”中给出的运用了关键路径法之后的项目进度网络图可知，项目正常完工的工期是 25 天（最后一个活动的最早完工时间，就是项目的工期），所需成本是各活动正常完工直接成本和 25 天所需要的间接成本之和，即 14900+25×500 = 27400（元）。**（问题难度：★★）**

二、参考答案

项目正常完工的工期是 25 天，所需成本是 14900+25×500 = 27400（元）。

【问题 3】答题思路解析及参考答案

一、答题思路解析

根据“案例描述及问题”中给出的运用了关键路径法之后的项目进度网络图可知，活动 D 在关键路径上，如果活动 D 拖延 2 天，则项目进度将会延后 2 天；活动 B 有 2 天总时差，所以如果活动 B 拖延 2 天，则对项目进度没有影响；活动 F 和活动 G 分别在两条不同的关键路径上，所以如果活动 F 和活动 G 在规定进度之前 1 天完成，那么项目进度将会提前 1 天。**（问题难度：★★）**

二、参考答案

如果活动 D 拖延 2 天，项目进度将会延后 2 天。

如果活动 B 拖延 2 天，对项目进度没有影响。

如果活动 F 和活动 G 在规定进度之前 1 天完成，项目进度将会提前 1 天。

【问题 4】答题思路解析及参考答案

（10） 答题思路解析

根据【问题 1】的解析可知，项目有两条关键路径：ADFH 和 AEGH。项目想提前 1 天完工，那么每条关键路径都需要缩短 1 天，这两条关键路径的共同活动是 A 和 H，各自不同的活动是 D、F 和 E、G，所以可以缩短活动 A 或活动 H，或缩短 D 和 F 两个活动之一、缩短 E 和 G 两个活动之一。因此，有如下赶工方案满足缩短 1 天工期的要求：

方案一：A 活动赶工 1 天。

方案二：H 活动赶工 1 天。

方案三：D 活动和 E 活动各赶工 1 天。

方案四：D 活动和 G 活动各赶工 1 天。

方案五：F 活动和 E 活动各赶工 1 天。

方案六：F 活动和 G 活动各赶工 1 天。

如果采用方案一，赶工增加的直接成本是 400 元，如果采用方案二，赶工增加的直接成本是 400 元；如果采用方案三，赶工增加的直接成本是 600 元（300+300）；如果采用方案四，赶工增加的直接成本是 400 元（300+100）；如果采用方案五，赶工增加的直接成本是 800 元（300+500）；如果采用方案六，赶工增加的直接成本是 600 元（500+100）。题目要求成本最优（即增加的成本要最少。由于任何一种方案减少的间接成本都是 500 元，所以我们只需要考虑哪种方案增加的直接成本最少就可以了），所以我们可以选择方案一、方案二和方案四，即可以针对活动 ADGH 赶工。赶工后的成本是 14900+500×24+400 = 27300（元）。**（问题难度：★★★）**

二、参考答案

可以针对活动 ADGH 赶工。赶工后的成本是 14900+500×24+400 = 27300（元）。

【问题 5】答题思路解析及参考答案

（10） 答题思路解析

该问题要求整体成本最优，所以要求是尽量少花钱，而不是要求工期尽量短。根据【问题 4】的解析可知，缩短 1 天工期的六种方案中，只有方案一、方案二和方案四这三种方案实施之后，项目的整体成本比正常工期下成本低，而方案三、方案五和方案六缩短 1 天工期所增加的直接成本比减少的间接成本多。进一步推演，不难知道，如果工期需要压缩 2 天以上，那也只能选择方案一、方案二或方案四（因为这三种方案每压缩 1 天增加 400 元的直接成本但可以减少 500 元的间接成本），方案三、方案五和方案六是不可取的（因为这三种方案每压缩 1 天虽然可以减少 500 元的间接成本，但增加的直接成本都超过了 500 元/天）。

根据“案例描述及问题”表格中的信息可知，活动 A 最多是可以压缩 3 天（10−7）的，但“案例描述及问题”中给出的项目进度网络图中活动 B 和活动 C 的总时差都是 2 天，如果活动 A 压缩 3 天，那么原来的关键路径的长度变成了 22 天（25-3），但路径 BCDFH 和路径 BCEGH 的长度是 23 天，它们变成了新的关键路径了，那么活动 B 或活动 C 势必需要压缩 1 天才有意义（否则活动 A 压缩的这 1 天增加的这 400 元就没有价值）。而不管是压缩 B 还是压缩 C，增加的直接成本都 600 元/天（A 增加 400 元/天，B 或 C 都是增加 200 元/天）比减少的间接成本 500 元/天要多；因此可以判断出，A 活动最多只能压缩 2 天。

因此，可以得出如下的方案：

活动 A 赶工 2 天，活动 H 赶工 1 天（因为活动 H 最多赶工 1 天），活动 D 和活动 G 各赶工 1 天（因为活动 D 最多赶工 1 天）。

按上述方案赶工后，活动 A 历时 8 天（比正常历时缩短 2 天）、活动 B 历时 5 天（不变）、活动 C 历时 3 天（不变）、活动 D 历时 3 天（比正常历时缩短 1 天）、活动 E 历时 5 天（不变）、活动 F 历时 6 天（不变）、活动 G 历时 4 天（比正常历时缩短 1 天）、活动 H 历时 4 天（比正常历时缩短 1 天）。

利用新的活动历时，重新使用关键路径法，可得到如下网络图：

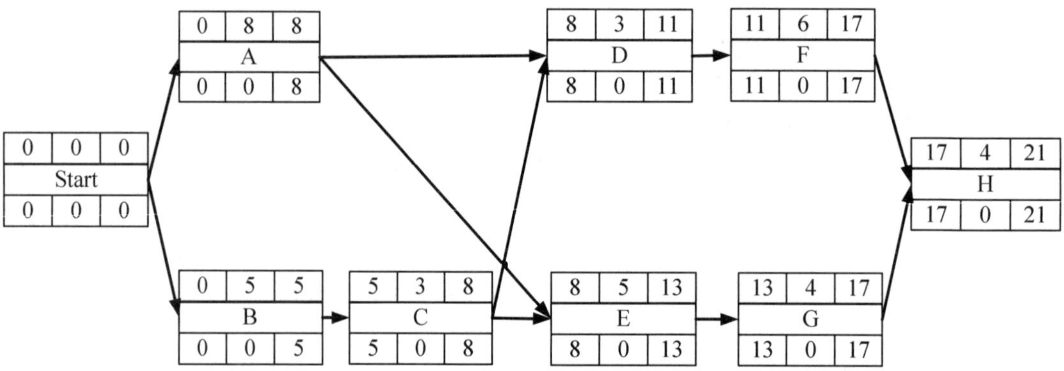

这时可知，赶工后项目的工期是 21 天，所需成本是 14900+400×2+200×1+200×1+ 400×1+500×21 = 27000（元）。**（问题难度：★★★★）**

二、参考答案

活动 A 赶工 2 天，活动 A 工期是 8 天；活动 D 赶工 1 天，活动 D 工期是 3 天；活动 G 赶工 1 天，活动 G 工期是 4 天；活动 H 赶工 1 天，活动 H 工期是 4 天。

赶工后项目的工期是 21 天，所需成本是 14900+400×2+200×1+200×1+400×1+500×21 = 27000(元)。

2021.11 试题二

【说明】阅读下列说明，回答问题 1 至问题 4，将解答填入答题纸的对应栏内。

案例描述及问题

某项目的任务计划表如表1所示，资金计划和资金使用情况表如表2所示。

表1 任务计划表

序号	包	任务	紧前活动	人数	计划工期（月）	计划任务完成率安排					
						1月	2月	3月	4月	5月	6月
1	包A	任务1		4	2	50%	50%				
2		任务2	任务1	2	1			100%			
3	包B	任务3	任务2	1	1				100%		
4		任务4		4	2	50%	50%				
5		任务5	任务1、4	3	3			40%	40%	20%	
6	包C	任务6	任务3	2	2					60%	40%
7		任务7	任务3	2	2					50%	50%
8	包D	任务8	任务1、4	2	3			40%	30%	30%	
9		任务9	任务5、8	1	1						100%

计划任务完成率：某任务当月计划完成量与该任务全部工作量的比值

表2 资金计划和资金使用情况表（单位：万元）

时间（月）	总预算计划执行	总预算实际执行	财政资金预算计划执行	财政资金预算实际执行	自筹资金预算计划执行	自筹资金预算实际执行
1月	400	200	200	0	200	200
2月	700	700	300	100	400	600
3月	1100	1700	100	100	1000	1600
4月	2700	3800	600	1000	2100	2800
5月	2300	1400	400	400	1900	1000
6月	1800	1400	500	500	1300	900
累计	9000	9200	2100	2100	6900	7100

项目完成后得到任务完成情况月报表如表3所示。

表3 任务完成情况月报表

序号	包	任务	计划工期（月）	实际任务完成率					
				1月	2月	3月	4月	5月	6月
1	包A	任务1	2	60%	40%				
2		任务2	1			100%			

续表

序号	包	任务	计划工期（月）	实际任务完成率					
				1月	2月	3月	4月	5月	6月
3	包 B	任务 3	1				100%		
4		任务 4	2	50%	50%				
5		任务 5	3			30%	40%	30%	
6	包 C	任务 6	2					50%	50%
7		任务 7	2					70%	30%
8	包 D	任务 8	3			40%	50%	10%	
9		任务 9	1						100%
实际任务完成率：某任务当月实际完成量与该任务全部工作量的比值									

【问题 1】（4 分）

请根据项目任务计划表，绘制项目的单代号网络图。

【问题 2】（7 分）

（1）项目参与人员均可胜任任意一项任务，请计算项目每月需要的人数，并估算项目最少需要多少人？

（2）项目经理希望采用资源平滑的方式减少项目人员，请问该方法是否可行？为什么？

【问题 3】（5 分）

项目第 1 个月月底时，项目经理考查项目的执行情况，请计算此时项目的 PV、EV 和 AC。

【问题 4】（9 分）

项目第 2 个月月底时，上级部门考核财政资金使用情况，请给出项目此时的执行绩效。

答题思路总解析

从本案例后提出的四个问题，很容易知道：该案例主要考查的是项目的进度管理和成本管理。本案例后的**【问题 1】**考的是紧前关系绘图法，**【问题 2】**考的是关键路径法和资源平滑，**【问题 3】**和**【问题 4】**考的是挣值技术。**（案例难度：★★★★）**

【问题 1】答题思路解析及参考答案

一、答题思路解析

根据“案例描述及问题”中给出的信息，使用紧前关系绘图法画项目的单代号网络图即可。**（问题难度：★★）**

二、参考答案

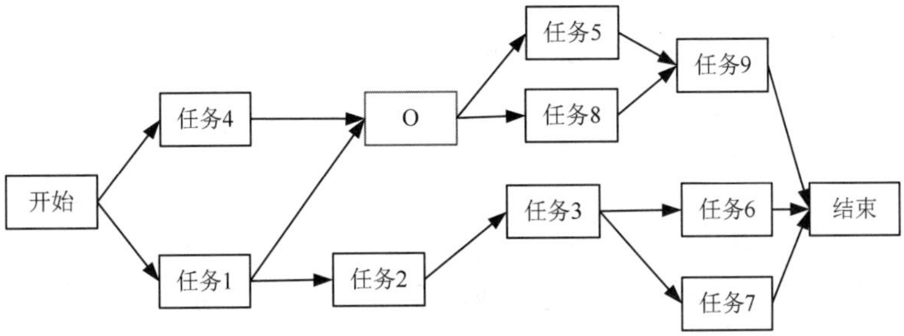

注：为避免箭线交叉，笔者在任务 1 和任务 4 之后增加了一个历时为 0 的任务 O。

【问题 2】答题思路解析及参考答案

（10） 答题思路解析

根据“案例描述及问题”中给出的信息，在【问题 1】单代号网络图的基础上使用关键路径法，得到如下图：

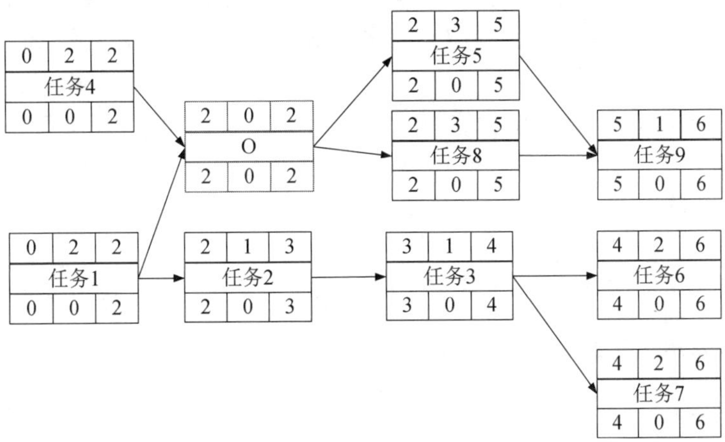

根据上图，绘制出如下的项目进度甘特图（表格中任务括号内的数字表示任务所需人数）：

	第 1 月	第 2 月	第 3 月	第 4 月	第 5 月	第 6 月
	任务 1（4）		任务 2（2）	任务 3（1）		
	任务 4（4）		任务 5（3）			
					任务 6（2）	
					任务 7（2）	
			任务 8（2）			任务 9（1）
每月所需人数	8	8	7	6	9	5

由上表可知：1 月需要 8 个人；2 月需要 8 个人；3 月需要 7 个人；4 月需要 6 个人；5 月需要

9 个人；6 月需要 5 个人。项目最少需要 9 个人。

项目经理希望采用资源平滑的方式减少项目人员，该方法不可行。因为该项目所有活动的总时差都是 0，所以任何活动都不能延迟完成，否则影响项目工期。**（问题难度：★★）**

二、参考答案

（1）1 月需要 8 个人；2 月需要 8 个人；3 月需要 7 个人；4 月需要 6 个人；5 月需要 9 个人；6 月需要 5 个人。项目最少需要 9 个人。

（2）项目经理希望采用资源平滑的方式减少项目人员，该方法不可行。因为该项目所有活动的总时差都是 0，所以任何活动都不能延迟完成，否则影响项目工期。

【问题 3】答题思路解析及参考答案

一、答题思路解析

根据“案例描述及问题”表 1 中的信息可知，到第 1 个月月底，项目计划应该完成的工作是任务 1 和任务 4 各完成 50%；根据表 2 可知，到第 1 个月月底，项目总预算计划执行是 400 万元，即 PV=400（万元）；根据表 1 和表 2 中的信息，我们应该这样理解：①任务 1 和任务 4 的工作量相同，可以假定完成它们所需要花的预算也相同（否则无法计算）；②完成任务 1 和任务 4 的总预算是 1100 万元（400+700），完成任务 1 和任务 4 前 50%要花的预算各是 200 万元（400/2），完成任务 1 和任务 4 后 50%要花的预算各是 350 万元（700/2）；根据表 3 可知，到第 1 个月月底，任务 1 完成了 60%（即前 50%+后 50%中的 20%），任务 4 完成了 50%（即前 50%都完成了），所以第 1 个月的 EV=200+350×20%+200=200+70+200=470（万元）；根据表 2 可知，到第 1 个月月底，AC 是 200 万元。**（问题难度：★★★★）**

二、参考答案

项目第 1 个月月底时，项目的 PV 是 400 万元，EV 是 470 万元，AC 是 200 万元。

【问题 4】答题思路解析及参考答案

一、答题思路解析

根据“案例描述及问题”表 1 中的信息可知，到第 2 个月月底，项目计划应该完成的工作是任务 1 和任务 4；根据表 2 可知，到第 2 个月月底，项目总预算计划执行是 1100 万元（400+700），即 PV=1100（万元）；根据表 3 可知，到第 2 个月月底，任务 1 和任务 4 都全部完成了，所以第 2 个月的 EV=1100（万元）（EV= PV）；根据表 2 可知，到第 2 个月月底，AC 是 900 万元（200+700）。SPI=EV/PV=1100/1100=1，CPI =EV/AC = 1100/900 ≈1.22。所以项目此时的执行绩效是符合计划，成本节约。**（问题难度：★★★）**

二、参考答案

项目第 2 个月月底时，PV=400+700=1100（万元），EV=PV=1100（万元），AC=200+700=900（万元），SPI=EV/PV=1100/1100=1，CPI =EV/AC = 1100/900 ≈1.22。

项目此时的执行绩效是符合计划，成本节约。

第4章

文字类型的案例分析题和百"问"百"答"

文字类型的案例分析题的解题技巧

文字类型的案例分析题之"三找"解题法则：

（1）找问题。找案例中描述的项目存在的问题，这些问题是显性显示在案例中的，可以直接从描述案例的文字中找到。"找问题"的目的是为"找原因"和"找解决方案"服务的，案例分析题后提出的问题，一般不会出现要考生回答"项目中存在哪些问题"这种类型的问题。

（2）找原因。围绕案例中显性显示的问题和案例描述，根据自己所掌握的项目管理理论和实践经验，找出导致这些问题产生的原因；案例分析题后提出的问题，很多时候是需要考生回答这种类型的问题。

（3）找解决方案。根据挖掘出的原因，找出对应的解决方案；案例分析题后提出的问题，很多时候是需要考生回答这种类型的问题。

注："三找"法则的具体使用方法，请读者参阅本书第5章内容。

文字类型的案例分析之五大解题要点：

（1）一定要围绕题目展开，切忌答非所问。

（2）准确揣摩出题人的意图。

（3）按书上讲的知识要点作答。

（4）适当加入自己的工作经验和体会。

（5）在可能的情况下，字数稍微多写点。

文字类型的案例分析之十条解题锦囊：

（1）全面阅读题干和问题描述，正确定位出题人的意图和所考查的知识领域及知识点。

（2）通过分析把握案例描述后提出的几个问题间的内在联系（很多时候后面的问题往往是前

面问题的答案或答案的一部分)。

(3)案例的主题方向一般可以通过分析题干后面提出的几个问题而得出，不要仅凭经验作答。

(4)案例分析在很多时候其实存在“标准答案”(标准答案就是来自于相关教材上的理论要点和案例中的相关描述)，因此答题时应该以所学理论知识为主，适当加入自己的工作经验(根据笔者的研究，理论要点应该占答题要点60%以上的比例)。

(5)在阅读过程中用铅笔标注出题干中所描述的项目中出现的问题，因为这些问题往往是案例分析后面所提出的问题的答案的源泉。

(6)应采用逐条叙述的形式作答。

(7)答题时注意逻辑归纳，形成清晰的逻辑线索。不要想到哪里写到哪里，这样会给阅卷老师逻辑不清的感觉，从而影响得分。

(8)每个条目的描述不宜过长，一般以 20～40 字为宜(**对于要求满足一定字数的问题可根据需要适当增加字数**)。描述过于简单，容易遗漏一些关键信息，语句过长则不利于阅卷老师判断逻辑结构。

(9)书写工整，尽可能不在卷面上出现连笔、涂改、插入补充信息等现象。

(10)在时间允许的情况下，尽量多写点内容，因为“多答和错答”一般不扣分，但如果符合“题意”，则可能加分。

文字类型的案例分析题百“问”百“答”

以下是笔者根据历年考试真题整理出来的文字类型的案例分析题百“问”百“答”，考生在做文字类型的案例分析题时，可以借鉴使用。

立项管理		
序号	题干中类似这样描述	可以这样回答
001	小张组织相关技术人员对该项目进行可行性研究，认为该项目基本可行，并形成一份初步可行性研究报告……结果……	没有进行详细的可行性研究
002	A 公司选定施工经验丰富的 B 公司中标……	应该选定评分第一的候选人为中标人
003	战略规划部依据初步的项目可行性研究报告，认为该项目符合国家政策导向，肯定要上马……	不能仅凭项目符合国家政策导向就上马，而应该综合考虑各种因素
004	战略规划部主要从国家政策导向、市场现状、成本估算这几个方面进行了粗略的调研……	可行性研究的内容不全面
005	郑工从技术角度分析认为项目可行……	不能单从技术角度分析项目是否可行，还需要综合考虑其他因素

续表

整体管理		
序号	题干中类似这样描述	可以这样回答
006	项目经理原来从事技术开发工作，第一次担任项目管理职务……	项目经理缺乏项目管理经验
007	该项目经理原来做集成项目，这是他第一次从事软件项目管理工作……	项目经理缺乏软件项目管理经验
008	该项目经理原来做软件项目，这是他第一次从事集成项目管理工作……	项目经理缺乏集成项目管理经验
009	项目经理组织项目组成员，立即开始需求调研工作……	没有编制项目计划
010	项目经理编制出项目计划后安排项目组成员……	没有邀请项目组相关成员共同编制计划，项目计划可能不科学、不合理
011	项目计划编制出来后就立即开始项目执行工作……	项目计划没有经过评审
012	项目经理让采购部按项目进度计划进行采购……	项目没有制订出对应的采购管理计划
013	项目组根据客户的要求倒排了项目进度计划……	制订项目进度计划时没有考虑到项目的实际情况，计划不科学、不合理
014	为了确保客户满意度，项目经理对客户提出的变更立即安排项目组成员进行处理……	没有走正规的变更控制流程
015	……认为该变更对进度没有影响，于是……	没有就变更对项目的整体影响进行评估
016	项目经理却找不到相关的变更文件……	变更没有书面化或变更文件没有存档
017	项目经理安排编程能力弱的小张担任配置管理员……	项目经理用人不当，小张可能不具备配置管理能力
018	项目经理让小张担任……并兼任……结果……	小张身兼数职，分身乏术
019	项目进行了两个月后，项目经理才发现项目进度出现了明显滞后……	项目经理对项目监控不及时、不到位

配置管理		
序号	题干中类似这样描述	可以这样回答
020	发现版本错误，把测试版本打包到了发布版本中……	配置管理没做好
021	项目组成员分别提交了各自工作的最终版本进行集成……	缺乏统一的配置管理
022	项目可交付成果和产品版本越来越混乱……	版本管理没做好
023	开发版本与设计和需求的版本对应不上……	没有对文档进行同步更新
024	在交付时发现文档与代码对应不上……	配置审计工作没做或没做好

续表

配置管理		
序号	题干中类似这样描述	可以这样回答
025	系统试运行时出现了问题，开发人员直接在试运行的版本上进行了代码修改……	配置权限管理有问题，开发人员不应该在试运行的版本上直接修改代码
026	小张把配置库分为了开发库和产品库……	配置库设置存在问题，缺少受控库

范围管理		
序号	题干中类似这样描述	可以这样回答
027	项目组进行了初步需求调研后……	需求调研不到位
028	项目组根据需求调研后所编写的用户需求说明书进行设计工作……	用户需求说明书没有经过客户的签字确认
029	用户认为项目组所开发的功能不是自己所需要的……	用户需求事先没有得到客户的确认和认可
030	项目经理组织大家对项目范围说明书进行了大致分解……	工作分解结构不到位
031	小张认为该功能对用户很有用且工作量小，于是直接添加了该功能……	小张不应该给项目镀金
032	用户认为该功能本应该就是项目中需要完成的……	项目组没有和用户确定好项目的范围基准

进度管理		
序号	题干中类似这样描述	可以这样回答
033	项目经理安排大家加班加点追赶进度……	长时间加班导致员工疲劳影响到工作效率和工作质量
034	项目经理于是采用快速跟进的方式进行进度压缩，结果返工工作明显增多……	快速跟进使用得不合理，导致质量下降
035	项目进度延误了 3 个月……	项目经理对项目进度监控不到位，没有及时发现和整改问题

成本管理		
序号	题干中类似这样描述	可以这样回答
036	项目组采用类比估算的方法对项目成本进行了估算，后来发现……	估算方式单一，估算可能不准确
037	3 个月后，项目经理发现项目出现了 20%的成本超支……	项目经理没有及时进行项目成本管理和控制

质量管理		
序号	题干中类似这样描述	可以这样回答
038	项目经理安排技术员小刘兼任质量管理员……	小刘缺乏质量管理方面的能力和经验

续表

质量管理		
序号	题干中类似这样描述	可以这样回答
039	张工认为此项目的质量管理关键在于系统地进行测试……	张工对质量管理的认识是错误的
040	为了赶工，项目组省掉了一些质量管理环节……	项目组没有遵循既定的质量管理标准和流程
041	张工制订了详细的测试计划用来管理项目的质量……	张工没有给项目制订一个科学、全面的质量管理计划
042	他通过向客户发送测试报告来证明项目质量是有保证的……	项目缺少必要的过程质量保证
043	由于时间紧，项目经理组织人员对系统进行大致测试后……	系统测试不到位
044	测试时，发现了大量问题……	项目的规划、设计和开发工作没做好
045	类似质量问题不断出现，导致项目进度一拖再拖……	项目组采取的质量改进措施有效性差

人力资源管理		
序号	题干中类似这样描述	可以这样回答
046	项目经理批评新成员，要求新成员向老成员学习……	项目经理没有做到一视同仁
047	奖励的承诺没有兑现……	项目经理没有履行自己的承诺
048	临时新增两名成员……	项目人力资源管理制订得不完善
049	项目经理公开批评小张，导致小张情绪低落……	项目经理采用的批评方式不对，应该私下批评
050	刚毕业的小张由于能力不够，结果……	项目经理对小张缺乏必要的培训和辅导
051	工作中，项目组成员互相推诿……	项目组缺乏良好的工作分工
053	大家士气低落……	项目组缺乏必要的团队建设活动
053	大家对自己应得的奖励产生了不满……	项目的绩效考核办法存在问题或绩效考核办法没有得到大家的认同
054	项目经理认为大家都很努力，于是将项目奖金进行了平均分配……	项目经理没有根据项目组成员的绩效采用多劳多得的方式进行奖励分配
055	工作期间，小张和小李产生了矛盾，项目经理认为这是正常现象没有理睬……	项目经理对冲突的认识存在偏差
056	项目经理制订了统一的绩效激励办法……	项目经理没有根据人员和岗位的不同制订有针对性的绩效激励办法
057	中途，技术骨干小张离职导致……	项目经理在团队管理方面做得不好，没有及时了解员工的思想动态

续表

沟通管理和干系人管理		
序号	题干中类似这样描述	可以这样回答
058	项目经理根据自己的经验制订了项目沟通管理计划……	制订沟通管理计划时没有进行充分的沟通需求调研
059	大家认为项目经理发了大量无关的信息……	没有针对不同的干系人提交不同的信息
060	他们希望小李能当面汇报……	小李缺乏对项目干系人沟通需求和沟通风格的分析，没有采用干系人所期望的方式和他们沟通
061	他们对此并不知情……	项目经理没有及时分发项目信息
062	项目经理组织大家识别出了项目的 5 个干系人……	项目干系人识别不充分
063	项目经理凭经验认为，客户需要如下信息……	项目经理没有真正搞清客户的沟通需求
064	项目经理采用每周例会的方式和大家沟通……	沟通方式过于单一
065	客户对项目状况非常不满……	项目经理与客户沟通不及时、不到位

风险管理		
序号	题干中类似这样描述	可以这样回答
066	针对该大型项目，项目经理带领大家识别出了5 个风险……	项目风险识别得不够充分
067	项目组针对其中的几个重大风险制订了风险应对措施……	项目组没有针对所有风险制订应对措施
068	发生了一些原本可以避免的风险……	没有充分识别出项目的风险或风险管控不力
069	此时甲方更换了项目负责人，项目经理认为……结果导致……	项目经理没有重新识别风险
070	项目刚执行三个月，预留的进度储备就已经全部被用掉……	风险应对措施不够有效
071	结果同类风险再次发生……	项目经理和项目相关风险负责人没有确认风险应对措施的有效性
072	参照以前的项目模板，编制了一个项目风险管理计划……	仅仅只是参照了以前的项目模板编制风险管理计划，没有考虑项目的实际情况
073	项目组成员按照各自的理解对实际风险控制和应对措施进行安排……	项目组没有进行统一的风险应对和管控
074	验收一拖再拖……	（验收拖延）问题出现后，项目经理没有采取有效的措施予以解决
075	张工按照风险造成的负面影响程度从高到低对这些风险进行了优先级排序……	项目经理张工在对风险进行排序时，没有考虑风险发生的概率
076	项目经理通过……了解风险应对措施的执行情况……并宣布风险管理工作结束……	风险管理应该贯穿项目全过程，不能提前结束

续表

风险管理

序号	题干中类似这样描述	可以这样回答
077	相关风险负责人汇报了风险处理情况，项目经理对大家的工作表示满意……	项目经理没有对风险应对措施的执行结果进行验证
078	项目组按照应对措施的实施成本和难易程度对风险进行了排序……	风险排序存在问题，没有综合考虑风险发生的可能性、影响等多种因素
079	项目经理挑选了 10 项实施成本相对较低、难度相对较小的应对措施……	选择风险应对措施时存在问题，不能只挑成本低、难度小的应对措施
080	项目经理认为电力中断发生的可能性太小，没有要求工程师按照规范进行检查……	风险监控存在问题，没有督促项目组成员执行风险预防措施
081	张工凭借自身的项目管理经验，对项目可能存在的风险进行了识别……	项目经理仅凭个人的经验进行风险识别，没有让项目组成员一起参与
082	项目经理坚持认为大批设备上线在年初做风险识别时属于未知风险……	没有定期重新识别项目风险

合同管理

序号	题干中类似这样描述	可以这样回答
083	合同签得比较简单……	合同内容不完善
084	签订的合同只简单规定了项目建设内容、项目金额、付款方式和交工时间……	合同签订比较随意、合同条款不严谨、不完整
085	公司领导认为应该先签下该项目，其他问题在项目实施中再想办法解决……	没有做好签订合同之前的调查工作，合同签订过程过于草率
086	在合同执行过程中，甲乙双方就项目应该完成哪些建设内容产生了分歧……	合同中缺乏明确清晰的工作说明
087	双方在对合同条款的理解上存在巨大差异……	合同签约双方对合同条款没有达成一致理解
088	双方就如何处理该违约问题争吵不休……	合同中缺乏相应的违约处理条款
089	双方未就合同变更达成一致，陷入僵局……	缺少事先约定的合同变更流程
090	供应商 B 公司考虑是否使用法律手段来解决纠纷，但发现整个合同执行过程的备忘录和会议记录都没有……	合同执行过程中没有做好记录保存工作

采购管理

序号	题干中类似这样描述	可以这样回答
091	在项目的中期验收中，甲方发现了部分采购产品存在问题……	没有对供应商所提交的产品进行严格检测
092	需要采购一批货品……	没有具体明确采购需求
093	考虑到项目预算，项目经理小张在竞标的几个供应商里选择了报价最低的 B 公司……	货品价格不应该是选择供应商的第一因素

续表

采购管理		
序号	题干中类似这样描述	可以这样回答
094	B 公司提出预付全部货款才能按时交货……	付款方式存在问题，不能预付全部款项
095	B 公司提出预付全部货款，项目经理同意了对方的要求……	预付款方案不能由项目经理自行决定，应该采用合同评审的方式确定
096	临近交货日期，B 公司提出只能按期交付 80%的货品……	没有及时跟踪和监控 B 公司的供货进展
097	产品进入现场安装时，甲方反馈货品中有大量残次品……	采购中，没有进行验货
098	采购部通过查询政府采购网等多家网站，结果发现 B 公司去年存在多项失信行为记录……	没有对供应商进行认真甄选
099	部分备件在库存信息中显示有库存，但调取时却找不到……	备件管理不规范
100	当项目经理发现此类问题进行调查时，发现该供应商在不久前已经被其他公司并购……	在合同执行过程中，没有对供应商进行及时有效的监控

第5章 文字类型的案例分析题真题解析

2012.05 试题三

【说明】阅读下列说明，回答问题 1 至问题 3，将解答填入答题纸的对应栏内。

案例描述及问题

某单位甲建设数据中心管理系统，与乙公司签定了单价建设合同，与丙公司签定了监理合同。建设合同中规定：系统提供的网络带宽不低于 2Mbps，操作响应时间不超过 5 秒，可支持的最大并发用户数不少于 5000 个。

乙公司项目经理张某根据项目要求编写了范围说明书，将 WEB 服务器和数据库服务器部署在一个小型机上，并编制了 WBS 字典，其中规定服务器安装要在 10 月 5 日前完成，主要性能指标为响应时间不超过 5 秒，可支持最大并发用户数不少于 5000 个。

在现场设备安装调试前，建设方技术总监与张某沟通，要求提高系统可支持的最大并发用户数至 10000 个并说明了原因。张某为此邀请乙公司技术总监和相关技术人员进行了商讨并制订了新的技术方案，该方案中建议用两台小型机分别担当 WEB 服务器和数据库服务器。

乙公司技术总监批准了该方案，随后报建设方领导出具意见，建设方领导也批准了新方案。张某按照批准的新方案重新采购、安装和调试了设备。项目完成后，建设方代表对系统的性能指标满意，但不同意追加投资。乙公司为此请丙公司出面协调，然而丙公司总监以对新技术方案不了解为由拒绝在项目验收报告上签字。

【问题 1】（5 分）

结合本案例，判断下列选项的正误（填写在答题纸的对应栏内，正确的选项填写“√”，错误的选项填写“×”）。

（1）技术方案调整属于技术变更，应由建设方和承建方技术负责人最终审批。（ ）

（2）张某编制的 WBS 字典不符合项目管理文件规范。（ ）

（3）甲、乙双方可对所签订的合同的效力约定生效或解除条件。（ ）

（4）对于单价建设合同，技术方案的调整不涉及合同变更。（ ）

（5）签定监理合同后，建设方不能再提出技术指标变更要求，应由监理方提出。（ ）

【问题 2】（8 分）

请指出案例中的技术方案调整可能涉及到哪些类型的项目变更。

【问题 3】（12 分）

请简要分析案例中技术方案变更过程中存在的问题并提出改正建议。

答题思路总解析

从本案例描述后提出的三个问题，特别是第二个问题和第三个问题容易知道：该案例分析主要考查的是项目整体管理中的整体变更控制。“案例描述及问题”中画“______”的文字是该项目已经出现的**问题**：即项目完成后，建设方不同意追加投资，丙公司总监拒绝在项目验收报告上签字。根据这些问题和“案例描述及问题”中画“____”的文字并结合我们的项目管理经验，可以推断出：

（1）变更的提出没有形成正式的书面申请。

（2）变更缺少监理方的参与。

（3）变更缺少 CCB 的审批环节。

（4）变更的执行缺少监理方的监控。

（5）变更执行后缺少监理方和建设方的确认（这五点从“在现场设备安装调试前，建设方技术总监与张某沟通，要求提高系统可支持的最大并发用户数至 10000 个并说明了原因。张某为此邀请乙公司技术总监和相关技术人员进行了商讨并制订了新的技术方案，该方案中建议用两台小型机分别担当 WEB 服务器和数据库服务器”“乙公司技术总监批准了该方案，随后报建设方领导出具意见，建设方领导也批准了新方案。张某按照批准的新方案重新采购、安装和调试了设备”和“丙公司总监以对新技术方案不了解为由拒绝在项目验收报告上签字”可以推导出）等是导致项目出现“项目完成后，建设方不同意追加投资，丙公司总监拒绝在项目验收报告上签字”的主要**原因**（用于回答**【问题 3】**的前半部分）。针对以上五点不足提出的**解决方案**（改进建议），即为【问题 3】后半部分的答案。**【问题 1】**需要结合《中华人民共和国合同法》、项目管理知识体系和信息系统工程监理等知识来判断；读者如果比较熟悉“项目约束六边形”，那么**【问题 2】**就比较容易回答。**（案例难度：★★★）**

【问题 1】答题思路解析及参考答案

一、答题思路解析

技术方案的调整应该由项目的变更控制委员会最终审批（变更控制委员会除了有建设方和承建方相关人员组成外，还需要监理方人员参加），所以（1）是错误的；WBS 分解应该是面向可交付成果的分解，WBS 最底层的工作包应该是可交付成果，而不需要规定具体的完成时间［这点从“编制了 WBS 字典，其中规定服务器安装要在 10 月 5 日前完成”可以判断出（2）是正确的］；根据《中华人民共和国合同法》“第四十五条：当事人对合同的效力可以约定附加条件”和“第九十三条：当事人协商一致，可以解除合同”，可以判断（3）是正确的；任何类型的合同，技术方案的调整都可能涉及合同变更，所以（4）是错误的；项目建设方当然可以提交技术指标的变更，根据信息系统工程监理方“四控、三管、一协调”(四控：信息系统工程质量控制、信息系统工程进度控制、信息系统工程投资控制和信息系统工程变更控制；三管：信息系统工程合同管理、信息系统工程信息管理和信息系统工程安全管理；一协调：在信息系统工程实施过程中协调有关单位及人员间的工作关系)的工作内容，需要由监理方接收建设方提出的变更请求并传递给项目承建方，所以(5)是错误的。**(问题难度：★★★)**

二、参考答案

（1）技术方案调整属于技术变更，应由建设方和承建方技术负责人最终审批。(×)

（2）张某编制的 WBS 字典不符合项目管理文件规范。(√)

（3）甲、乙双方可对所签订的合同的效力约定生效或解除条件。(√)

（4）对于单价建设合同，技术方案的调整不涉及合同变更。(×)

（5）签定监理合同后，建设方不能再提出技术指标变更要求，应由监理方提出。(×)。

【问题 2】答题思路解析及参考答案

一、答题思路解析

根据“答题思路总解析”中的阐述可知，这个问题主要是考查考生是否知道项目约束六边形(即范围、进度、成本、质量、资源和风险这六大要素之间的互相影响)，项目约束六边形如下图所示：

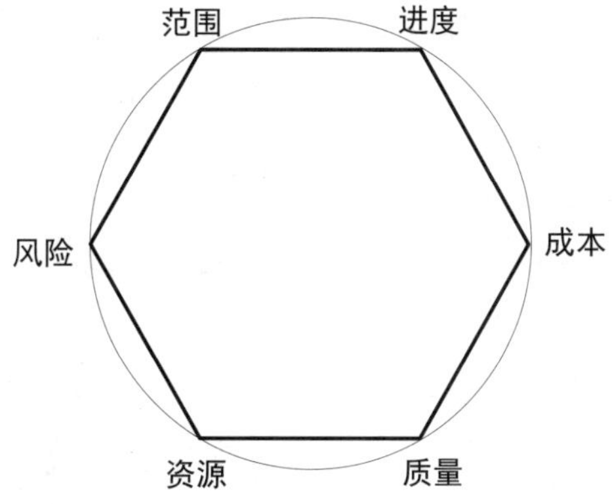

根据“项目约束六边形”可知，技术方案的调整可能会涉及项目范围、进度、成本、质量、资源和风险等的变更，当然也很可能导致项目建设方和项目承建方之间的合同的变更。**(问题难度：★★★)**

二、参考答案

技术方案的调整可能会涉及项目范围、进度、成本、质量、资源和风险、合同等的变更。

【问题 3】答题思路解析及参考答案

一、答题思路解析

根据“答题思路总解析”中的相关阐述可知，本案例中技术方案变更过程中存在的主要问题有：

（1）变更的提出没有形成正式的书面申请。

（2）变更缺少监理方的参与。

（3）变更缺少 CCB 的审批环节。

（4）变更的执行缺少监理方的监控。

（5）变更执行后缺少监理方和建设方的确认。**（问题难度：★★★）**

二、参考答案

本案例中技术方案变更过程中存在的主要问题有：

（1）变更的提出没有形成正式的书面申请。

（2）变更缺少监理方的参与。

（3）变更缺少 CCB 的审批环节。

（4）变更的执行缺少监理方的监控。

（5）变更执行后缺少监理方和建设方的确认。

改进建议：

（1）建立起三方（建设方、承建方和监理方）都认可的项目变更控制流程。

（2）书面提交正式的变更申请文件。

（3）监理方审核变更申请并给出监理意见，监理方把变更申请和意见传递给承建方。

（4）由（三方代表组成的）CCB 对变更申请、变更方案等进行审批。

（5）承建方对批准的方案进行变更，监理方对变更的实施过程进行监督。

（6）变更实施后验证变更的正确性并记录变更的实施情况。

（7）三方对变更实施后的结果进行确认。

（8）归档与此变更相关的文档。

2012.11 试题一

【说明】阅读下列说明，回答问题 1 至问题 3，将解答填入答题纸的对应栏内。

案例描述及问题

某信息系统集成公司承接了一大型电子政务应用项目，由于项目涉及研发部门的多项相关技术，合适的项目管理人员暂时缺乏，公司就委派研发部副总经理刘某担任了该项目的项目经理。同时，公司意识到刘某担任项目经理可能会面临一些问题，特意安排公司项目管理办公室的小王专门协助刘某管理项目。

小王在项目管理办公室一直负责各种项目管理计划的审核，对制订项目管理计划非常重视，也非常熟悉。小王在初步了解了这个项目的基本情况后，就按照公司的模板与项目组的几个核心成员共同制订了项目管理计划。考虑到刘某第一次管理这种商业性项目，因此对很多管理细节都进行了细化，并将计划重点集中在项目执行计划的制订方面，配置管理计划做得比较简单，刘某也根据自身多年的研发项目管理实践提出了相应的项目计划制订意见。但由于计划涉及很多技术细节，在计划中预留了一些空白。

刘某看小王的计划制订得很详细，也觉得非常合理，就按照小王的计划开始实施项目。一开始项目进展得非常顺利，各项工作有条不紊地进行，但是项目执行一个月以后，却发现由于项目计划没有充分考虑到该项目的特殊性，计划内容与现实状况不符，项目团队成员的能力与项目需要存在一定的差距，多项技术问题得不到有效解决。项目经理刘某也明显感觉到最近变更的请求明显增加，自己制订的比较简易的项目配置管理计划不能够满足项目整体变更的需要。

【问题1】（12分）

结合本案例，请简要叙述项目管理计划应该包含的主要内容（不包含辅助计划）。

【问题2】（8分）

结合本案例，请简要叙述项目经理和项目团队为执行项目管理计划而应采取哪些行动。

【问题3】（5分）

结合本案例，在项目管理的配置管理中，配置库的主要作用是什么？

答题思路总解析

从本案例描述后提出的三个问题容易知道：该案例分析主要考查的是项目的整体管理。本案例分析题非常特别，仔细看本案例描述后提出的三个问题会发现，这三个问题都是纯理论性质的，与本案例基本没有关系。因此，本案例对于理论基础扎实的考生来说，就比较容易，否则很难。**（案例难度：★★★）**

【问题1】答题思路解析及参考答案

一、答题思路解析

根据“答题思路总解析”中的阐述可知，这个问题属于纯理论性质的问题，读者如果比较熟悉项目管理计划应该包括的内容，本问题就比较容易回答。根据相关的内容，针对本项目进行表述，就是该问题的答案。**（问题难度：★★★）**

二、参考答案

项目管理计划应该包含如下主要内容（不包含辅助计划）：

（1）此大型电子政务应用项目所使用的项目管理过程。

（2）每一选定过程的实施水平。

（3）针对该项目，对实施这些过程时使用的工具与技术所作的说明。

（4）在管理该项目时使用选定过程的方式和方法，包括过程之间的依赖关系和相互作用，以及重要的依据和成果。

（5）为了实现项目目标所执行的工作的方式和方法。

（6）监控变更的方式和方法。

（7）实施配置管理的方式和方法。

（8）使用实施效果测量基准并使之保持完整的方式和方法。

（9）项目干系人之间的沟通的需要和技术。

（10）选定的项目生命周期模型和多阶段项目的项目阶段。

（11）高层管理人员为了加快解决未解决的问题和处理未做出的决策，对内容、范围和时间安排的关键审查。

【问题 2】答题思路解析及参考答案

一、答题思路解析

根据“答题思路总解析”中的阐述可知，这个问题属于纯理论性质的问题，读者如果比较熟悉指导与管理项目过程需要项目经理和项目团队执行的行动来执行项目管理计划以完成项目范围说明书中所定义的工作，本问题就比较容易回答。根据相关的内容，针对本项目进行表述，就是该问题的答案。**（问题难度：★★★★）**

二、参考答案

项目经理和项目团队为执行项目管理计划应采取如下行动：

（1）按该项目的项目管理计划执行活动以实现项目目标。

（2）付出努力和资金，实现项目目标。

（3）配备、培训和管理该项目的项目团队成员。

（4）取得、管理并使用资源，包括材料、工具、设备与设施。

（5）实施已列入计划的方法和标准。

（6）创造、控制、核实并确认项目可交付成果。

（7）管理该项目的风险和实施风险应对活动。

（8）将批准的变更纳入项目的范围、计划和环境。

（9）建立并管理项目团队内外部的项目沟通渠道。

（10）收集项目数据并报告费用、进度、技术与质量绩效，以及有助于预测的状态信息。

（11）收集和记载吸取的教训，并实施批准的过程改进活动。

【问题 3】答题思路解析及参考答案

一、答题思路解析

根据“答题思路总解析”中的阐述可知，这个问题属于纯理论性质的问题，读者如果比较熟悉有关配置库的阐述，本问题就比较容易回答。根据相关内容，针对本项目进行表述，就是该问题的答案。（**问题难度：★★★**）

二、参考答案

在项目管理的配置管理中，配置库的主要作用是：

（1）记录和配置与该项目相关的信息。

（2）利用配置库中的信息可评价变更后的效果。

（3）从配置库中提取各种配置管理过程的管理信息，可利用库中的信息查询回答许多与配置管理相关的问题。

2012.11 试题二

【说明】阅读下列说明，回答问题1至问题3，将解答填入答题纸的对应栏内。

案例描述及问题

某项目是一个新产品开发项目，项目计划开发周期为12个月，项目团队有11个人，包括：项目经理1人，开发工程师5人，测试工程师2人，文档工程师1人，配置管理1人，SQA 1人。

项目于2010年7月1日开始，项目计划如下：需求分析一个月，总体设计一个月，详细设计二个月，编码五个月，测试一个半月，文档准备、客户验收测试半个月，修改Bug并发布半个月，项目开工后，项目团队充满激情地努力工作，项目经理也非常有信心按期完成该项目，并在开工会上公布了该项目的考核与激励制度。

2010年8月1日，项目组按期完成《需求规格设计说明书》；2010年9月1日，按期完成了总体设计。

此时，市场部提出，最近有几名客户都问到这个产品了，9月份可能有客户要看演示的DEMO，需要加快开发进度，问项目经理是否可以先开发DEMO，详细设计后面再补充，先把产品的原型做出来。

项目经理经过与项目组与项目管理部协商，决定去掉详细设计这个环节，直接进入产品的编码阶段，安排开发工程师根据总体设计负责各自模块的开发工作。

5名开发工程师组成的开发小组进入非常忙碌的编码阶段后，经常加班加点，开发过程中，由于原来制订的计划已完全被打乱，SQA无法再根据原来的质量保证计划进行跟踪，项目组其他人员也已无法发挥作用。

2011年2月15日，项目经理向公司管理层反映这个项目存在的问题，市场部提的需求有部分不能实现，遇到了技术瓶颈，而且有团队成员要离职，为此由项目管理部组织会议，对新增的部分需求进行评审，包括研发总监、研发副总裁在内，最终决定产品要继续开发，确定关键技术问题的解决时间为2011年3月15日，其他工作继续进行。

遗憾的是，关键技术问题一直到5月1日才解决，这时已有2名开发人员因为信心问题而离职，项目经理除了要考虑项目进度外，还要考虑项目资源，由于此时其他项目任务也很重，公司资源很紧张，他不得不重新招聘开发人员。

等项目经理招到 2 个新人后，已是 2011 年 6 月 15 日，这本应是项目计划中系统测试结束的关键里程碑，但现在编码任务至少还需要 1 个月，在公司的月度会议上，项目经理向包括总裁在内的各位高层领导做了汇报，并因为项目进度延迟受到了批评。

2011 年 8 月 1 日，测试部终于拿到了系统的第一个测试版本。

2011 年 10 月 20 日，系统终于开发和测试完毕，测试部输出最终的测试报告，同意该产品向市场发布，所有的文档，包括"详细设计""需求规格说明书""产品说明书"等还没有上传到配置库。

【问题 1】（12 分）

该项目在项目管理方面存在哪些问题？

【问题 2】（3 分）

该项目至少延期了多少时间？

【问题 3】（10 分）

可以采取哪些措施来应对市场提出的要求？

答题思路总解析

从本案例描述后提出的三个问题，特别是第一个问题可知：该案例分析主要考查的是项目整体管理。"案例描述及问题"中画"～～～"的文字是该项目已经出现的**问题**：即项目进度有较大的延期。根据这个问题和"案例描述及问题"中画"____"的文字并结合我们的项目管理经验，可以推断出：

（1）对市场部新增加的工作内容没有进行有效的变更控制和处理。

（2）对"详细设计到后面再补充"的做法给项目带来的风险未进行充分的预估和评价（这两点从"市场部提出，最近有几名客户都问到这个产品了，9 月份可能有客户要看演示的 DEMO，需要加快开发进度，问项目经理是否可以先开发 DEMO，详细设计后面再补充"可以推导出）。

（3）错误地删减了一些必须执行的工作活动（如去掉了详细设计环节）（这点从"项目经理经过与项目组与项目管理部协商，决定去掉详细设计这个环节，直接进入产品的编码阶段"可以推导出）。

（4）把 DEMO 开发这一新增任务直接加入到原项目中的开发当中的做法不合适。

（5）没有根据项目实际进度修正项目管理计划导致后期工作无计划指导（这两点从"由于原来制订的计划已完全被打乱，SQA 无法再根据原来的质量保证计划进行跟踪，项目组其他人员也已无法发挥作用"可以推导出）。

（6）技术问题的解决时间过长（这点从"市场部提的需求有部分不能实现，遇到了技术瓶预""关键技术问题的解决时间为 2011 年 3 月 15 日"和"关键技术问题一直到 5 月 1 日才解决"可以推导出）。

（7）团队建设和管理不到位，在人员离职迹象出现时没有及时采取措施，结果发生了人员离职（这点从“有团队成员要离职”和“2名开发人员因为信心问题而离职”可以推导出）。

（8）项目配置管理不到位（这点从“所有的文档，包括‘详细设计’‘需求规格说明书’‘产品说明书’等还没有上传到配置库”可以推导出）等是导致项目出现“进度有较大的延期”的主要**原因**（用于回答**【问题1】**）。针对市场部提出的开发DEMO这一新增需求所提出的**解决方案**，就是**【问题3】**的答案。**【问题2】**是一个简单的数学计算题。**（案例难度：★★★）**

【问题1】答题思路解析及参考答案

一、答题思路解析

根据“答题思路总解析”中的阐述可知，该项目在项目管理方面存在的主要问题有：

（1）对市场部新增加的工作内容没有进行有效的变更控制和处理。

（2）对“详细设计到后面再补充”的做法给项目带来的风险未进行充分的预估和评价。

（3）错误地删减了一些必须执行的工作活动（如去掉了详细设计环节）。

（4）把DEMO开发这一新增任务直接加入到原项目的开发计划当中的做法是不合适的。

（5）没有根据项目实际进度修正项目管理计划导致后期工作无计划指导。

（6）技术问题的解决时间过长。

（7）团队建设和管理不到位，在人员离职迹象出现时没有及时采取措施，结果发生了人员离职。

（8）项目配置管理不到位。另外，纵观整个案例的描述，我们发现，项目经理对项目整体把关没有章法，整体管理不到位。细心的读者可能会发现，**【问题3】**的问题描述其实就是该问题答案的一部分。因为**【问题3】**的描述在暗示我们，项目经理在项目原计划中直接插入市场部提出的开发DEMO这一新增任务的做法是不合适的。**（问题难度：★★★）**

二、参考答案

该项目在项目管理方面存在的主要问题有：

（1）对市场部新增加的工作内容没有进行有效的变更控制和处理。

（2）对“详细设计到后面再补充”的做法给项目带来的风险未进行充分的预估和评价。

（3）错误地删减了一些必须执行的工作活动（如去掉了详细设计环节）。

（4）把DEMO开发这一新增任务直接加入到原项目的开发计划当中的做法是不合适的。

（5）没有根据项目实际进度修正项目管理计划导致后期工作无计划指导。

（6）技术问题的解决时间过长。

（7）团队建设和管理不到位，在人员离职迹象出现时没有及时采取措施，结果发生了人员离职。

（8）项目配置管理不到位。

（9）项目经理对项目的整体管理不到位。

【问题2】答题思路解析及参考答案

一、答题思路解析

根据“答题思路总解析”中的阐述可知，经过简单的数学计算就可以得出该问题的答案。根据

“案例描述及问题”中的“项目计划开发周期为 12 个月”和“项目于 2010 年 7 月 1 日开始”这两句话可以推算出，按计划，项目的完工日期应该是 2011 年 7 月 1 日；而实际上，到了 2011 年 10 月 20 日，系统才完成开发和测试（见“2011 年 10 月 20 日，系统终于开发和测试完毕”这句话），把两个时间一对比，可以容易知道，该项目至少延期了 3 个月 20 天。**（问题难度：★★★）**

二、参考答案

该项目至少延期了 3 个月 20 天。

【问题 3】答题思路解析及参考答案

一、答题思路解析

根据“答题思路总解析”中的相关阐述可知，针对市场部提出的开发 DEMO 这一新增需求所提出的解决方案，实际上就是针对**【问题 1】**参考答案中的相关问题提出的解决方案，就是该问题的答案。**（问题难度：★★★）**

二、参考答案

可以采取如下措施来应对市场提出的要求：

（1）就市场部提出的开发 DEMO 的新需求，项目经理可考虑向公司另外申请人力资源，让 DEMO 开发与原项目的工作并行执行，开发 DEMO 不影响原项目计划的正常进行。

（2）加强和市场部以及其他相关干系人之间的沟通，商讨如何在保证原项目进度计划的情况下有效响应市场部的新需求。

（3）必要时，和客户沟通，商量调整原来的项目进度计划（如把原来的工作任务分期实现，既满足 DEMO 开发的要求，又能保证按期上线客户所必须要使用的功能模块）。

（4）加强团队建设和管理。

（5）加强项目配置管理，加强项目实施过程的监督与控制。

2012.11 试题三

【说明】阅读下列说明，回答问题 1 至问题 3，将解答填入答题纸的对应栏内。

案例描述及问题

小赵被任命为某软件开发项目的专职质量管理人员，他此前只有过三个月的软件开发经历。项目经理李工要求他按照项目进度计划中的工作安排，按时做好检查，发现问题随时汇报。

项目启动后，由于进度紧张，项目组经常加班，小赵在质量检查中，总会遇到这样那样的问题，例如，计划时间点已到，工作却没有按时完成，因此，无法开展检查；相关人员工作太忙，无法配合检查等。不久，项目组成员对小赵的工作颇有怨言，说他不懂技术，还得浪费时间跟他解释，有的还说进度已经这么紧张了，他不帮忙却来添乱。小赵很无奈，将这些情况汇报给项目经理李工，李工也觉得比较棘手，要求小赵尽量在不打扰大家工作的情况下执行检查。

项目组在超负荷运转中完成了编码任务，虽然天天加班，但进度还是延误了 20%，此时已经不能按原计划开展测试工作，项目经理李工决定调整计划，不划分测试阶段，将所有模块一次集成后统一开始测试。软件模块集成后，头一轮测试刚开始就出现了致命错误，导致测试无法继续，李工只好让开发人员先修复软件，之后再提交测试，随后的测试过程更加混乱，由于模块由不同人员开发，需要不同的人来修改，常常是已修复的 Bug，在修复其他的 Bug 之后又再次出现，开发人员不停修改，项目交付时间临近，程序中还有大量 Bug 没有修复。

【问题 1】（14 分）

请结合本案例分析该项目在质量管理方面出现了哪些问题。

【问题 2】（5 分）

请结合本案例简要阐述在项目中，作为项目经理应如何做好质量管理。

【问题 3】（6 分）

根据以上案例描述，项目的测试过程至少应分为哪几个阶段？

答题思路总解析

从本案例后提出的三个问题，很容易知道：该案例分析主要考查的是项目的质量管理。“案例描述及问题”中画“______”的文字是该项目已经出现的**问题**：即进度延误了 20%，程序出现了致命错误，在修复其他的 Bug 之后已修复的 Bug 又再次出现，程序中还有大量 Bug 没有修复。根据这些问题和“案例描述及问题”中画“____”的文字并结合我们的项目管理经验，可以推断出：

（1）小赵经验不足，项目经理选定小赵作为质量管理人员的安排不合理（这点从“小赵被任命为某软件开发项目的专职质量管理人员，他此前只有过三个月的软件开发经历”可以推导出）。

（2）项目经理李工缺乏正确的质量管理理念（这点从“项目经理李工要求他按照项目进度计划中的工作安排，按时做好检查，发现问题随时汇报”和“要求小赵尽量在不打扰大家工作的情况下执行检查”可以推导出）。

（3）项目没有制订科学合理的质量管理计划（这点从“项目经理李工要求他按照项目进度计划中的工作安排，按时做好检查，发现问题随时汇报”可以推导出）。

（4）项目组成员质量意识不够，对项目的质量管理工作没有正确的认识（这点从“项目组成员对小赵的工作颇有怨言，说他不懂技术，还得浪费时间跟他解释，有的还说进度已经这么紧张了，他不帮忙却来添乱”可以推导出）；项目经理李工对小赵质量管理工作支持力度不够（这点从“要求小赵尽量在不打扰大家工作的情况下执行检查”可以推导出）。

（5）项目经理错误地取消了测试阶段的划分（这点从“项目经理李工决定调整计划，不划分测试阶段，将所有模块一次集成后统一开始测试”可以推导出）。

（6）没有处理好在加班情况下如何有效保证项目质量管理的问题（这点从“天天加班”和“软件模块集成后，头一轮测试刚开始就出现了致命错误，导致测试无法继续”可以推导出）。

（7）项目版本管理混乱（这点从“由于模块由不同人员开发，需要不同的人来修改，常常是已修复的 Bug，在修复其他的 Bug 之后又再次出现”可以推导出）。

（8）软件测试的时间不足（这点从“项目交付时间临近，程序中还有大量 Bug 没有修复”可以推导出）等是导致项目出现“进度延误了 20%，程序出现了致命错误，在修复其他的 BUG 之后已修复的 Bug 又再次出现，程序中还有大量 Bug 没有修复”的主要**原因**（用于回答**【问题 1】**）。针对【问题 1】的**解决方案**，就是**【问题 2】**的答案。**【问题 3】**是一个纯理论性质的问题，与本案例关系不大。**（案例难度：★★★）**

【问题 1】答题思路解析及参考答案

一、答题思路解析

根据“答题思路总解析”中的阐述可知，项目在质量管理方面出现的问题主要有：

（1）小赵经验不足，项目经理选定小赵作为质量管理人员的安排不合理。

（2）项目经理李工缺乏正确的质量管理理念。

（3）项目没有制订科学合理的质量管理计划。

（4）项目组成员质量意识不够，对项目的质量管理工作没有正确的认识。

（5）项目经理李工对小赵质量管理工作支持力度不够。

（6）项目经理错误地取消了测试阶段的划分。

（7）没有处理好在加班情况下如何有效保证项目质量管理的问题。

（8）项目版本管理混乱。

（9）软件测试的时间不足。细心的读者，可能会发现，**【问题 3】**的问题描述，其实是该问题答案的一部分。因为**【问题 3】**的问题描述其实是在暗示我们，项目经理取消了测试阶段的划分是错误的。**（问题难度：★★★）**

二、参考答案

项目在质量管理方面出现的问题主要有：

（1）小赵经验不足，项目经理选定小赵作为质量管理人员的安排不合理。

（2）项目经理李工缺乏正确的质量管理理念。

（3）项目没有制订科学合理的质量管理计划。

（4）项目组成员质量意识不够，对项目的质量管理工作没有正确的认识。

（5）项目经理李工对小赵质量管理工作支持力度不够。

（6）项目经理错误地取消了测试阶段的划分。

（7）没有处理好在加班情况下如何有效保证项目质量管理的问题。

（8）项目版本管理混乱。

（9）软件测试的时间不足。

【问题 2】答题思路解析及参考答案

一、答题思路解析

根据“答题思路总解析”中的阐述可知，把**【问题 1】**中提到的项目在质量管理方面出现的问

题解决了，就是该问题的答案。**（问题难度：★★★）**

二、参考答案

项目经理应该这样做好质量管理：

（1）重新选定合格的人员作为质量管理人员，或对小赵进行必要的培训。

（2）项目经理李工加强学习，建立正确的质量管理理念。

（3）根据项目计划制订科学合理的质量管理计划。

（4）通过培训提高项目组成员对质量管理工作重要性的认识和对质量管理工作的支持。

（5）项目经理李工加强对小赵质量管理工作的支持力度。

（6）恢复必须的测试阶段的划分。

（7）尽量减少加班，如确实需要加班，也一定要注意加强加班期间的质量管理。

（8）加强产出物的版本管理和控制。

（9）通过合理的计划为软件测试预留充足的时间。

【问题3】答题思路解析及参考答案

一、答题思路解析

根据“答题思路总解析”中的相关阐述可知，该问题是一个纯理论性质的问题。项目的测试过程分为单元测试阶段、集成测试阶段、系统测试阶段和验收测试阶段。**（问题难度：★★★）**

二、参考答案

项目的测试过程至少应分为单元测试阶段、集成测试阶段、系统测试阶段和验收测试阶段。

2013.05 试题一

【说明】阅读下列说明，回答问题1至问题3，将解答填入答题纸的对应栏内。

案例描述及问题

A公司是国内一家大型系统集成企业，已建立基于SJ/T 11234、SJ/T 11235的涵盖公司所有部门和人员的质量管理体系。在公司建立质量管理体系之初，质量部要求各业务部门都参加体系建设，编写程序文件和作业指导，但这些部门都说忙，难以抽出人力。质量部便借鉴了其他公司的体系文件，对其简单修改后形成了A公司的质量管理体系文件。

质量管理体系运行一年后，公司承担了一个大型软件集成项目。公司领导对此项目非常重视，任命高级项目经理陈工管理此项目，并强调一定要保质保量完成。同时，公司要求销售部、采购部、质量部各派一个人参与该项目，配合项目组开展工作。

根据公司的质量管理体系要求，项目的每个里程碑节点都要召开评审会，主要开发文档（包括需求规格说明书、总体设计和详细设计等）都需要通过评审。事实上，在以往的项目中，这些评审会都是项目组内部讨论，讨论出结果后让相关部门负责人签字，质量部只要看到有签字的评审记录就不干预项目的实施。由于本项目关系重大，各部门都怕出了问题而承担责任，因此所有部门都参加了该项目的评审会。

几个评审会开完，项目组成员开始抱怨。说以前的项目评审都是我们自己讨论，其他部门根本没人仔细看。可是现在这个项目，各个部门都有人参与，评审会上每个人都提意见，并且意见经常不一致，没有人负责最后拍板；对于有些技术文件的评审，评审人员明明不懂还提出很多问题，还要费很大力气给他们解释。

在以往的项目中，虽然公司的程序文件中规定评审没通过就不能进入下一环节，但如果进度要求紧张的话，一般也不管什么流程了，抢进度要紧。但是在这个项目中，设计方案经过几次讨论都没有结果。项目经理陈工为了保证进度，向采购部提出提前采购设备，采购部以设计方案没有定稿为理由拒绝处理。无奈陈工找了好几次公司领导，最终领导拍板可以提前采购。项目就这样在不断的争执过程中进行，每次争执不下时陈工就去找公司领导。如此多次争执后，陈工发现质量管理体系文件中规定那么多评审纯粹是浪费时间，希望修改。

按照计划，现在项目应该进行到测试阶段，但实际上项目的详细设计还未通过评审。

【问题 1】（12 分）

请简要叙述 A 公司的质量管理体系在建立和运行中存在的主要问题。

【问题 2】（8 分）

如果你是 A 公司质量负责人，请简要叙述实施 A 公司质量管理体系的改进步骤。

【问题 3】（5 分）

项目质量管理包括＿（1）＿、＿（2）＿和＿（3）＿过程。A 公司在建立质量管理体系后，应定期对质量管理体系的运行进行内部审核和＿（4）＿。质量体系内部审核属于质量管理中的＿（5）＿过程。

请将上面（1）到（5）处的答案填写在答题纸的对应栏内。

答题思路总解析

从本案例描述后提出的三个问题容易知道：该案例分析主要考查的是项目的质量管理和公司质量管理体系的建立与运行。“案例描述及问题”中画“～～～”的文字是该项目已经出现的**问题**：即项目应该进行到测试阶段，但实际上项目的详细设计还未通过评审。根据这个问题和“案例描述及问题”中画“＿＿＿”的文字并结合我们的项目管理经验，可以推断出：

（1）质量管理体系的建立过程缺乏公司领导的主导。

（2）体系建设没有让全员参与，体系文件是由质量部门单独负责编制的。

（3）体系文件没有结合企业自身的特点和实际需要，而是照搬其他公司的文件和经验。

（4）建立的质量体系本身没有经过评审后就投入运行（这四点从“质量部要求各业务部门都参加体系建设，编写程序文件和作业指导，但这些部门都说忙，难以抽出人力。质量部便借鉴了其他公司的体系文件，对其简单修改后形成了 A 公司的质量管理体系文件”可以推导出）。

（5）质量管理体系流于形式，体系运行后没有及时发现问题并改进（这点从“质量管理体系运行一年后”“以前的项目评审都是我们自己讨论，其他部门根本没人仔细看”和“在以往的项目中，虽然公司的程序文件中规定评审没通过就不能进入下一环节，但如果进度要求紧张的话，一般也不管什么流程了，抢进度要紧”可以推导出）。

（6）质量部门没有全程参与项目的质量管理和体系运行，而是只检查结果（这点从“质量部只要看到有签字的评审记录就不干预项目的实施”可以推导出）。

（7）参与项目质量评审会议的人员，对于自己的职责认识不清。

（8）项目组成员以及参与项目质量评审的人员对项目质量保证和质量控制缺乏正确的认识和相关的知识储备（这点从“评审会上每个人都提意见，并且意见经常不一致，没有人负责最后拍板；对于有些技术文件的评审，评审人员明明不懂还提出很多问题，还要费很大力气给他们解释”可以推导出）。

（9）高层领导不尊重体系的权威性，过于“开绿灯”，导致体系的作用被弱化（这点从“无奈陈工找了好几次公司领导，最终领导拍板可以提前采购。项目就这样在不断的争执过程中进行，每次争执不下时陈工就去找公司领导”可以推导出）。

（10）项目经理陈工消极执行公司的质量管理体系，对质量管理缺乏正确的认识（这点从“陈工发现质量管理体系文件中规定那么多评审纯粹是浪费时间，希望修改”可以推导出）等是导致项目出现“项目应该进行到测试阶段，但实际上项目的详细设计还未通过评审”的主要**原因**（用于回答**【问题 1】**）。把**【问题 1】**中发现的这些问题解决了（即针对【问题 1】中发现的问题提出的**解决方案**），就是**【问题 2】**的答案。**【问题 3】**是一个理论性质的问题，与本案例关系不大。**（案例难度：★★★）**

【问题1】答题思路解析及参考答案

一、答题思路解析

根据“答题思路总解析”中的阐述可知，A 公司在质量管理体系的建立和运行中存在的主要问题有：

（1）质量管理体系的建立过程缺乏公司领导的主导。

（2）体系建设没有让全员参与，体系文件是由质量部门单独负责编制的。

（3）体系文件没有结合企业自身的特点和实际需要，而是照搬其他公司的文件和经验。

（4）建立的质量体系本身没有经过评审后就投入运行。

（5）质量管理体系流于形式，体系运行后没有及时发现问题并改进。

（6）质量部门没有全程参与项目的质量管理和体系运行，而是只检查结果。

（7）参与项目质量评审会议的人员，对于自己的职责认识不清。

（8）项目组成员以及参与项目质量评审的人员对项目质量保证和质量控制缺乏正确的认识和相关的知识储备。

（9）高层领导不尊重体系的权威性，过于“开绿灯”，导致体系的作用被弱化。

（10）项目经理陈工消极执行公司的质量管理体系，对质量管理缺乏正确的认识。细心的读者可能会发现，**【问题 3】**的问题描述中的“A 公司在建立质量管理体系后，应定期对质量管理体系的运行进行内部审核和（4）”，其实就是该问题答案的一部分。因为这句话的描述其实是在暗示我们，体系文件的运行应该进行定期审查并根据需要不断改进。**（问题难度：★★★）**

二、参考答案

A 公司在质量管理体系的建立和运行中存在的主要问题有：

（1）质量管理体系的建立过程缺乏公司领导的主导。

（2）体系建设没有让全员参与，体系文件是由质量部门单独负责编制的。

（3）体系文件没有结合企业自身的特点和实际需要，而是照搬其他公司的文件和经验。

（4）建立的质量体系本身没有经过评审后就投入运行。

（5）质量管理体系流于形式，体系运行后没有及时发现问题并改进。

（6）质量部门没有全程参与项目的质量管理和体系运行，而是只检查结果。

（7）参与项目质量评审会议的人员，对于自己的职责认识不清。

（8）项目组成员以及参与项目质量评审的人员对项目质量保证和质量控制缺乏正确的认识和相关的知识储备。

（9）高层领导不尊重体系的权威性，过于“开绿灯”，导致体系的作用被弱化。

（10）项目中体系执行的主导者（如项目经理陈工）消极执行公司的质量管理体系，对质量管理缺乏正确的认识。

【问题 2】答题思路解析及参考答案

一、答题思路解析

根据“答题思路总解析”中的阐述可知，把**【问题 1】**中发现的问题解决了（即针对【问题 1】中发现的问题提出的**解决方案**），就是该问题的答案。**（问题难度：★★★）**

二、参考答案

如果我是 A 公司的质量负责人，我会按如下步骤实施 A 公司质量管理体系的改进：

（1）认真学习和深刻领悟质量管理体系，掌握建立公司质量管理体系所必须的相关知识和技能。

（2）与公司领导沟通，确保公司领导真正重视和支持公司质量管理体系的建设和运行工作。

（3）制订质量管理体系的开发计划，对公司各部门进行质量体系和理念的培训，让公司各部门参与质量管理体系的制订，做好分工，并明确各部门在质量体系制订工作中的职责及相关责任人。

（4）在各部门的积极参与下，根据公司的实际情况，制订适合公司需要的质量管理体系。

（5）对质量管理体系进行认真评审。

（6）试点运行通过评审后的质量管理体系。

（7）通过试点，找出质量管理体系中的问题并进行改进。

（8）正式发布改进后的体系文件，对全员进行质量管理体系的培训和动员，在组织中全部铺开并严格执行。

（9）定期回顾，根据执行情况不断改进。

【问题 3】答题思路解析及参考答案

一、答题思路解析

根据“答题思路总解析”中的相关阐述可知，该问题是一个理论性质的问题，与本案例关系不大。读者如果比较熟悉项目质量管理的相关内容，就容易知道，项目质量管理包括规划质量管理、实施质量保证和控制质量三个过程。读者如果比较熟悉 ISO 9001 质量管理体系，则应该也不难知道，在建立质量管理体系后，应定期对质量管理体系的运行进行内部审核和管理评审。当然，质量体系内部审核属于质量管理中的实施质量保证过程（因为项目管理知识体系告诉我们，对过程执行的把关属于实施质量保证的范畴）。**（问题难度：★★★）**

二、参考答案

项目质量管理包括（规划质量管理）、（实施质量保证）和（控制质量）过程。A 公司在建立质量管理体系后，应定期对质量管理体系的运行进行内部审核和（管理评审）。质量体系内部审核属于质量管理中的（实施质量保证）过程。

2013.05 试题三

【说明】阅读下列说明，回答问题 1 至问题 3，将解答填入答题纸的对应栏内。

案例描述及问题

项目经理李工和近 50 人的项目团队经过 9 个月的辛苦努力，在某信息系统项目约定的最后期限内完成了信息系统的开发工作，并通过了系统试运行。尽管这是李工负责的第一个项目，但还是算圆满地结束了。李工感觉很有成就感，也对团队成员充满了感激。由于项目工期几度耽搁，在项目最后阶段，项目团队成员加班加点工作了近 3 个月，团队成员不仅精神疲惫而且因此耽误了其他项目的很多工作。鉴于项目已经完成了试运行，李工就组织大家召开了项目总结会。在总结会上李工表示了对大家的感谢，然后就宣布项目已经结束，项目团队成员可以各自按照原先的人力资源计划进入新的项目。

项目总结会后的第二天，建设方的项目负责人就打来了电话，说是建设方总经理发现该信息系统还有一项功能需要添加，尽管该功能在原先的合同中没有体现，但是总经理还是希望添加该项目功能。而且建设方的项目负责人还指出，试运行之后相关部门发觉还有一些相关的操作手册没有提供，希望建设方补充提供相关文档。

刚接完建设方项目负责人的电话，公司财务审计部门和项目管理办公室的人员也敲门进来，首先问李工该项目是否已经完成，如果已经完成就需要走公司的相关项目收尾流程。接着就要求李工和他的项目团队成员配合组织项目审计和项目收尾方面的工作，并告诉李工，该项目的尾款，20% 的合同金额对方还没有付，请李工催促对方尽快付款。

【问题 1】（10 分）

结合本案例，简要回答项目收尾的主要工作包括哪几个部分并分别说明其主要内容。

【问题 2】（10 分）

请简要说明项目团队成员转移进入新项目的前提条件。

【问题 3】（5 分）

请指出项目收尾阶段需要完成哪些文档。

答题思路总解析

从该“案例描述及问题”后提出三个问题，很容易知道：该案例分析主要考查的是项目的整体管理中的项目收尾。案例描述后的三个问题都没有类似的需要我们“找原因”和“找解决方案”的问题，因此本案例不适合“找问题”“找原因”“找解决方案”的三找法则。这三个问题，基本都属于理论性质的问题。**（案例难度：★★★）**

【问题 1】答题思路解析及参考答案

一、答题思路解析

从“案例描述及问题”中画“____”的文字并结合我们的项目管理经验可以推断出：项目收尾的主要工作有：项目正式验收（这点从“项目经理李工和近 50 人的项目团队经过 9 个月的辛苦努力，在某信息系统项目约定的最后期限内完成了信息系统的开发工作，并通过了系统试运行”可以推导出）、项目总结（这点从“鉴于项目已经完成了试运行，李工就组织大家召开了项目总结会。在总结会上李工表示了对大家的感谢，然后就宣布项目已经结束，项目团队成员可以各自按照原先的人力资源计划进入新的项目”可以推导出）和项目评估与审计（这点从“公司财务审计部门和项目管理办公室的人员也敲门进来，首先问李工该项目是否已经完成，如果已经完成就需要走公司的相关项目收尾流程。接着就要求李工和他的项目团队成员配合组织项目审计和项目收尾方面的工作，并告诉李工，该项目的尾款，20%的合同金额对方还没有付，请李工催促对方尽快付款”可以推导出）。**（问题难度：★★★）**

二、参考答案

项目收尾的主要工作有：项目正式验收、项目总结和项目评估与审计。

（1）项目正式验收。正式验收项目产品、文档及已经完成的交付成果。一般来说验收需要正式的验收报告。对于系统集成项目，一般来讲，需要进行正式的验收测试工作。验收测试工作可以由业主和承建单位共同进行，也可以由第三方公司进行，但无论哪种方式都需要双方认可的正式文档作为验收测试的依据。

（2）项目总结。收集整理项目过程文档和经验教训文档，对所有的文档进行归类和整理，形成项目总结会议的讨论稿，召开项目总结会。

（3）项目评估与审计。项目评估是将项目的所有工作加以客观的评价，从而对项目全体成员的成果形成绩效结论。项目的审计应由项目管理部门与财务部门共同进行，相关的审计项目应在项目成本管理中列出。

【问题 2】答题思路解析及参考答案

一、答题思路解析

根据“答题思路总解析”中的阐述可知，该问题是一个纯理论性质的问题，与本案例关系不大。**（问题难度：★★★★）**

二、参考答案

项目团队成员转移进入新项目的前提条件：

（1）项目人力资源管理计划中描述的人员转移条件已经触发。

（2）项目团队成员所承担的工作已经完成，提交了经过确认的可交付物并已完成工作交接。

（3）项目经理与团队成员确认该成员的工作衔接已告一段落或者已经完成。

（4）项目经理签发了项目团队成员的转移确认文件。

（5）项目经理签发了项目团队成员的绩效考核文件。

（6）项目经理通知了所有相关干系人。

（7）召开了总结表彰大会、肯定了成绩并总结了项目的经验和教训。

【问题 3】答题思路解析及参考答案

一、答题思路解析

根据“答题思路总解析”中的阐述可知，该问题是一个纯理论性质的问题，与本案例关系不大。**（问题难度：★★★★）**

二、参考答案

项目收尾阶段需要完成的文档主要有：

（1）项目介绍文档。

（2）项目最终总结报告。

（3）项目最终验收报告。

（4）信息系统说明手册。

（5）信息系统维护手册。

（6）软硬件产品说明书、质量保证书。

（7）项目评估报告。

（8）项目审计报告。

（9）项目总结会报告。

（10）项目经验教训文档。

2013.11 试题三

【说明】阅读下列说明，回答问题 1 至问题 3，将解答填入答题纸的对应栏内。

案例描述及问题

某市信息资源管理中心经过公开招标，将该市的政务信息资源整合系统项目委托某公司开发，并准备将该系统推广应用到全市二十个委办局。由于每个委办局框架构成、业务功能、界面要求、资源类别等均有所不同，该软件公司经过讨论，决定对一家信息资源建设比较完备的委办局的需求进行开发和试用，然后再在此基础上进行修改，为其他委办局定制系统。

该项目的负责人是软件公司的刘经理，项目采用瀑布模型开发，项目组成员按分析、设计、编码、测试进行分工，历经三个月，进入试运行阶段。为了赶工，就对项目开发人员再分工，将试运行的系统版本作为原始版本，在些基础上开始并行为其他委办局定制开发各自的政务信息资源整合系统。

试运行的版本在运行中根据用户的要求，产生了一些功能的变动，开发人员改动代码，这些改动后的代码有的适合其他委办局，有的不适合；而在为其他委办局开发中，也在根据用户的要求进行各自代码的修改。项目进展得很顺利，期间，主要开发人员小王和小李因故提出辞职，刘经理向公司申请补充开发人员接替小王和小李的工作，然而由于之前的变更没有相关文档的记录，开发版本与设计和需求的版本对应不上，两个新的开发人员用了很长的时间才编码，结果导致工期的延误，而且在交付时出现文档与代码对应不上的情况。

【问题 1】（12 分）

请指出在该项目的开发过程中，配置管理方面存在的主要问题。

【问题 2】（8 分）

结合本案例，请列举配置项的内容。

【问题 3】（5 分）

经与客户协商，为确保系统推广应用顺利，刘经理决定加强项目的配置管理，简要回答刘经理在配置管理方面的主要活动应有哪些。

答题思路总解析

从该“案例描述及问题”后提出的三个问题很容易知道：该案例分析主要考查的是项目的配置管理。“案例描述及问题”中画“______”的文字是该项目已经出现的**问题**：即开发版本与设计和需求的版本对应不上，工期延误，产品交付时出现文档与代码对应不上。根据这些问题和“案例描述及问题”中画“____”的文字并结合我们的项目管理经验，可以推断出：

（1）在项目开发过程中，没有对不同的委办局的业务系统分别建立基线并进行配置管理（这点从“为了赶工，就对项目开发人员再发工，将试运行的系统版本作为原始版本，在些基础上开始并行为其他委办局定制开发各自的政务信息资源整合系统”可以推导出）。

（2）版本在试运行之前没有建立基线。

（3）项目中没有安排CMO（配置管理员）对版本进行管理和控制。

（4）配置权限管理有问题，开发人员不应该在试运行的版本上直接修改代码（这三点从“试运行的版本在运行中根据用户的要求，产生了一些功能的变动，开发人员改动代码，这些改动后的代码有的适合其他委办局，有的不适合；而在为其他委办局开发中，也在根据用户的要求进行各自代码的修改”可以推导出）。

（5）变更管理不规范，缺乏记录变更过程的详细文档。

（6）开发人员修改代码后没有及时进行设计、需求等对应文档的同步更新（这两点从“开发人员小王和小李因故提出辞职，刘经理向公司申请补充开发人员接替小王和小李的工作，然而由于之前的变更没有相关文档的记录，开发版本与设计和需求的版本对应不上”可以推导出）。

（7）缺乏版本管理、配置状态报告和配置审计（这点从“在交付时出现文档与代码对应不上的情况”可以推导出）等是导致项目出现“开发版本与设计和需求的版本对应不上，工期延误，产品交付时出现文档与代码对应不上”的主要**原因**（用于回答**【问题1】**）。**【问题2】**和**【问题3】**属于理论性质的问题，与本案例关系不大。本案例没有需要我们回答**解决方案**方面的问题。**（案例难度：★★★）**

【问题1】答题思路解析及参考答案

一、答题思路解析

根据“答题思路总解析”中的阐述可知，该项目的开发过程中，配置管理方面存在的主要问题有：

（1）在项目开发过程中，没有对不同的委办局的业务系统分别建立基线并进行配置管理。

（2）版本在试运行之前没有建立基线。

（3）项目中没有安排CMO（配置管理员）对版本进行管理和控制。

（4）配置权限管理有问题，开发人员不应该在试运行的版本上直接修改代码。

（5）变更管理不规范，缺乏记录变更过程的详细文档。

（6）开发人员修改代码后没有及时进行设计、需求等对应文档的同步更新。

（7）缺乏版本管理、配置状态报告和配置审计。**（问题难度：★★★）**

二、参考答案

该项目的开发过程中，配置管理方面存在的主要问题有：

（1）在项目开发过程中，没有对不同的委办局的业务系统分别建立基线并进行配置管理。

（2）版本在试运行之前没有建立基线。

（3）项目中没有安排CMO（配置管理员）对版本进行管理和控制。

（4）配置权限管理有问题，开发人员不应该在试运行的版本上直接修改代码。

（5）变更管理不规范，缺乏记录变更过程的详细文档。

（6）开发人员修改代码后没有及时进行设计、需求等对应文档的同步更新。

（7）缺乏版本管理、配置状态报告和配置审计。

【问题 2】答题思路解析及参考答案

一、答题思路解析

根据“答题思路总解析”中的阐述可知，该问题是一个理论性质的问题，读者如果比较熟悉有关配置项的主要内容，该问题就比较容易回答。当然，从整个案例的描述也可以看出，需求文档、设计文档、代码文件等是主要的配置项。（**问题难度：★★★**）

二、参考答案

配置项的主要内容包括：项目计划、需求文件、系统设计文件、数据库设计文件、代码文件、测试规约、用户手册、操作和安装手册、产品维护手册等。

【问题 3】答题思路解析及参考答案

一、答题思路解析

根据“答题思路总解析”中的相关阐述可知，该问题是一个理论性质的问题，与本案例关系不大。读者如果比较熟悉配置管理的相关内容，那么该问题就比较容易回答。（**问题难度：★★★**）

二、参考答案

配置管理的主要活动有：制订配置管理计划、配置标识、配置控制、配置状态报告、配置审计、发布管理和交付。

2014.05 试题一

【说明】阅读下列说明，回答问题 1 至问题 3，将解答填入答题纸的对应栏内。

案例描述及问题

某系统集成企业承接了一个环保监测系统项目，为某市的环保局建设水污染自动监测系统。该企业以往的主要业务领域为视频监控及信号分析处理，对自动控制系统也有较强的技术能力，但从未在环保领域开发应用。该企业的老李被任命为此项目的项目经理。

该企业已按照 ISO 9001 的要求建立了一套质量管理体系，对于项目管理、软件开发等的流程均有明确的书面规定。但公司中很多人认为这套管理体系的要求对于项目来说是多余的，条条框框的约束太多，大部分项目经理都是在项目结项前才把质量体系要求的文档补齐以便能通过结项审批。公司的质量管理员也习以为常，只要在项目结束前能把文档补齐，就不会干涉项目建设。

老李组织了技术骨干对客户的需求进行了调研，通过对用户需求的分析和整理，项目组直接制订了一个总体的技术方案，然后老李制订了一个较粗略的项目计划：①对市场上的采集设备进行调研，选择一款进行采购；②利用公司已有的控制软件平台直接进行修改开发；③待设备选定后，将软件与采集设备进行联调实验，实现软件与设备的控制功能；④联调成功后，按技术方案开展整个项目的实施工作。

在软件与采集设备的联调过程中，老李请环保局的客户代表来检查工作。客户代表发现由于项目组不了解环保领域的一些参数指标，完成的系统达不到客户方的要求。由于项目从一开始就没有完整的项目文档，老张为了避免再出现重大问题，只好重新进行需求调研。客户方很不满意，既担心项目不能按时上线，又担心项目质量无法保证。

【问题 1】（6 分）

请指出该项目的需求活动存在哪些问题。

【问题 2】（7 分）

请简要分析该项目的项目管理方面存在哪些问题。

【问题 3】（12 分）

该企业的质量管理体系可能存在哪些问题？应该如何改进？

答题思路总解析

从该“案例描述及问题”后提出的三个问题容易知道：该案例分析主要考查的是项目的范围管理、整体管理和质量管理，该题考得比较综合。“案例描述及问题”中画“~~~~~”的文字是该项目已经出现的**问题**：即完成的系统达不到客户方的要求；客户方很不满意，担心项目不能按时上线且项目质量无法保证。根据这些问题和“案例描述及问题”中画“____”的文字并结合我们的项目管理经验，可以推断出：

（1）目前的质量管理体系可能不能满足项目管理的实际需要。

（2）未对员工进行充分的质量管理理念和质量管理体系的宣导与培训。

（3）公司员工对质量管理认识不到位。

（4）项目文档后补，没有严格按照质量管理体系的要求实施质量管理。

（5）公司质量管理员没有正确履行好自己的岗位职责，工作方法不当（这五点从“公司中很多人认为这套管理体系的要求对于项目来说是多余的，条条框框的约束太多，大部分项目经理都是在项目结项前才把质量体系要求的文档补齐以便能通过结项审批。公司的质量管理员也习以为常，只要在项目结束前能把文档补齐，就不会干涉项目建设”可以推导出）。

（6）项目经理老李选用技术骨干进行需求调研，存在用人不当的嫌疑。

（7）项目经理老李缺乏项目整体管理经验或对整体管理不重视。

（8）需求开发和需求管理不到位。

（9）在需求分析方面没有正确分析和理解用户需求，缺少相应领域的专业人员共同参与。

（10）文档管理存在问题，没有把一些参数指标明确记录在需求文档中。

（11）在需求管理中没有确保各方对需求的一致理解。

（12）缺少需求验证过程，导致项目全面返工。

（13）没有开发出项目所必须的相关文档（这八点从“老李组织了技术骨干对客户的需求进行了调研，通过对用户需求的分析和整理，项目组直接制订了一个总体的技术方案，然后老李制订了一个较粗略的项目计划”“客户代表发现由于项目组不了解环保领域的一些参数指标，完成的系统达不到客户方的要求”和“项目从一开始就没有完整的项目文档，老张为了避免再出现重大问题，只好重新进行需求调研”可以推导出）。

（14）项目经理老李对干系人的沟通和管理不到位。

（15）项目缺乏有效的质量保证手段（这两点从“客户方很不满意，既担心项目不能按时上线又担心项目质量无法保证”可以推导出）等是导致项目出现“完成的系统达不到客户方的要求；客户方很不满意，担心项目不能按时上线且项目质量无法保证”的主要**原因**（用于回答**【问题 1】**、**【问题 2】**和**【问题 3】**的前半问）。针对**【问题 3】**的前半问提出的**解决方案**，就是**【问题 3】**后半问的答案。**（案例难度：★★★）**

【问题 1】答题思路解析及参考答案

一、答题思路解析

根据“答题思路总解析”中的阐述可知，该项目在需求活动中存在的主要问题有：

（1）需求开发和需求管理不到位。

（2）在需求分析方面没有正确分析和理解用户需求，缺少相应领域的专业人员共同参与。

（3）在需求管理中没有确保各方对需求的一致理解。

（4）缺少需求验证过程，导致项目全面返工。

（5）没有形成规范的用户需求文档。**（问题难度：★★★）**

二、参考答案

该项目在需求活动中存在的主要问题有：

（1）需求开发和需求管理不到位。

（2）在需求分析方面没有正确分析和理解用户需求，缺少相应领域的专业人员共同参与。

（3）在需求管理中没有确保各方对需求的一致理解。

（4）缺少需求验证过程，导致项目全面返工。

（5）没有形成规范的用户需求文档。

【问题 2】答题思路解析及参考答案

一、答题思路解析

根据“答题思路总解析”中的阐述可知，该项目在整体管理中存在的主要问题有：

（1）项目经理老李选用技术骨干进行需求调研，存在用人不当的嫌疑。

（2）项目经理老李缺乏项目整体管理经验或对整体管理不重视。

（3）文档管理存在问题，没有把一些参数指标明确记录在需求文档中。

（4）没有开发出项目所必须的相关文档。

（5）项目经理老李对干系人的沟通和管理不到位。

（6）项目缺乏有效的质量保证手段。**（问题难度：★★★）**

二、参考答案

该项目在整体管理中存在的主要问题有：

（1）项目经理老李选用技术骨干进行需求调研，存在用人不当的嫌疑。

（2）项目经理老李缺乏项目整体管理经验或对整体管理不重视。

（3）文档管理存在问题，没有把一些参数指标明确记录在需求文档中。

（4）没有开发出项目所必须的相关文档。

（5）项目经理老李对干系人的沟通和管理不到位。

（6）项目缺乏有效的质量保证手段。

【问题 3】答题思路解析及参考答案

一、答题思路解析

根据"答题思路总解析"中的阐述可知，该企业在质量管理体系方面存在的主要问题有：

（1）目前的质量管理体系可能不能满足项目管理的实际需要。

（2）未对员工进行充分的质量管理理念和质量管理体系的宣导与培训。

（3）公司员工对质量管理认识不到位。

（4）项目文档后补，没有严格按照质量管理体系的要求实施质量管理。

（5）公司质量管理员没有正确履行好自己的岗位职责，工作方法不当。针对以上问题提出的改进措施，就是本问题后半问的答案。**（问题难度：★★★）**

二、参考答案

该企业在质量管理体系方面存在的主要问题有：

（1）目前的质量管理体系可能不能满足项目管理的实际需要。

（2）未对员工进行充分的质量管理理念和质量管理体系的宣导与培训。

（3）公司员工对质量管理认识不到位。

（4）项目文档后补，没有严格按照质量管理体系的要求实施质量管理。

（5）公司质量管理员没有正确履行好自己的岗位职责，工作方法不当。

改进措施：

（1）邀请相关部门及人员共同参与，对公司的质量管理体系进行重新梳理，找出问题进行改进。

（2）对全员进行充分的质量管理理念和质量管理体系的宣导与培训，让体系使用者真正理解和接受。

（3）严格按质量管理体系执行，确保执行到位。

（4）质量管理员采用正确的方法行使好自己的岗位职能。

（5）收集质量管理体系在执行过程中的相关数据，不断改进和完善公司的质量管理体系。

2014.05 试题三

【说明】阅读下列说明，回答问题 1 至问题 3，将解答填入答题纸的对应栏内。

案例描述及问题

某系统集成公司承接了一个政府部门的系统集成大项目，任命张工为大项目的项目经理。张工按照项目内容，将项目分成子项目 1、子项目 2 和子项目 3，分别任命李工、王工和廖工负责。三个项目在张工的领导及协调下进展顺利。在整个项目进行到 80%时，出资人提出子项目 1 由于政策原因需要终止，子项目 2、子项目 3 继续按照原计划进行。因此张工通知李工将子项目 1 的资料归档并提交给公司管理资产的人员。随后为了保证子项目 2、子项目 3 的顺利进行，张工将子项目 1 的项目团队解散，有关员工加入到子项目 2、子项目 3 中。

子项目 2、子项目 3 在张工引入新的资源后，进展顺利，因此张工觉得不需要再加强阶段审查，等项目全部完成后再统一进行验收。

在项目结束后，张工组织客户对子项目 2、子项目 3 分别进行验收，结果客户对子项目 2 的成果很不满意。因子项目 3 需要的一个关键部件是子项目 2 提供的，最后影响了二者的总体验收，项目因此没有按时交工。

【问题 1】（10 分）

结合案例，说明在子项目 1 终止时张工的做法是否存在不足？如何从管理收尾及合同收尾两个方面进行弥补？

【问题 2】（5 分）

结合案例，请说明张工在随后的子项目 2、子项目 3 的执行和验收工作中分别存在哪些问题？

【问题 3】（10 分）

结合案例，简要回答正确执行此大项目验收工作的步骤。

答题思路总解析

从该“案例描述及问题”后提出三个问题很容易知道：该案例分析主要考查的是项目的整体管理中的项目收尾。“案例描述及问题”中画“～～～”的文字是该项目已经出现的**问题**：即客户对子项目 2 的成果很不满意，子项目 2 和子项目 3 总体验收受到影响，项目没有按时交工。根据这些问题和“案例描述及问题”中画“____”的文字并结合我们的项目管理经验，可以推断出：

（1）子项目 1 提前终止时，项目经理张工通知李工将子项目 1 的资料归档并提交给公司管理资产的人员，没有对终止的原因进行分析和记录，也没有进行完整的管理收尾和合同收尾（这点从“张工通知李工将子项目 1 的资料归档并提交给公司管理资产的人员”可以推导出）。

（2）项目经理张工把子项目 1 的有关人员加入进子项目 2 和子项目 3 时，没有走整体变更流程。

（3）没有根据人员的变更重新制订子项目 2 和子项目 3 的项目管理计划（这两点从“张工将子项目 1 的项目团队解散，有关员工加入到子项目 2、子项目 3 中”可以推导出）。

（4）在子项目 2 和子项目 3 的后续执行过程，项目经理张工放松了阶段审查（这点从“子项目 2、子项目 3 在张工引入新的资源后，进展顺利，因此张工觉得不需要再加强阶段审查，等项目全部完成后再统一进行验收”可以推导出）。

（5）没有让客户对子项目 2 和子项目 3 的阶段成果进行验收和确认（这点从“等项目全部完成后再统一进行验收”和“张工组织客户对子项目 2、子项目 3 分别进行验收，结果客户对子项目 2 的成果很不满意”可以推导出）。

（6）项目经理张工没有理顺和管理好子项目 2 和子项目 3 之间的依赖关系。

（7）对子项目 2 和子项目 3 缺乏有效监督和管理。

（8）在把子项目 2 和子项目 3 的成果提交给客户验收之前，没有对子项目 2 和子项目 3 进行必要的集成测试（这三点从“因子项目 3 需要的一个关键部件是子项目 2 提供的，最后影响了二者的总体验收，项目因此没有按时交工”可以推导出）等是导致项目出现“客户对子项目 2 的成果很不满意，子项目 2 和子项目 3 总体验收受到影响，项目没有按时交工”的主要**原因**（用于回答**【问题 1】**的前半问和**【问题 2】**）。**【问题 1】**的后半问需要针对**【问题 1】**的前半问提出**解决方案**。**【问题 3】**是一个需要理论结合本案例进行描述的问题。**（案例难度：★★★）**

【问题 1】答题思路解析及参考答案

一、答题思路解析

根据“答题思路总解析”中的相关阐述可知，在子项目 1 终止时张工的做法存在不足。项目经理张工通知李工将子项目 1 的资料归档并提交给公司管理资产的人员，没有对终止的原因进行分析和记录，也没有进行完整的管理收尾和合同收尾。细心的读者可能会发现，该问题的后半问“如何从管理收尾及合同收尾两个方面进行弥补？”其实就告诉我们，在子项目 1 终止时张工的做法存在不足，存在不足的理由之一就是子项目 1 没有进行完整的管理收尾和合同收尾。针对该问题前半问提出的解决方案，就是该问题后半问的答案。**（问题难度：★★★）**

二、参考答案

在子项目 1 终止时张工的做法存在不足。

项目经理张工通知李工将子项目 1 的资料归档并提交给公司管理资产的人员，没有对终止的原因进行分析和记录，也没有进行完整的管理收尾和合同收尾。

从管理收尾方面可以采用如下的措施弥补：

张工在项目 1 终止时应组织相关人员对项目 1 进行项目验收、项目总结和项目评估审计，对子项目 1 终止的原因进行分析和记录，并将经验与教训提交给公司的管理资产人员，将子项目 1 的相关文档进行整理并归档。

从合同收尾方面可以采用如下的措施弥补：

对出资人提出终止项目 1 及时进行调研和分析，并将影响分析告知出资人，确实需要终止应与出资人签订补充协议，注明终止项目 1 可能对项目产生的不利影响并明确双方的责任，同时做好合同变更和合同档案管理。

【问题 2】答题思路解析及参考答案

一、答题思路解析

根据“答题思路总解析”中的阐述可知，张工在随后的子项目 2 和子项目 3 的执行和验收工作中存在的主要问题有：

（1）项目经理张工把子项目 1 的有关人员加入进子项目 2 和子项目 3 时，没有走整体变更流程。

（2）没有根据人员的变更重新制订子项目 2 和子项目 3 的项目管理计划。

（3）在子项目 2 和子项目 3 的后续执行过程，项目经理张工放松了阶段审查。

（4）没有让客户对子项目 2 和子项目 3 的阶段成果进行验收和确认。

（5）项目经理张工没有理顺和管理好子项目 2 和子项目 3 之间的依赖关系。

（6）对子项目 2 和子项目 3 缺乏有效监督和管理。

（7）在把子项目 2 和子项目 3 的成果提交给客户验收之前，没有对子项目 2 和子项目 3 进行必要的集成测试。**（问题难度：★★★）**

二、参考答案

张工在随后的子项目 2 和子项目 3 的执行过程中存在的主要问题有：

（1）项目经理张工把子项目 1 的有关人员加入进子项目 2 和子项目 3 时，没有走整体变更流程。

（2）没有根据人员的变更重新制订子项目 2 和子项目 3 的项目管理计划。

（3）在子项目 2 和子项目 3 的后续执行过程，项目经理张工放松了阶段审查。

（4）项目经理张工没有理顺和管理好子项目 2 和子项目 3 之间的依赖关系。

（5）对子项目 2 和子项目 3 缺乏有效的监督和管理。

张工在随后的子项目 2 和子项目 3 的验收工作中存在的主要问题有：

（1）没有让客户对子项目 2 和子项目 3 的阶段成果进行验收和确认。

（2）验收前准备工作做得不充分，在把子项目 2 和子项目 3 的成果提交给客户验收之前，没有对子项目 2 和子项目 3 进行必要的集成测试。

【问题 3】答题思路解析及参考答案

一、答题思路解析

根据“答题思路总解析”中的阐述可知，该问题是把理论和本案例相结合进行阐述。读者需熟悉项目收尾管理中项目验收工作的主要步骤。**（问题难度：★★★★）**

二、参考答案

执行此大项目验收工作的步骤如下：

（1）组织相关人员对该项目进行验收测试。

（2）组织出资人、客户等相关人员进行系统的试运行。

（3）根据试验运行情况对系统进行修改和完善。

（4）组织相关人员进行系统的文档验收。

（5）双方共同出具项目的最终验收报告并签字。

2014.11 试题二

【说明】阅读下列说明，回答问题 1 至问题 4，将解答填入答题纸的对应栏内。

案例描述及问题

某信息系统集成公司的项目经理李工承接了一家大型国有企业（甲方）的内部网络建设项目，接到该任务后李工组织项目组的相关人员对该项目工作进行了仔细分析，李工根据分析结果并结合自身的项目管理经验，得出该项目的总工作量为 60 人月，计划工期 6 个月。这样的成本估算和进度计划也正好能够满足甲方的合同要求，项目的相关计划也得到了公司内部和甲方的认可。

项目开始一个月之后，李工的直接领导，公司的项目总监找到李工说，由于公司其他项目出现了问题，因此要求李工要在 5 个月内完成项目，同时作为补偿，可以为项目增添两名开发人员。李工很为难，他没有当时就答应项目总监的要求，而是说考虑几天再给项目总监答复。

李工在之后的几天中，一方面在团队内部召开了几次会议，广泛听取大家的意见，同时也与公司出现问题项目的项目经理进行了沟通，基本明白了另外一个项目存在的问题和当前的状况，李工提出了自己的解决方案，将项目分为两部分来完成，第一部分任务是基本花费 4 个半月的时间，开发客户当前最重要和急需的系统；第二部分是计划历时 2 个月，开发客户需求的另外的功能。同时，李工还分别编写了相关的文档，描述了新的项目计划中各部分的主要工作、相关的验收标准和可能存在的项目风险等方面的问题。

为谨慎起见，李工在向项目总监汇报前，在项目团队内部对该计划进行了讨论，并通过甲方的项目经理进行了侧面了解，得知甲方应该有 70%的可能性同意此计划。李工就找到公司项目总监，向其汇报了自己新的项目计划，项目总监觉得，如果按照新的项目计划实施，尽管项目工期可能会延长半个月，但是不需要再增添开发人员，同时还能够满足另外一个问题项目对资源的要求。大概能够为项目节约成本 6 万余元。项目总监在与甲方领导沟通和确认后，同意了新的项目计划。

最终项目按计划在没有增加人员的情况下顺利完成，客户对项目最终交付的系统也非常满意，项目组成员在项目过程中也非常愉快，没有感觉到太大的压力，而公司的问题项目，也由于获得了资源方面的及时支持，终于步入了正常的轨道，并顺序结项。

【问题 1】（4 分）

结合案例，请分析案例中的项目取得成功的主要原因有哪些？

【问题 2】（6 分）

结合对项目范围控制和范围基准的理解，说明在本案例的变更中，与原来项目的范围基准相比，新的项目的范围是否发生了实质性的变化。

【问题 3】（5 分）

按照你的理解，请简要叙述在项目变更中项目经理的作用。

【问题 4】（10 分）

在本案例中，项目经理在没有取得项目总监意见的情况下，与公司其他项目经理进行沟通，并与甲方项目负责人初步沟通，是否恰当？请说明理由。

答题思路总解析

从该“案例描述及问题”后提出的四个问题很容易知道：该案例分析题主要考查的是项目的整体管理、范围管理和沟通管理。历年的案例分析题，描述的几乎都是存在问题的项目，本案例分析题中描述的项目，应该是信息系统项目管理师自开考以来第一个“做得好的、没有问题的”项目。以前是要求考生“找茬”，本案例分析题要求考生“找对”，因此，本案例分析题显然不能用“找问题”“找原因”“找解决方案”的三找法则。**【问题 1】**、**【问题 2】**和**【问题 4】**需要结合案例来回答；**【问题 3】**是一个理论性质的问题，与本案例关系不大。**（案例难度：★★★）**

【问题 1】答题思路解析及参考答案

一、答题思路解析

本案例中的项目取得成功的主要原因有：

（1）项目经理李工项目管理经验丰富、处理问题时思想严谨、思维缜密（这点从“李工很为难，他没有当时就答应项目总监的要求，而是说考虑几天再给项目总监答复”和“与公司出现问题项目的项目经理进行了沟通，基本明白了另外一个项目存在的问题和当前的状况”可以推导出）。

（2）李工善于利用集体的智慧、善于集思广益（这点从“李工在之后的几天中，一方面在团队内部召开了几次会议，广泛听取大家的意见”可以推导出）。

（3）李工熟练掌握和运用了进度压缩的方法，特别是灵活运用了分期交付的项目实施策略（这点从“李工提出了自己的解决方案，将项目分为两部分来完成，第一部分任务是基本花费 4 个半月的时间，开发客户当前最重要和急需的系统；第二部分是计划历时 2 个月，开发客户需求的另外的功能”可以推导出）。

（4）项目文档充分、合理、质量高（这点从“李工还分别编写了相关的文档，描述了新的项目计划中各部分的主要工作、相关的验收标准和可能存在的项目风险等方面的问题”可以推导出)。

(5)李工积极主动地与公司同事、高层及甲方人员进行了有效的沟通(这点从“为谨慎起见，李工在向项目总监汇报前，在项目团队内部对该计划进行了讨论，并通过甲方的项目经理进行了侧面了解，得知甲方应该有 70%的可能性同意此计划”和“李工就找到公司项目总监，向其汇报了自己新的项目计划”可以推导出)。**(问题难度：★★★)**

二、参考答案

本案例中的项目取得成功的主要原因有：

(1)项目经理李工项目管理经验丰富、处理问题时思想严谨、思维缜密。

(2)李工善于利用集体的智慧、善于集思广益。

(3)李工熟练掌握和运用了进度压缩的方法，特别是灵活运用了分期交付的项目实施策略。

(4)项目文档充分、合理、质量高。

(5)李工积极主动地与公司同事、高层及甲方人员进行了有效的沟通。

【问题2】答题思路解析及参考答案

一、答题思路解析

项目范围基准由经批准的项目范围说明书、WBS 与 WBS 词典三个文件组成。

从案例的描述来看，新的项目的范围与原项目范围相比，其实没有发生实质性的变化。因为原来需要完成的工作并没有增减，只是在创建 WBS 和排项目进度计划时，需要把整个项目的工作分成两期来执行，第一期(前 4 个半月)完成客户当前最重要和急需的系统；第二期(后 2 个月)完成项目的其他功能。**(问题难度：★★★)**

二、参考答案

项目范围基准由经批准的项目范围说明书、WBS 与 WBS 词典三个文件组成。从项目范围控制和范围基准的角度来理解，该项目新的项目范围与原项目范围相比，其实没有发生实质性的变化。因为原来需要完成的工作并没有增减，只是在创建 WBS 和排项目进度计划时，需要把整个项目的工作分成两期来执行，第一期(前 4 个半月)完成客户当前最重要和急需的系统；第二期(后 2 个月)完成项目的其他功能。

【问题3】答题思路解析及参考答案

一、答题思路解析

根据“答题思路总解析”中的相关阐述可知，该问题是一个理论性质的问题，与本案例关系不大。根据“实施整体变更控制过程”和“项目变更管理”的相关内容，我们可以把变更控制流程整理成如下所示流程图：

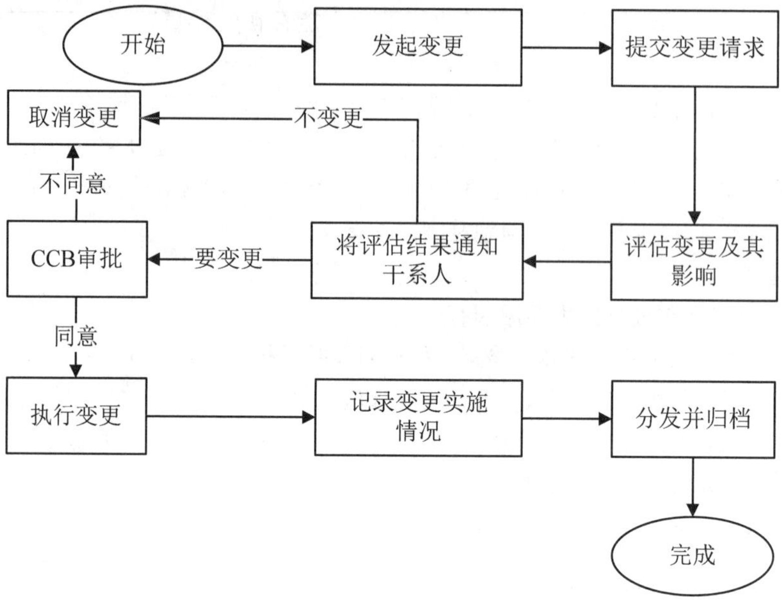

结合该流程图，我们就比较容易知道在项目变更中项目经理应该起到的作用。（**问题难度：★★★**）

二、参考答案

在项目变更中项目经理的作用如下：

（1）和相关各方商量确定项目的整体变更控制流程，并确保流程的规范执行。

（2）负责接收项目干系人提出的变更请求。

（3）组织相关人员评估变更对项目的影响。

（4）负责将评估结果通知项目相关干系人。

（5）跟踪 CCB 对评审的审批结果。

（6）将通过审批后的变更请求列入计划并组织执行该变更，必要时申请并完成项目相关基准的变更。

（7）负责验证变更的正确性并记录变更的实施情况。

（8）负责将实施结果分发给相关干系人并进行必要沟通，归档与此变更相关的文档。

【问题 4】答题思路解析及参考答案

一、答题思路解析

根据“答题思路总解析”中的相关阐述可知，该问题需要结合本案例来回答。从案例的描述并结合我们的实际管理经验不难判断，项目经理李工的做法是恰当的。因为项目经理是项目沟通中的焦点，负责往上沟通、往下沟通、平级沟通和对外沟通；积极主动地与项目相关干系人进行正式和非正式沟通，是项目经理的权力与义务，也是成熟项目经理的特征之一；而且非正式沟通往往还能

使沟通气氛更融洽，有时候对解决问题更有利。**（问题难度：★★★）**

二、参考答案

项目经理李工的做法是恰当的。

理由：

（1）项目经理是项目沟通中的焦点，负责往上沟通、往下沟通、平级沟通和对外沟通。

（2）积极主动地与项目相关干系人进行正式和非正式沟通，是项目经理的权力与义务，也是成熟项目经理的特征之一。

（3）非正式沟通往往还能使沟通气氛更融洽，有时候对解决问题更有利。

2014.11 试题三

【说明】阅读下列说明，回答问题 1 至问题 3，将解答填入答题纸的对应栏内。

案例描述及问题

乙公司是一家信息技术公司，主要从事信息系统集成和软件开发业务。该公司通过员工王工的介绍与甲公司签订了大型系统开发合同，合同金额 650 万元，工期 11 个月，该项目主要为甲公司开发一套综合管理系统，并要求新系统要与现有生产管理系统、财务管理系统连通，以帮助甲公司落实两化（信息化和工业化）深度融合的战略部署，提升甲公司的核心竞争力。甲公司指派信息技术中心的赵主任负责该项目。

项目启动时，乙公司领导安排王工担任此项目的项目经理，王工自己按照公司项目章程模板撰写项目章程，进入了下一个过程，新撰写的项目章程内容包括：质量控制人员、项目组织结构、项目基本需求、项目完工日期。

同时为了保证项目质量，王工亲自撰写了初步的项目范围说明书。王工依照以前公司的经验撰写的初步的项目范围说明书内容包括：项目概述、产品要求、项目完工日期、项目约定条件、初始风险。初步的项目范围说明书撰写完成后，王工通知了项目组成员，按照初步的项目范围说明书开始工作，项目组成员有人认为初步范围说明书内容太过简单，跟以往项目范围说明书差别太大，但担心项目经理不高兴，也没有直接说。

刚进入项目规划阶段，发生的几个事件让王工觉得非常棘手：

（1）项目组成员就系统是否包含数据库导出、备份功能产生了分歧，查看初步的项目范围说明书发现也没有相应描述。

（2）有项目组成员认为初步的项目范围说明书中给出的系统安全等级过高，实现难度非常大，还可能导致项目成本大幅度增加。

（3）项目组成员不确定项目验收时是否要给客户交付“产品使用手册”，有成员建议既然不确定就不要做了，这样可以节约成本。

（4）在初步的项目范围说明书中没有涉及到项目的质量管理要求，乙公司内部的质量技术部因此没有安排专门的人员配合王工工作。

（5）一些项目组成员经常抱怨王工大包大揽，项目启动阶段的工作不严格遵照公司管理流程执行，也未征求其他项目组成员的意见和建议。

【问题 1】（12 分）

结合案例，请分析案例中的项目启动过程中存在哪些问题。

【问题 2】（6 分）

结合案例，该项目的干系人应该包括哪些？

【问题 3】（7 分）

（1）结合案例，从候选答案中选择 5 个正确选项（每选对一个得 1 分，选项超过 5 个该题得 0 分），将选项编号填入答题纸对应栏内。

以下（　　）内容应放入组织过程资源库。

候选答案：

A．问题和缺陷管理库　B．经验教训　C．个人周报　D．项目总结

E．风险控制程序　F．合同原件　G．验收标准指南　H．测试记录

（2）根据题干，从候选答案中选择 2 个正确选项（每选对一个得 1 分，选项超过 2 个该题得 0 分），将选项编号填入答题纸对应栏内。

SOW 包括（　　）内容。

候选答案：

A．项目概述　B．产品需求　C．组织结构　D．质量控制人员

答题思路总解析

从该“案例描述及问题”后提出的三个问题容易知道：该案例分析主要考查的是项目的整体管理和干系人管理。“案例描述及问题”中画“﹏﹏”的文字是该项目已经出现的**问题**：即刚进入项目规划阶段就发生了五件让王工觉得非常棘手的事情。根据这些事情（问题）和“案例描述及问题”中画“____”的文字并结合我们的项目管理经验，可以推断出：

（1）项目章程应该由项目发起人主导编写并发布，项目经理可以参与项目章程的编制但不能主导（这点从“王工自己按照公司项目章程模板撰写项目章程”可以推导出）。

（2）项目章程的内容过于简单，没有起到应起的作用（这点从“新撰写的项目章程内容包括：质量控制人员、项目组织结构、项目基本需求、项目完工日期”可以推导出）。

（3）项目初步范围说明书的内容过于简单，不能用于指导具体的工作（这点从“初步的项目范围说明书撰写完成后，王工通知了项目组成员，按照初步的项目范围说明书开始工作，项目组成员有人认为初步范围说明书内容太过简单，跟以往项目范围说明书差别太大”可以推导出）。

（4）项目经理做事自我、武断，在启动阶段编制文档时没有请团队相关人员参与，也没有征求大家的意见和建议，没有集思广益（这点从“王工自己按照公司项目章程模板撰写项目章程”“王工亲自撰写了初步的项目范围说明书”“一些项目组成员经常抱怨王工大包大揽”和“未征求其他

项目组成员的意见和建议”可以推导出）。

（5）对项目干系人的识别不充分（这点从“乙公司内部的质量技术部因此没有安排专门的人员配合王工工作”可以推导出）。

（6）对项目干系人的需求了解不细致（这点从项目刚进入规划阶段发生的五件让王工觉得非常棘手的事情特别是“项目组成员不确定项目验收时是否要给客户交付‘产品使用手册’”可以推导出）。

（7）项目启动工作未按照公司管理流程执行（这点从“项目启动阶段的工作不严格遵照公司管理流程执行”可以推导出）等是导致项目出现“刚进入项目规划阶段就发生了五件让王工觉得非常棘手的事情”的主要**原因**（用于回答**【问题1】**）。**【问题2】**需要结合本案例进行回答。**【问题3】**是选择题，是一个理论结合实际的问题。**（案例难度：★★★）**

【问题1】答题思路解析及参考答案

一、答题思路解析

根据“答题思路总解析”中的阐述可知，案例中的项目在启动过程中存在的主要问题有：

（1）项目章程应该由项目发起人主导编写并发布，项目经理可以参与项目章程的编制但不能主导。

（2）项目章程的内容过于简单，没有起到应起的作用。

（3）项目初步范围说明书的内容过于简单，不能用于指导具体的工作。

（4）项目经理做事自我、武断，在启动阶段编制文档时没有请团队相关人员参与，也没有征求大家的意见和建议，没有集思广益。

（5）对项目干系人的识别不充分。

（6）对项目干系人的需求了解不细致。

（7）项目启动工作未按照公司管理流程执行。**（问题难度：★★★）**

二、参考答案

案例中的项目在启动过程中存在的主要问题有：

（1）项目章程应该由项目发起人主导编写并发布，项目经理可以参与项目章程的编制但不能主导。

（2）项目章程的内容过于简单，没有起到应起的作用。

（3）项目初步范围说明书的内容过于简单，不能用于指导具体的工作。

（4）项目经理做事自我、武断，在启动阶段编制文档时没有请团队相关人员参与，也没有征求大家的意见和建议，没有集思广益。

（5）对项目干系人的识别不充分。

（6）对项目干系人的需求了解不细致。

（7）项目启动工作未按照公司管理流程执行。

【问题 2】答题思路解析及参考答案

一、答题思路解析

根据“答题思路总解析”中的阐述可知，该问题需要结合案例来回答。从“案例描述及问题”中，可以知道，该项目干系人应该包括：乙方项目经理王工、甲方项目经理赵主任、甲乙双方主管项目的高层领导、乙方该项目的市场销售人员（此干系人从“该公司通过员工王工的介绍与甲公司签订了大型系统开发合同”可以推导出）、甲方原有信息系统的开发或维护人员（此干系人从“该项目主要为甲公司开发一套综合管理系统，并要求新系统要与现有生产管理系统、财务管理系统连通”可以推导出）、新系统的用户、甲乙双方的业务专家、全体团队成员、乙公司内部的质量技术部（此干系人从“乙公司内部的质量技术部因此没有安排专门的人员配合王工工作”可以推导出）。**（问题难度：★★★）**

二、参考答案

该项目的干系人主要包括：乙方项目经理王工、甲方项目经理赵主任、甲乙双方主管项目的高层领导、乙方该项目的市场销售人员、甲方原有信息系统的开发或维护人员、新系统的用户、甲乙双方的业务专家、全体团队组成员、乙公司内部的质量技术部。

【问题 3】答题思路解析及参考答案

一、答题思路解析

根据“答题思路总解析”中的阐述可知，该问题需要把理论和实践相结合进行回答。将组织过程资产包括的内容结合本案例，容易知道，A（问题和缺陷管理库）、B（经验教训）、D（项目总结）、E（风险控制程序）、G（验收标准指南）属于组织过程资产。把项目工作说明书包括的内容结合本案例，容易知道，SOW（项目工作说明书）包括 A（项目概述）和 B（产品需求）。**（问题难度：★★★）**

二、参考答案

（1）以下（A 问题和缺陷管理库，B 经验教训，D 项目总结，E 风险控制程序，G 验收标准指南）应放入组织过程资源库。

（2）SOW 包括（A 项目概述和 B 产品需求）。

2015.05 试题二

【说明】阅读下列说明，回答问题 1 至问题 3，将解答填入答题纸的对应栏内。

案例描述及问题

某石化行业的信息化项目是一个大型项目，前期投标竞争非常激烈，甲公司最终中标。合同谈判过程也比较紧张，客户提出的一些要求，如工期和某些增加的功能，虽然在公司内部讨论时，认为并没有把握能按要求完成，但是为了赢得这个项目，甲公司在谈合同时未提出异议。

由于项目工期紧张，甲公司选择了项目经理老李负责该项目。原因是老李在甲公司多年一直从事石化行业的项目咨询、设计、开发，对行业非常熟悉，技术水平高。而且近一年来，他正努力转型做项目经理，管理并负责完成了2个较小规模的项目。

老李带领项目组根据客户要求的工期制订了项目计划，但项目执行到第一阶段，就未按计划进度完成。由于项目刚开始，老李怕客户有意见终止合同，因此决定不把实际情况告知客户，打算在后面的工作中加班加点把进度追回来。

接下来，项目组在解决客户谈判过程中增加的功能需求的时候，遇到了一个技术问题，老李带领项目组加班进行技术攻关，耗费了几周的时间，终于解决了技术问题。但此时项目进度延误得更多了。

甲公司已建立项目管理体系，该项目的QA本应该按照甲公司要求对项目过程进行检查，但老李认为过程中的检查会影响到项目组的工期，要求QA在项目阶段末再进行检查。

时间已经超过了工期的一半，客户到甲公司检查项目工作，发现项目的进度严重滞后，并且已经完成的部分也未能达到质量要求。

【问题1】（15分）

你认为该项目的实施过程中存在哪些问题？请逐条说明并给出正确的做法。

【问题2】（4分）

除了行业知识和专业技术知识外，你认为该项目的项目经理还应该具备哪些知识与能力？

【问题3】（6分）

结合案例，判断下列选项的正误（填写在答题纸的对应栏内，正确的选项填写“√”，错误的选项填写“×”）。

（1）对于比较小的项目来说，可以选择技术能力较强的项目经理。（ ）

（2）大型项目的项目经理的管理工作应该以间接管理为主。（ ）

（3）公司中的项目必须按照公司定义的完整项目管理流程执行，不能进行裁剪。（ ）

答题思路总解析

从本案例描述后提出的三个问题容易知道：该案例分析主要考查的是项目整体管理。“案例描述及问题”中画“____”的文字是该项目已经出现的**问题**：即项目进度严重滞后，已经完成的工作未能达到质量要求。根据这些问题和“案例描述及问题”中画“____”的文字并结合我们的项目管理经验，可以推断出：

（1）甲公司对客户提出的要求全盘接受，没有进行科学的可行性分析（这点从“合同谈判过程也比较紧张，客户提出的一些要求，如工期和某些增加的功能，虽然在公司内部讨论时，认为并没有把握能按要求完成，但是为了赢得这个项目，甲公司在谈合同时未提出异议”可以推导出）。

（2）甲公司在选拔项目经理方面存在问题，不能仅凭技术水平选择项目经理。

（3）项目经理老李项目管理经验不足。

（4）甲公司对项目经理老李缺乏必要的项目管理方面的培训（这三点从“老李在甲公司多年一直从事石化行业的项目咨询、设计、开发，对行业非常熟悉，技术水平高。而且近一年来，他正努力转型做项目经理，管理并负责完成了 2 个较小规模的项目”可以推导出）。

（5）项目经理老李组织制订的项目管理计划不科学、不可行，不能仅按客户要求的工期制订计划，而应该考虑项目的实际情况（这点从“老李带领项目组根据客户要求的工期制订了项目计划，但项目执行到第一阶段，就未按计划进度完成”可以推导出）。

（6）项目经理老李没有将进度延误的情况及时告诉客户并商量解决方案，导致进度延误扩大。

（7）项目经理老李错误地认为加班就能把拖延的进度赶回来，而没有考虑到进度延误是多方面造成的（这两点从“由于项目刚开始，老李怕客户有意见终止合同，因此决定不把实际情况告知客户，打算在后面的工作中加班加点把进度追回来”可以推导出）。

（8）项目经理老李没有正确履行好自己的岗位职责，解决技术问题应该是技术工程师的职责，而不应该由项目经理亲力亲为（这点从“项目组在解决客户谈判过程中增加的功能需求的时候，遇到了一个技术问题，老李带领项目组加班进行技术攻关，耗费了几周的时间，终于解决了技术问题。但此时项目进度延误得更多了”可以推导出）。

（9）项目在质量管理方面存在问题，质量保证工作应该贯穿项目始终，不应该只进行阶段检查（这点从“该项目的 QA 本应该按照甲公司要求对项目过程进行检查，但老李认为过程中的检查会影响到项目组的工期，要求 QA 在项目阶段末再进行检查”可以推导出）。

（10）项目经理老李在与客户的沟通方面存在问题，没有及时向客户通报项目绩效信息，没有让客户及时了解项目情况（这点从“时间已经超过了工期的一半，客户到甲公司检查项目工作，发现项目的进度严重滞后，并且已经完成的部分也未能达到质量要求”可以推导出）等是导致项目出现“项目进度严重滞后，已经完成的工作未能达到质量要求”的主要**原因**（用于回答**【问题 1】**的前半部分）。针对以上的不足提出的**解决方案**，即为**【问题 1】**后半部分的答案。**【问题 2】**和**【问题 3】**是一个理论结合实践的问题，与本案例关系不大。**（案例难度：★★★）**

【问题 1】答题思路解析及参考答案

一、答题思路解析

根据“答题思路总解析”中的相关阐述可知，该项目在实施过程中存在的主要问题有：

（1）甲公司对客户提出的要求全盘接受，没有进行科学的可行性分析。

（2）甲公司在选拔项目经理方面存在问题，不能仅凭技术水平选择项目经理。

（3）项目经理老李项目管理经验不足。

（4）甲公司对项目经理老李缺乏必要的项目管理方面的培训。

（5）项目经理老李组织制订的项目管理计划不科学、不可行，不能仅按客户要求的工期制订计划，而应该考虑项目的实际情况。

（6）项目经理老李没有将进度延误的情况及时告诉客户并商量解决方案，导致进度延误扩大。

（7）项目经理老李错误地认为加班就能把拖延的进度赶回来，而没有考虑到进度延误是多方面造成的。

(8) 项目经理老李没有正确履行好自己的岗位职责，解决技术问题应该是技术工程师的职责，而不应该由项目经理亲力亲为。

(9) 项目在质量管理方面存在问题，质量保证工作应该贯穿项目始终，不应该只进行阶段检查。

(10) 项目经理老李在与客户的沟通方面存在问题，没有及时向客户通报项目绩效信息，没有让客户及时了解项目情况。另外，纵览整个案例的描述还可发现，从公司层面对项目管理缺乏必要的监督和指导，也是导致项目中存在的问题没有被及时发现和解决的原因之一。针对以上问题提出的解决方案，就是该问题后半问的答案。**(问题难度：★★★)**

二、参考答案

该项目在实施过程中存在的主要问题及正确做法如下：

(1) **问题：**甲公司对客户提出的要求全盘接受，没有进行科学的可行性分析。**正确做法：**对客户提出的要求进行科学的可行性分析，和客户进行充分沟通，并在合同中进行相应说明。

(2) **问题：**甲公司在选拔项目经理方面存在问题，不能仅凭技术水平选择项目经理；项目经理老李项目管理经验不足；甲公司对项目经理老李缺乏必要的项目管理方面的培训。**正确做法：**制订科学合理的项目经理选拔机制和标准，对选定的项目经理进行必要的项目管理方面的培训，使之具备基本的上岗能力。

(3) **问题：**项目经理老李项目管理经验不足。**正确做法：**最好选择能力胜任的人员担任项目经理。

(4) **问题：**甲公司对项目经理老李缺乏必要的项目管理方面的培训。**正确做法：**给予项目经理老李必要的项目管理培训，让他具体胜任项目经理岗位的能力。

(5) **问题：**项目经理老李组织制订的项目管理计划不科学、不可行，不能仅按客户要求的工期制订计划，而应该考虑项目的实际情况。**正确做法：**项目经理老李在组织制订的项目管理计划时，除了参考项目的约束条件（如客户对工期的要求）外，一定要将项目的实际情况考虑进去。

(6) **问题：**项目经理老李没有将进度延误的情况及时告诉客户并商量解决方案，导致进度延误扩大。**正确做法：**发现问题后应该及时和客户及相关人员进行沟通和交流，查找原因、提出解决方案，防止问题进一步恶化。

(7) **问题：**项目经理老李错误地认为加班就能把拖延的进度赶回来，而没有考虑到进度延误是多方面造成的。**正确做法：**对项目情况进行全面分析，找出进度延误的各种原因，然后采取正确的措施加以解决。

(8) **问题：**项目经理老李没有正确履行好自己的岗位职责，解决技术问题应该是技术工程师的职责，而不应该由项目经理亲力亲为。**正确做法：**项目经理老李应该做自己应该做的事，而不是去做自己喜欢做的事，项目经理老李应该把自己的主要精力放在项目管理上，而不要去专注于具体的技术问题，老李只需要找到并安排工程师解决技术问题即可，怎么解决，那是工程师的职责。

(9) **问题：**项目在质量管理方面存在问题，质量保证工作应该贯穿项目始终，不应该只进行阶段检查。**正确做法**：QA 人员对项目全过程进行检查和监督，及时发现问题并协同解决问题。

（10）**问题**：项目经理老李在与客户的沟通方面存在问题，没有及时向客户通报项目绩效信息，让客户了解项目情况。**正确做法**：根据项目沟通管理计划，及时将项目绩效信息报告给客户和相关干系人，让客户及时了解项目情况，这样有利于群策群力，共同解决项目中出现的问题。

（11）**问题**：从公司层面对项目管理缺乏必要的监督和指导。**正确做法**：公司层面应该定期对项目情况进行检查和指导，协助项目经理老李共同发现和解决问题。

【问题 2】答题思路解析及参考答案

一、答题思路解析

根据“答题思路总解析”中的相关阐述可知，该问题是一个理论结合实践的问题，与本案例关系不大。该问题需要结合经验来回答。**（问题难度：★★★）**

二、参考答案

除了行业知识和专业技术知识外，该项目的项目经理还应该具备如下的知识与能力：

（1）足够的管理方面的知识（包括项目管理、企业管理、人力资源管理、财务管理等方面的知识）。

（2）掌握国家相关法律和政策知识。

（3）良好的协调能力。

（4）良好的沟通和表达能力。

（5）良好的领导和管理能力。

（6）良好的人际关系技能。

（7）良好的职业道德和素养等。

【问题 3】答题思路解析及参考答案

一、答题思路解析

根据“答题思路总解析”中的相关阐述可知，该问题是一个理论结合实践的问题，与本案例关系不大。我们知道，项目经理应该以管理为主，技术为辅，因此（1）是错误的；大型项目由于需要管理的事务较多，一般都会安排子项目经理或项目组长来协助项目经理进行项目管理，此时项目经理主要以间接的方式管理项目，因此（2）是正确的；所有项目都需要依据公司定义的项目管理的基本流程来执行，但项目具有独特性，可以根据项目的实际情况和需求对公司的标准流程和体系进行必要的裁剪，因此（3）是错误的。**（问题难度：★★★）**

二、参考答案

（1）对于比较小的项目来说，可以选择技术能力较强的项目经理。（×）

（2）大型项目的项目经理的管理工作应该以间接管理为主。（√）

（3）公司中的项目必须按照公司定义的完整项目管理流程执行，不能进行裁剪。（×）

2015.05 试题三

【说明】阅读下列说明，回答问题1至问题3，将解答填入答题纸的对应栏内。

案例描述及问题

A公司是一家大型信息系统集成公司，具有多年的系统集成项目实施经历，成功地在多个行业进行了系统集成项目建设，取得了较多的成果，在业内具有较好的口碑。

2013年年初，A公司通过竞标获得某市人口管理信息系统工程项目。A公司高层认为，尽管该项目的许多需求还没有完全确定下来，但是总体感觉上同以往曾经开发过的项目比较，还是比较简单，对完成这样的项目充满信心。

项目前期，A公司请王副总经理负责此项目的启动工作。王副总经理简单了解项目的概要情况后制订并发布了项目章程，任命小丁为项目经理。项目团队根据分工制订了相应的项目管理子计划。据此，项目经理小丁把各个子计划归并为项目管理计划。

为了保证项目按客户要求尽快完成，小丁基于自身的行业经验和对客户需求的初步了解，即安排项目团队开始进行项目实施，在系统开发过程中，建设方提出的建设需求不断变化，小丁本着客户至上的原则，总是安排项目组进行修改，从而导致开发工作多次反复。而因为项目计划的多次变化，导致项目团队的成员也经历过多次调整，实际进度与里程碑计划存在严重偏离，并且项目的质量指标也经常暴露出问题。

A公司项目管理办公室在对项目阶段审查时，感到很吃惊，并对发生这种情况觉得很不理解，认为即使是需求不完善也不至于导致项目存在这么多问题，觉得该项目在管理方面肯定存在很多问题。

【问题1】（12分）

结合案例，除了项目经理能力因素之外，请简要分析造成项目目前状况的可能原因。

【问题2】（9分）

作为项目经理，应统一考虑项目进度、成本与质量之间的平衡。任何一个要素的变动，都会引起其他要素的变动。

（1）请简要叙述项目进度、成本与质量之间的关系。

（2）请结合本案例说明，为了保证项目按照最初的设想按时完工，项目经理还可以采取哪些措施。

【问题3】（4分）

结合案例，从候选答案中选择4个正确选项（每选对一个得1分，选项超过4个该题得0分），将选项编号填入答题纸对应栏内。

项目章程一般要包括的内容有（　　）。

A．项目概述　　　　　　　　　　B．项目成功评价标准

C．项目进度计划　　D．项目预算

E．委派项目经理，并授予其职责和职权　　F．质量保证

G．项目风险控制策略　　H．组织的假设与约束

答题思路总解析

从本案例描述后提出的三个问题，很容易判断出：该案例分析主要考查的是项目的整体管理。“案例描述及问题”中画“~~~~”的文字是该项目已经出现的**问题**：即需求不断变化，开发工作多次反复，实际进度与里程碑计划存在严重偏离，质量指标经常暴露出问题，公司项目管理办公室对项目中存在的问题不可理解。根据这些问题和“案例描述及问题”中画“____”的文字并结合我们的项目管理经验，可以推断出：

（1）A 公司对该项目掉以轻心、在需求还不清楚的情况下就盲目自信（这点从“A 公司高层认为，尽管该项目的许多需求还没有完全确定下来，但是总体感觉上同以往曾经开发过的项目比较，还是比较简单，对完成这样的项目充满信心”可以推导出）。

（2）项目章程制订得过于简单，可能没有起到它应该起到的作用（这点从“王副总经理简单了解项目的概要情况后制订并发布了项目章程”可以推导出）。

（3）项目经理小丁只是把各子计划进行简单合并，没有对各子计划进行把关和整合，导致项目计划不符合实际情况的需要（这点从“项目团队根据分工制订了相应的项目管理子计划。据此，项目经理小丁把各个子计划归并为项目管理计划”可以推导出）。

（4）需求调研不深入、不充分，只是在初步了解了客户需求后就开始进行项目实施，导致项目在后期出现大量的范围变化（这点从“为了保证项目按客户要求尽快完成，小丁基于自身的行业经验和对客户需求的初步了解，即安排项目团队开始进行项目实施，在系统开发过程中，建设方提出的建设需求不断变化”可以推导出）。

（5）没有遵循需求变更控制流程，导致出现范围蔓延（这点从“小丁本着客户至上的原则，总是安排项目组进行修改，从而导致开发工作多次反复”可以推导出）。

（6）进度监控不到位，导致实际进度与里程碑计划存在严重偏离（这点从“实际进度与里程碑计划存在严重偏离”可以推导出）。

（7）质量管理不到位，质量保证工作和质量控制工作做得不够（这点从“项目的质量指标也经常暴露出问题”可以推导出）。

（8）A 公司项目管理办公室对项目监控不力，没有及时发现项目中存在的问题。

（9）项目经理小丁在项目沟通方面做得不够，没有及时向公司相关部门和人员反馈项目情况，导致问题迟迟才被公司所发现（这两点从“A 公司项目管理办公室在对项目阶段审查时，感到很吃惊，并对发生这种情况觉得很不理解，认为即使是需求不完善也不至于导致项目存在这么多问题，觉得该项目在管理方面肯定存在很多问题”可以推导出）等是导致项目出现“需求不断变化，开发工作多次反复，实际进度与里程碑计划存在严重偏离，质量指标经常暴露出问题，公司项目管理办公室对项目中存在的问题不可理解”的主要**原因**（用于回答**【问题 1】**）。针对**【问题 1】**中挖掘出

的相关问题的**解决方案**（补救措施），就是**【问题2】**第（2）小问的答案。**【问题2】**的第（1）小问和**【问题3】**都是一个纯理论性质的问题，与本案例关系不大。**（案例难度：★★★）**

【问题1】答题思路解析及参考答案

一、答题思路解析

根据“答题思路总解析”中的阐述可知，除了项目经理能力因素之外，造成项目目前状况的可能原因主要有：

（1）A公司对该项目掉以轻心、在需求还不清楚的情况下就盲目自信。

（2）项目章程制订得过于简单，可能没有起到它应该起到的作用。

（3）项目经理小丁只是把各子计划进行简单合并，没有对各子计划进行把关和整合，导致项目计划不符合实际情况的需要。

（4）需求调研不深入、不充分，只是在初步了解了客户需求后就开始进行项目实施，导致项目在后期出现大量的范围变化。

（5）没有遵循需求变更控制流程，导致出现范围蔓延。

（6）进度监控不到位，导致实际进度与里程碑计划存在严重偏离。

（7）质量管理不到位，质量保证工作和质量控制工作做得不够。

（8）A公司项目管理办公室对项目监控不力，没有及时发现项目中存在的问题。

（9）项目经理小丁在项目沟通方面做得不够，没有及时向公司相关部门和人员反馈项目情况，导致问题迟迟才被公司所发现。**（问题难度：★★★★）**

二、参考答案

除了项目经理能力因素之外，造成项目目前状况的可能原因主要有：

（1）A公司对该项目掉以轻心、在需求还不清楚的情况下就盲目自信。

（2）项目章程制订得过于简单，可能没有起到它应该起到的作用。

（3）项目经理小丁只是把各子计划进行简单合并，没有对各子计划进行把关和整合，导致项目计划不符合实际情况的需要。

（4）需求调研不深入、不充分，只是在初步了解了客户需求后就开始进行项目实施，导致项目在后期出现大量的范围变化。

（5）没有遵循需求变更控制流程，导致出现范围蔓延。

（6）进度监控不到位，导致实际进度与里程碑计划存在严重偏离。

（7）质量管理不到位，质量保证工作和质量控制工作做得不够。

（8）A公司项目管理办公室对项目监控不力，没有及时发现项目中存在的问题。

（9）项目经理小丁在项目沟通方面做得不够，没有及时向公司相关部门和人员反馈项目情况，导致问题迟迟才被公司所发现。

【问题 2】答题思路解析及参考答案

一、答题思路解析

根据“答题思路总解析”中的相关阐述可知，该问题第（1）小问是一个纯理论性质的问题。项目进度、成本和质量三要素之间是互相影响、互相作用和制约的（如下图所示），某一个要素的改变会导致其他两个要素跟着改变。如压缩进度可能会导致成本增加和质量下降、压缩成本可能会导致进度变化和质量下降、提高质量标准可能会导致进度延长和成本超支。因此，我们在管理项目时，要做到进度、成本和质量的平衡。

针对**【问题 1】**中挖掘出的相关问题的补救措施，就是该问题第（2）小问的答案。**（问题难度：★★★）**

二、参考答案

（1）项目的进度、成本和质量三要素之间是互相影响、互相作用和制约的，某一个要素的改变会导致其他两个要素跟着改变。如压缩进度可能会导致成本增加和质量下降、压缩成本可能会导致进度变化和质量下降、提高质量标准可能会导致进度延长和成本超支。因此，我们在管理项目时，要做到进度、成本和质量的平衡。

（2）为了保证项目按照最初的设想按时完工，项目经理还可以采取如下措施：

1）重新梳理项目需求，和客户确认好该项目应该完成的工作。

2）根据确认的需求调整项目计划，定义好各功能模块之间的接口，适当加大并行工作的程度，以压缩工期。

3）通过加班或加资源实现赶工。

4）用高效人员替换低效人员，实现赶工。

5）改进工作技术和方法，提高工作效率，实现赶工。

6）通过培训和激励提高人员工作效率，实现赶工。

7）严格按需求变更控制程序进行需求变更，杜绝范围蔓延。

8）加强项目监控和质量管理，及时发现问题并解决问题，避免出现项目返工。

9）加强与客户沟通，让阶段交付物及时得到客户的确认。

10）加强和公司层面的沟通，做到问题早发现、早解决。

11）如需要，对于项目中的某些工作，也可以考虑采用外包的方式来缩短工期。

【问题 3】答题思路解析及参考答案

一、答题思路解析

根据“答题思路总解析”中的相关阐述可知，该问题是一个纯理论性质的问题，与本案例关系不大。读者如果比较熟悉项目章程所需要包括的主要内容，那么这个问题就比较容易回答。**（问题难度：★★★）**

二、参考答案

项目章程一般要包括的内容有（A 项目概述；B 项目成功评价标准；E 委派项目经理，并授予其职责和职权；H 组织的假设与约束）。

2015.11 试题一

【说明】阅读下列说明，回答问题 1 至问题 4，将解答填入答题纸的对应栏内。

案例描述及问题

某信息系统集成公司决定采用项目管理办公室这样的组织形式来管理公司的所有项目，并任命了公司办公室主任王某兼任项目管理办公室主任这一职务。鉴于目前公司项目管理制度混乱，各项目经理都是依照自己的经验来制订项目管理计划，存在计划制订不科学、不统一等情况，王某决定从培训入手来统一和改善公司项目管理计划的制订过程，并责成项目管理办公室的小张具体负责相关培训内容的组织。

小张接到任务后，仔细学习了项目管理的相关知识，并请教了专业人士。小张觉得项目管理体系结构中，主要由输入、工具与技术以及输出组成。于是也按照项目管理编制计划的输入、项目管理编制计划的工具与技术以及项目管理计划的输出内容三个方面来组织项目管理计划的相关课程内容。

但是在准备进一步的内容时，小张觉得目前公司的项目五花八门，有研发项目、系统集成项目、运维项目和纯粹的软件开发项目，还有部分弱电工程项目，既有规模大的项目，也有一些小项目，是不是能够用统一的标准来要求所有的项目管理计划规范制订过程，小张觉得很怀疑。

【问题 1】（8 分）

项目管理计划制订的作用是什么？在以上案例中，是否能够用一个统一的标准来规范公司内部各种不同的项目计划的制订过程？为什么？

【问题 2】（4 分）

请指出项目管理计划主要包括哪几个方面的内容？

【问题3】（6分）

请指出项目管理计划的输出包括什么？

【问题4】（7分）

结合实际工作经验和案例，判断下列选项的正误：

（1）项目经理不能由部门经理担任。（　）

（2）项目管理计划应该由王某制订。（　）

（3）有没有收到项目工作说明书对项目组人员完成项目任务没有影响。（　）

（4）小项目的管理也必须按照企业项目管理制订执行。（　）

（5）在小型项目的管理中责任分工表可以代替项目管理计划。（　）

（6）在小型项目的管理中阶段评审可以忽略，直接进行内部验收。（　）

（7）项目管理计划的辅助计划包括人员配备计划。（　）

答题思路总解析

从本案例描述后提出的四个问题，容易知道：该案例分析主要考查的是项目整体管理。该案例描述中，没有显性显示出项目出现了什么问题。**【问题 1】**是要我们回答制订项目管理计划的作用以及判断是否能够用一个统一的标准来规范公司内部各种不同项目计划的制订过程，属于偏理论性质的问题；**【问题 2】**和**【问题 3】**都是纯理论性质的问题，与本案例关系不大；**【问题 4】**包含 7 个判断题，也是偏理论性质的问题，与本案例有一些关系，但关系不大。该案例不适合采用“找问题”“找原因”“找解决方案”的三找法则。**（案例难度：★★★）**

【问题1】答题思路解析及参考答案

一、答题思路解析

读者如果比较熟悉有关制订项目管理计划过程的相关内容，该问题的第（1）小问就比较容易回答。关于本问题第（2）小问，读者如果比较熟悉信息系统项目管理基础的相关内容，如“项目团队必须在项目管理过程组中选用实现项目目标所必需的合适过程”和“项目经理及其项目团队应该负责确定过程组中哪些过程将用于该项目，由何人使用，以及为了达到项目原定目的执行这些过程时应当遵守的严格程度”，就容易判断“用一个统一的标准来规范公司内部各种不同项目计划的制订过程”是不合适的。**（问题难度：★★★）**

二、参考答案

（1）项目管理计划制订的作用：

项目管理计划确定了执行、监视、控制和结束项目的方式与方法。

（2）不能够用一个统一的标准来规范公司内部各种不同项目计划的制订过程。因为：

1）不同业务性质、不同规模的项目，其管理过程不尽相同。

2）不同业务性质、不同规模的项目，相同过程的执行严格程度不同。

3）不同业务性质、不同规模的项目，相同过程的执行顺序有可能不同。

【问题2】答题思路解析及参考答案

一、答题思路解析

根据“答题思路总解析”中的相关阐述可知，该问题是一个纯理论性质的问题，与本案例关系不大。读者如果比较熟悉有关项目管理计划所包括的内容，该问题就比较容易回答。**（问题难度：★★★）**

二、参考答案

项目管理计划主要包括：

（1）项目管理团队选择的各个项目管理过程。

（2）每一选定过程的实施水平。

（3）对实施这些过程时使用的工具与技术所作的说明。

（4）在管理该项目时使用选定过程的方式和方法，包括过程之间的依赖关系和相互作用，以及重要的依据和成果。

（5）为了实现项目目标所执行的工作的方式和方法。

（6）监控变更的方式和方法。

（7）实施配置管理的方式和方法。

（8）使用实施效果测量基准并使之保持完整的方式和方法。

（9）项目干系人之间的沟通的需要和技术。

（10）选定的项目生命周期模型和多阶段项目的项目阶段。

（11）高层管理人员为了加快解决未解决的问题和处理未做出的决策，对内容、范围和时间安排的关键审查。

【问题3】答题思路解析及参考答案

一、答题思路解析

根据“答题思路总解析”中的相关阐述可知，该问题是一个纯理论性质的问题，与本案例关系不大。读者如果比较熟悉有关制订项目管理计划过程的输出，该问题就比较容易回答（其实很简单，制订项目管理计划过程当然输出项目管理计划）。**（问题难度：★★）**

二、参考答案

制订项目管理计划过程的输出是项目管理计划。

项目管理计划包括范围基准、进度基准和成本基准；范围管理计划、需求管理计划、进度管理计划、成本管理计划、人力资源管理计划、沟通管理计划、风险管理计划、采购管理计划、干系人管理计划等。

【问题 4】答题思路解析及参考答案

一、答题思路解析

根据“答题思路总解析”中的相关阐述可知，该问题是一个偏理论性质的问题，与本案例有一些关系，但关系不大。没有哪个项目管理理论体系上说过部门经理不能担任项目经理，我们的工作实践也可以证明这一点，因此（1）是错误的；项目管理计划应该由项目经理组织制订，因此（2）是错误的；由于项目工作说明书是对项目所要提供的产品或服务的描述，是项目最原始的需求文件，因此如果没有收到项目工作说明书，对项目组人员完成项目任务肯定会有影响，因此（3）是错误的；任何类型的项目都需要执行必要的规范，因此（4）是正确的；“责任分工表”只记载了什么人从事什么工作，无法具体描述清楚项目的整个开展过程，因此（5）是错误的；任何项目都需要进行阶段收尾（阶段收尾中需要执行阶段评审）和项目收尾，因此（6）是错误的；人员配备管理计划是项目管理计划的辅助计划，因此（7）是正确的。**（问题难度：★★★）**

二、参考答案

（1）项目经理不能由部门经理担任。（×）

（2）项目管理计划应该由王某制订。（×）

（3）有没有收到项目工作说明书对项目组人员完成项目任务没有影响。（×）

（4）小项目的管理也必须按照企业项目管理制订执行。（√）

（5）在小型项目的管理中责任分工表可以代替项目管理计划。（×）

（6）在小型项目的管理中阶段评审可以忽略，直接进行内部验收。（×）

（7）项目管理计划的辅助计划包括人员配备计划。（√）

2015.11 试题三

【说明】阅读下列说明，回答问题 1 至问题 4，将解答填入答题纸的对应栏内。

案例描述及问题

某公司 2014 年初承接了一个周期为一年的 OA 信息系统项目，并指派项目经理小张负责。该项目属于定制型项目，涉及的用户方较多，小张根据自己的经验预测到项目可能会涉及频繁的需求变更，因此小张在将项目组分成了业务组、实施组、开发组后，定义了如下需求管理及控制流程：

（1）指派专门的业务组进行需求分析，分析完成后马上与用户进行需求确认，确认后填写需求状态表（包括需求提交日期、需求状态、是否属于变更等）。

（2）实施组获得需求分析文档后，一周内进行技术方案设计。

（3）技术方案完成后，业务组视情况与用户进行二次沟通确认，确认后填写需求状态表（包括需求技术方案提交日期、需求技术方案状态）。

（4）需求分析、技术方案完成后，开发组每周对已确定需求进行工作量评估，形成月度开发计划。

（5）开发组根据开发计划进行定制开发工作。

（6）每周开发组根据需求状态库的需求、方案进行工作量重新评估，更新开发计划。项目进行过程中，发生了如下事件，导致项目延期半年才完成：

【事件 1】根据 2014 年初的计划开发完成了 OA 信息系统项目并上线，但用户没有真正使用。2014 年底推广使用的时候发现，业务流程有缺失，程序有 Bug，于是项目组重新按照以上流程梳理了需求，并重新开发上线。

【事件 2】2014 年底，开发组提出需求分析在深度、广度上不够，导致开发返工任务多。

【问题 1】（12 分）

结合案例及你的工作经验，请说明项目经理小张在需求管理及控制过程中存在哪些不足。

【问题 2】（4 分）

结合案例，围绕需求管理，请将下面（1）～（2）处的答案填写在答题纸的对应栏内。

案例中，2014 年底推广使用的时候发现，业务流程有缺失，这一现象是由于缺乏__（1）__中的__（2）__。

【问题 3】（5 分）

结合案例和个人经验，简要叙述项目中需求可能存在的几种状态。

【问题 4】（4 分）

如果你是小张的经理，请帮助小张改进需求管理及控制过程中的不足。

答题思路总解析

从该“案例描述及问题”后提出的四个问题，容易知道：该案例分析主要考查的是项目的范围管理。“案例描述及问题”中画“____”的文字是该项目已经出现的**问题**：即项目延期半年才完成。根据这一问题和“案例描述及问题”中画“____”的文字并结合我们的项目管理经验，可以推断出：

（1）没有一套完整科学的需求管理流程（这点从小张定义的需求管理及控制流程的六个方面可以推导出）。

（2）没有对需求分析后的需求进行验证和评审。

（3）需求分析仅限于业务组，未邀请技术团队和测试团队等参加（这两点从“指派专门的业务组进行需求分析，分析完成后马上与用户进行需求确认”可以推导出）。

（4）技术方案设计完成后，没有对其进行技术评审（这点从“技术方案完成后，业务组视情况与用户进行二次沟通确认”可以推导出）。

（5）项目组只编制了月度开发计划，没有编制项目总体开发计划（这点从“需求分析、技术方案完成后，开发组每周对已确定需求进行工作量评估，形成月度开发计划”可以推导出）。

（6）项目经理小张对项目缺乏及时的跟踪和监控（这点从“项目进行过程中，发生了如下事件，导致项目延期半年才完成”可以推导出）。

（7）项目经理小张缺乏项目整体管理的经验和能力（这点从整个案例的描述可以推导出）等是导致“项目延期半年才完成”的主要**原因**（用于回答**【问题 1】**）。**【问题 2】**和**【问题 3】**是纯理论性质的问题，与本案例关系不大。把**【问题 1】**中发现的不足换一种表达方式，就是**【问题 4】**的**解决方案**。**（案例难度：★★★）**

【问题 1】答题思路解析及参考答案

一、答题思路解析

根据“答题思路总解析”中的阐述可知，该项目经理小张在需求管理及控制过程中存在的不足主要有：

（1）没有一套完整科学的需求管理流程。

（2）没有对需求分析后的需求进行验证和评审。

（3）需求分析仅限于业务组，未邀请技术团队和测试团队等参加。

（4）技术方案设计完成后，没有对其进行技术评审。

（5）项目组只编制了月度开发计划，没有编制项目总体开发计划。

（6）项目经理小张对项目缺乏及时的跟踪和监控。

（7）项目经理小张缺乏项目整体管理的经验和能力。**（问题难度：★★★★）**

二、参考答案

该项目经理小张在需求管理及控制过程中存在的不足主要有：

（1）没有一套完整科学的需求管理流程。

（2）没有对需求分析后的需求进行验证和评审。

（3）需求分析仅限于业务组，未邀请技术团队和测试团队等参加。

（4）技术方案设计完成后，没有对其进行技术评审。

（5）项目组只编制了月度开发计划，没有编制项目总体开发计划。

（6）项目经理小张对项目缺乏及时的跟踪和监控。

（7）项目经理小张缺乏项目整体管理的经验和能力。

【问题 2】答题思路解析及参考答案

一、答题思路解析

根据“答题思路总解析”中的阐述可知，该问题是一个纯理论性质的问题。根据需求管理的相关内容，可以回答该问题。**（问题难度：★★★）**

二、参考答案

案例中，2014 年底推广使用的时候发现，业务流程有缺失，这一现象是由于缺乏（需求管理）中的（需求评审）。

【问题3】答题思路解析及参考答案

一、答题思路解析

根据“答题思路总解析”中的阐述可知，该问题是一个纯理论性质的问题。根据项目需求存在的几种状态可回答该问题。**（问题难度：★★★）**

二、参考答案

项目中需求可能存在如下几种状态：

已建议：该需求已被有权提出需求的人建议。

已批准：该需求已被分析，已用一个确定的版本号或创建编号分配到相关基线中，软件开发团队已承诺实现该需求。

已实现：已实现需求代码的设计、编码和执行了单元测试。

已验证：使用所选择的方法验证了实现的需求，该需求现在被认为完成。

已删除：计划的需求已从基线中删除，但包括一个原因说明和做出删除决定的人员。

【问题4】答题思路解析及参考答案

一、答题思路解析

根据“答题思路总解析”中的阐述可知，把**【问题1】**中的不足，换一种表达方式就是该问题答案。**（问题难度：★★★）**

二、参考答案

小张可以从如下方面改进需求管理及控制过程中的不足：

（1）梳理需求管理流程中的缺陷，定义出适合本项目需要的完整、科学的需求管理流程。

（2）需求分析结束之后在进行设计和开发之前，进行必要的需求验证和评审。

（3）需求分析工作邀请技术团队和测试团队成员一起参加。

（4）技术方案设计完成后，对其进行技术评审。

（5）组织项目组相关成员编制项目总体开发计划。

（6）及时跟踪和监控项目工作。

（7）提升自身的项目整体管理能力。

2016.05 试题二

【说明】阅读下列说明，回答问题1至问题3，将解答填入答题纸的对应栏内。

案例描述及问题

甲公司准备启动某软件项目，在项目可行性研究报告中提出项目可能会面临的市场方面的风险，在进行项目可行性研究论证时专家提出应该把该市场风险细化，并提出解决的对策。于是公司在可研报告之外，以会议记录的方式提出了对该市场风险的应对方法，如果 4G 技术能够在 2015 年年底普及率达到 70%及以上，则应该按照较快的进度安排尽快实施该项目，并争取在 2016 年 5 月让产品上市，并建议项目采用 V 模型开发，项目的预算为 1000 万元。如果届时 4G 普及率达不到预期的 70%，则建议项目采用迭代开发模型，分阶段进行开发，只需要在 2016 年 5 月完成部分产品即可，项目到该时点的预算为 450 万元，并建议将项目的开始时间由原定的 2015 年 8 月，推迟到 2015 年 12 月，以降低项目的可能风险。

李工被临时任命为该项目的项目经理，直接归公司负责营销的王总领导。王总让公司人力资源部门准备了项目章程，通知了财务部、人力资源部和营销部的相关人员一起召开了项目启动会，并在会议上正式发布了项目章程和对项目经理的任命。项目章程中包括了项目团队成员、项目的历时、项目经理的权限、项目的预算等内容，其中的项目预算根据王总对市场的理解和判断，为 1000 万元。项目章程要求项目于 2015 年 8 月开始，于 2016 年 5 月完成产品研发。

李工在项目执行过程中，发现项目章程中没有任何对于项目风险和开发模型的说明与规定，所以李工就根据自身的经验采用了瀑布模型来安排项目工作，当项目进行到 2015 年 12 月时，发现 4G 的普及率没有达到 70%。公司决定暂停此项目。但是到此时为止，项目已经进展到了差不多一半，而且项目也不能够分阶段进行开发，否则将前功尽弃。而公司质量管理部门追究相关环节的错误时，李工觉得这样的风险不属于项目层面风险管理的内容，作为项目经理只要按照项目章程的规定执行项目就是尽责了。

【问题 1】（12 分）

制订项目章程的输入项包括什么？列举项目章程中需包括哪些内容。

【问题 2】（7 分）

请指出制订项目管理计划的输入项包括哪些内容？本案例中一开始提到的会议记录会影响项目管理计划的制订吗？如果是，请指出是如何影响的；如不影响，请说明理由。

【问题 3】（6 分）

项目经理李工认为“这样的风险不属于项目层面风险管理的内容，作为项目经理只要按照项目章程的规定执行项目就是尽责了”是否正确？为什么？项目风险管理计划主要应包括哪些内容？

答题思路总解析

单纯从“案例描述及问题”中的题干信息来看，我们会认为该案例分析主要考查的是立项管理；然而，从该“案例描述及问题”后提出的三个问题，很容易知道：该案例分析主要考查的是项目整体管理和项目风险管理（【问题 1】和【问题 2】考的是项目整体管理，【问题 3】考的是项目风险管理）。由于该案例分析题后的三个问题偏理论，并没有要我们回答项目中出现问题的原因和相关的解决方案，因此，本案例不适合采用“找问题”“找原因”“找解决方案”的三找法则。（**案例难度：★★★**）

【问题1】答题思路解析及参考答案

一、答题思路解析

根据“答题思路总解析”中的阐述可知，该问题是一个纯理论性质的问题，读者如果比较熟悉“制订项目章程”过程的输入，该问题的第（1）小问就很容易回答。读者如果比较熟悉项目章程所应该包括的内容，该问题的第（2）小问也很容易回答。**（问题难度：★★★）**

二、参考答案

制订项目章程的输入项包括：项目工作说明书、商业论证、协议、事业环境因素、组织过程资产。

项目章程中需包括的内容有：

（1）项目目的或批准项目的原因。

（2）可测量的项目目标和相关的成功标准。

（3）项目的总体要求。

（4）概括性的项目描述。

（5）项目的主要风险。

（6）总体里程碑进度计划。

（7）总体预算。

（8）项目审批要求。

（9）委派的项目经理及其职责和职权。

（10）发起人或其他批准项目章程的人员的姓名和职权。

【问题2】答题思路解析及参考答案

一、答题思路解析

根据“答题思路总解析”中的阐述可知，该问题也是一个纯理论性质的问题。读者如果比较熟悉制订项目管理计划过程的依据，该问题的第（1）小问就比较容易回答。案例中一开始提到的会议记录是可行性研究阶段的成果（属于组织过程资产的范畴），前面工作的输出往往是后面工作的输入，因此，可行性研究阶段的这一会议纪要，会影响到项目管理计划的制订。理解了这一点，该问题的第（2）小问也容易回答正确。**（问题难度：★★★）**

二、参考答案

制订项目管理计划的输入项包括：项目章程、其他过程的输出结果、事业环境因素、组织过程资产。

本案例中一开始提到的会议记录会影响项目管理计划的制订。因为可行性研究阶段输出的这一会议纪要，属于组织过程资产的范畴，而组织过程资产是“制订项目管理计划”过程的输入。因此，会议纪要会影响到项目管理计划的制订。

【问题 3】答题思路解析及参考答案

一、答题思路解析

根据“答题思路总解析”中的阐述可知，该问题是一个偏理论性质的问题。我们知道，项目经理是项目的第一责任人，因此，只要是属于影响项目成功的任何风险，都应该由项目经理来负责管理。因此，该问题的第（1）小问：项目经理李工认为“这样的风险不属于项目层面风险管理的内容，作为项目经理只要按照项目章程的规定执行项目就是尽责了”的认识是不正确的。读者如果比较熟悉风险管理计划所包括的内容，该问题就比较容易回答。**（问题难度：★★★）**

二、参考答案

项目经理李工认为“这样的风险不属于项目层面风险管理的内容，作为项目经理只要按照项目章程的规定执行项目就是尽责了”是不正确的。因为项目经理是项目的第一责任人，因此，只要是属于影响项目成功的任何风险，都应该由项目经理来负责管理。而案例中描述的情况影响了项目的成功，所以应该由项目经理负责。

项目风险管理计划主要包括如下内容：方法论、角色与职责、预算、时间安排、风险类别、风险概率和影响的定义、概率和影响矩阵、修改的项目干系人承受度、报告格式、跟踪。

2016.05 试题三

【说明】阅读下列说明，回答问题 1 至问题 4，将解答填入答题纸的对应栏内。

案例描述及问题

系统集成商 B 公司中标了某电子商务 A 企业的信息系统硬件扩容项目，项目内容为采购用户指定型号的多台服务器、交换设备、存储设备，并保证系统与原有设备对接，最后实现 A 企业的多个应用系统迁移，公司领导指定小周为该项目的项目经理。

小周担任过多个应用软件开发项目的项目经理，但没有负责过硬件集成项目。

小周召开了项目启动会，对项目进行了分解，并给项目成员分配了任务，接下来，安排负责技术的小组长先编制项目技术方案，同时小周根据合同中规定的时间编制了项目的进度计划并发送给项目组成员，进度计划中确定了几个里程碑点：集成技术方案、设备到货、安装调试完成、应用系统迁移完成。由于该项目需要采购多种硬件设备，小周将进度计划发送给了采购部经理，并与采购经理进行了电话沟通。

技术方案完成后通过了项目组的内部评审，随后项目组按照技术方案开始进行设备调试的准备工作，小周找到采购部经理确认设备的到货时间，结果得到的答复是：服务器可以按时到场，但存储设备由于运输的原因，要晚一周到货。

由于存储设备晚到的原因，安装调试工作比计划延误了一周时间，在系统调试的过程中，项目组发现技术方案中存在一处错误，又重新改进了技术方案，造成实际进度比计划延误了两周，A 企业得知系统迁移时间要延后，非常不满意，并到 B 公司高层领导投诉。

【问题 1】（12 分）

请分析该项目执行过程中存在哪些问题。

【问题 2】（3 分）

请把下面（1）～（3）处的答案填写到答题纸上。

在项目里程碑点进行里程碑评审，里程碑评审由__（1）__、__（2）__、__（3）__参加。

【问题 3】（8 分）

（1）项目的整体管理计划还应该包括哪些子计划？

（2）小周应该采取哪些措施来保证采购设备按时到货？

【问题 4】（2 分）

公司高层领导接到客户投诉后恰当的做法是（　　）。

A．向客户道歉并立即更换项目经理

B．向客户道歉并承诺赔偿部分损失

C．向项目组增派相关领域技术水平高的人，力争在系统迁移过程中追回部分时间

D．与客户充分沟通，说明进度延误是由于设备时间延误造成的，希望客户顺延项目工期

答题思路总解析

从该“案例描述及问题”后提出的四个问题，容易知道：该案例分析主要考查的是项目的整体管理。“案例描述及问题”中画“﹏﹏”的文字是该项目已经出现的**问题**：即存储设备晚一周到货；安装调试工作比计划延误了一周时间；实际进度比计划延误了两周；A 企业对系统迁移时间要延后非常不满意，并向 B 公司高层领导投诉。根据这些问题和“案例描述及问题”中画“____”的文字并结合我们的项目管理经验，可以推断出：

（1）项目经理小周缺乏硬件集成项目方面的管理经验（这一点从“小周担任过多个应用软件开发项目的项目经理，但没有负责过硬件集成项目”可以推导出）。

（2）项目范围分解没有做好，项目经理小周不应该一个人分解项目（这一点从“小周召开了项目启动会，对项目进行了分解”可以推导出）。

（3）项目进度计划不应该由项目经理小周一个人制订。

（4）项目经理小周在制订项目进度计划时，只是依据合同要求，没有考虑客观实际情况。

（5）项目进度计划制订出来没有经过评审（这三点从“小周根据合同中规定的时间编制了项目的进度计划并发送给项目组成员”可以推导出）。

（6）没有根据需要制订项目采购计划（这点从“小周将进度计划发送给了采购部经理，并与采购经理进行了电话沟通”可以推导出）。

（7）在获知存储设备要晚到一周后，项目经理小周没有及时采取应对措施（这点从“存储设备由于运输的原因，要晚一周到货”可以推导出）。

（8）对技术方案缺乏到位的质量把控（这点从“项目组发现技术方案中存在一处错误，又重

新改进了技术方案”可以推导出)。

(9)公司缺乏对项目经理小周必要的辅导和监督(这点从整个案例的描述可以推导出)等是导致项目出现“存储设备晚一周到货;安装调试工作比计划延误了一周时间;实际进度比计划延误了两周;A 企业对系统迁移时间要延后非常不满意,并向 B 公司高层领导投诉”的主要**原因**(用于回答**【问题 1】**)。**【问题 2】**是一个纯理论性质的问题,与本案例没什么关系。**【问题 3】**的第(1)小问是纯理论性质的问题,把**【问题 1】**中发现的与采购管理相关的问题换一种表达方式,就是**【问题 3】**第(2)小问的**解决方案**。**【问题 4】**需要结合项目实践经验来回答。**(案例难度:★★★)**

【问题 1】答题思路解析及参考答案

一、答题思路解析

根据“答题思路总解析”中的阐述可知,该项目执行过程中存在的问题有:

(1)项目经理小周缺乏硬件集成项目方面的管理经验。

(2)项目范围分解没有做好,项目经理小周不应该一个人分解项目。

(3)项目进度计划不应该由项目经理小周一个人制订。

(4)项目经理小周在制订项目进度计划时,只是依据合同的要求,没有考虑客观实际情况。

(5)项目进度计划制订出来没有经过评审。

(6)没有根据需要制订项目采购计划。

(7)在获知存储设备要晚到一周后,项目经理小周没有及时采取应对措施。

(8)对技术方案缺乏到位的质量把控。

(9)公司缺乏对项目经理小周必要的辅导和监督。**(问题难度:★★★)**

二、参考答案

该项目执行过程中存在的问题有:

(1)项目经理小周缺乏硬件集成项目方面的管理经验。

(2)项目范围分解没有做好,项目经理小周不应该一个人分解项目。

(3)项目进度计划不应该由项目经理小周一个人制订。

(4)项目经理小周在制订项目进度计划时,只是依据合同的要求,没有考虑客观实际情况。

(5)项目进度计划制订出来没有经过评审。

(6)没有根据需要制订项目采购计划。

(7)在获知存储设备要晚到一周后,项目经理小周没有及时采取应对措施。

(8)对技术方案缺乏到位的质量把控。

(9)公司缺乏对项目经理小周必要的辅导和监督。

【问题 2】答题思路解析及参考答案

一、答题思路解析

根据“答题思路总解析”中的阐述可知,该问题是一个纯理论性质的问题。在项目里程碑点进

行里程碑评审，里程碑评审由项目组相关成员、项目承建方主管项目的领导和客户参加。**（问题难度：★★★）**

二、参考答案

在项目里程碑点进行里程碑评审，里程碑评审由（项目组相关成员）、（项目承建方主管项目的领导）、（客户）参加。

【问题 3】答题思路解析及参考答案

一、答题思路解析

根据“答题思路总解析”中的阐述，该问题的第（1）小问是一个纯理论性质的问题。读者如果比较熟悉项目管理计划所包括的子计划的内容，该问题就比较容易回答。另外，只需要把**【问题 1】**中发现的与采购管理相关的问题换一种表达方式，就是**【问题 3】**第（2）小问的答案。**（问题难度：★★★）**

二、参考答案

项目的整体管理计划应该包括如下子计划：范围管理计划、需求管理计划、进度管理计划、成本管理计划、质量管理计划、过程改进计划、人员资源管理计划、沟通管理计划、风险管理计划、采购管理计划、干系人管理计划等。

小周应该采取如下措施来保证采购设备按时到货：

（1）与采购经理沟通，制订出符合要求的项目采购计划。

（2）保持和采购部经理的有效沟通，及时掌握设备采购到货的情况。

（3）在与供应商之间的采购合同中增加惩罚条款，以便引起供应商的重视。

（4）在获知设备延期到货后，及时与相关领导、部门和人员沟通，积极寻求解决方案。

【问题 4】答题思路解析及参考答案

一、答题思路解析

根据“答题思路总解析”中的阐述可知，该问题需要结合项目实践经验来回答。分析后不难知道，A 项和 D 项并没有真正去解决问题，B 项作赔偿只是部分解决了问题；唯有 C 项是试图去采取措施解决客户最关心的进度延期的问题。所以，公司高层领导接到客户投诉后恰当的做法应该是向项目组增派相关领域技术水平高的人，力争在系统迁移过程中追回部分时间。**（问题难度：★★★）**

二、参考答案

C

2016.11 试题二

【说明】阅读下列说明，回答问题 1 至问题 5，将解答填入答题纸的对应栏内。

案例描述及问题

某涉密单位甲计划建设一套科研项目管理系统，因项目涉密，通过考察和比较，选择了具有涉密系统集成资质的单位乙来为其实施该项目。

甲方要求所有开发工具必须在现场完成，项目所有资料归甲方所有，双方签订了合同和保密协议。合同中规定项目应在当年的年底前完成。

乙公司派出项目经理小李带领项目组进驻甲单位现场，小李首先与客户沟通了需求，确定了大致的需求要点，形成了一份需求文件，经过客户确认后，小李就安排项目组成员开始进行开发工作，为了更好地把握需求的实现，小李在每天工作结束后，都将工作进度和成果汇报给甲方的客户代表，由客户提出意见，并形成一份备忘录。客户对软件的修改意见不断提出，小李也仔细地将修改意见记录在每天的备忘录中，并在第二天与项目组讨论之后，安排开发人员尽量实现，随着软件的逐渐成型，小李发现此时客户提出了一些需求实际上跟某些已实现的需求是矛盾的，对于有些新的需求，实现难度也越来越大，此时软件的实际功能与最初确定的需求文件中确定的功能已经相差很远，眼看时间越来越接近年底，小李不知道该怎么办才好。

【问题 1】(3 分)

请问该项目是否可以不公开招标？为什么？

【问题 2】(4 分)

项目需求发生变更后，可能导致项目的哪些方面同时发生变更？

【问题 3】(8 分)

请指出该项目在项目整体管理方面存在哪些问题？

【问题 4】(5 分)

针对案例中项目的现状，请指出在继续实施此项目时小李可采取哪些措施？

【问题 5】(5 分)

请简要说明实施整体变更控制的完整流程。

答题思路总解析

从该“案例描述及问题”后提出的后四个问题容易知道：该案例分析主要考查的是项目的整体管理。“案例描述及问题”中画“～～～”的文字是该项目已经出现的**问题**：即小李发现此时客户提出了一些需求实际上跟某些已实现的需求是矛盾的，对于有些新的需求，实现难度也越来越大，此时软件的实际功能与最初确定的需求文件中确定的功能已经相差很远，眼看时间越来越接近年底，小李不知道该怎么办才好。根据这些问题和“案例描述及问题”中画“____”的文字并结合我们的项目管理经验，可以推断出：

（1）需求调研不够详细，只确定了大致需求要点。

（2）需求文件可能没有经过严格的评审（这两点从“小李首先与客户沟通了需求，确定了大致的需求要点，形成了一份需求文件，经过客户确认后，小李就安排项目组成员开始进行开发工作”

可以推导出）。

（3）需求文件可能没有获得客户的真正签字认可，导致后期需求变更随意和频繁（这一点从“小李首先与客户沟通了需求，确定了大致的需求要点，形成了一份需求文件，经过客户确认后，小李就安排项目组成员开始进行开发工作”“客户对软件的修改意见不断提出”和“小李发现此时客户提出了一些需求实际上跟某些已实现的需求是矛盾的”可以推导出）。

（4）没有需求变更控制程序或没有按需求变更控制程序执行需求变更。

（5）缺少变更控制委员会对变更的审批把关（这两点从“客户对软件的修改意见不断提出，小李也仔细地将修改意见记录在每天的备忘录中，并在第二天与项目组讨论之后，安排开发人员尽量实现”可以推导出）。

（6）范围控制和进度控制存在问题，导致实际功能与最初确定的功能相差很远，进度严重偏离计划等是导致项目出现“小李发现此时客户提出了一些需求实际上跟某些已实现的需求是矛盾的，对于有些新的需求，实现难度也越来越大，此时软件的实际功能与最初确定的需求文件中确定的功能已经相差很远，眼看时间越来越接近年底，小李不知道该怎么办才好”的主要**原因**（用于回答**【问题3】**）。把**【问题3】**中发现的问题换一种表达方式，就是**【问题4】**的**解决方案**。**【问题1】**、**【问题2】**和**【问题5】**是纯理论性质的问题，与本案例关系不大。**（案例难度：★★★）**

【问题1】答题思路解析及参考答案

一、答题思路解析

根据“答题思路总解析”中的阐述可知，**【问题 1】**是一个纯理论性质的问题，根据《中华人民共和国招标投标法》第六十六条的规定：“涉及国家安全、国家秘密、抢险救灾或者属于利用扶贫资金实行以工代赈、需要使用农民工等特殊情况，不适宜进行招标的项目，按照国家有关规定可以不进行招标”可知，该项目可以不公开招标。**（问题难度：★★★）**

二、参考答案

该项目可以不公开招标。

理由：《中华人民共和国招标投标法》第六十六条规定：涉及国家安全、国家秘密、抢险救灾或者属于利用扶贫资金实行以工代赈、需要使用农民工等特殊情况，不适宜进行招标的项目，按照国家有关规定可以不进行招标。

【问题2】答题思路解析及参考答案

一、答题思路解析

根据“答题思路总解析”中的阐述，该问题是一个纯理论性质的问题。

只要读者比较熟悉项目约束六边形（即范围、进度、成本、质量、风险和资源这六大要素之间的互相影响），**【问题2】**就比较容易回答。项目约束六边形如下图所示：

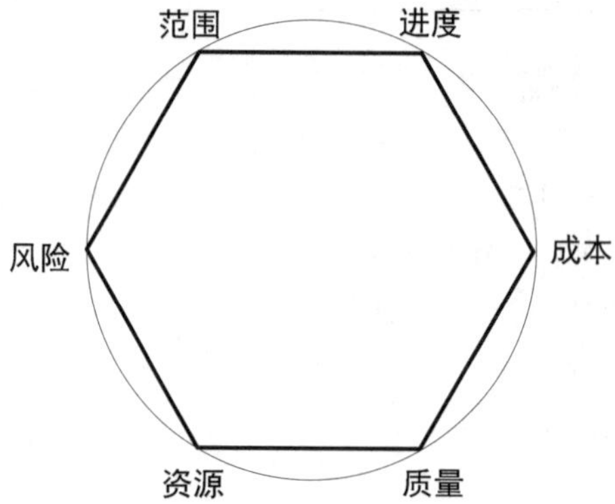

项目需求发生变更后，可能导致项目的范围、进度、成本、质量、资源和风险等方面同时发生变更。**（问题难度：★★★）**

二、参考答案

项目需求发生变更后，可能导致项目的范围、进度、成本、质量、资源和风险等方面同时发生变更。

【问题 3】答题思路解析及参考答案

一、答题思路解析

根据“答题思路总解析”中的阐述可知，该项目在整体管理方面存在的问题有：

（1）需求调研不够详细，只确定了大致需求要点。

（2）需求文件可能没有经过严格的评审。

（3）需求文件可能没有获得客户的真正签字认可，导致后期需求变更随意和频繁。

（4）没有需求变更控制程序或没有按需求变更控制程序执行需求变更。

（5）缺少变更控制委员会对变更的审批把关。

（6）范围控制和进度控制存在问题，导致实际功能与最初确定的功能相差很远，进度严重偏离计划。**（问题难度：★★★）**

二、参考答案

该项目在整体管理方面存在的问题有：

（1）需求调研不够详细，只确定了大致需求要点。

（2）需求文件可能没有经过严格的评审。

（3）需求文件可能没有获得客户的真正签字认可，导致后期需求变更随意和频繁。

（4）没有需求变更控制程序或没有按需求变更控制程序执行需求变更。

（5）缺少变更控制委员会对变更的审批把关。

（6）范围控制和进度控制存在问题，导致实际功能与最初确定的功能相差很远，进度严重偏离计划。

【问题4】答题思路解析及参考答案

一、答题思路解析

根据“答题思路总解析”中的阐述可知，把**【问题3】**中发现的问题，换一种表达方式，就是该问题的答案了。（**问题难度：★★★**）

二、参考答案

（1）重新梳理一遍需求，整理成“用户需求说明书”。

（2）对“用户需求说明书”组织一次严格的评审。

（3）让用户签字确定“用户需求说明书”。

（4）制订需求变更控制流程并严格按流程执行。

（5）与客户方相关人员共同建立变更控制委员会，由变更控制委员会对变更进行审批把关。

（6）做好范围控制和进度控制等监督和把关工作。

【问题5】答题思路解析及参考答案

一、答题思路解析

根据“答题思路总解析”中的阐述可知，**【问题 5】**是一个纯理论性质的问题。根据实施整体变更控制过程的相关论述和项目变更管理的内容，我们可以把变更控制流程整理成如下流程图：

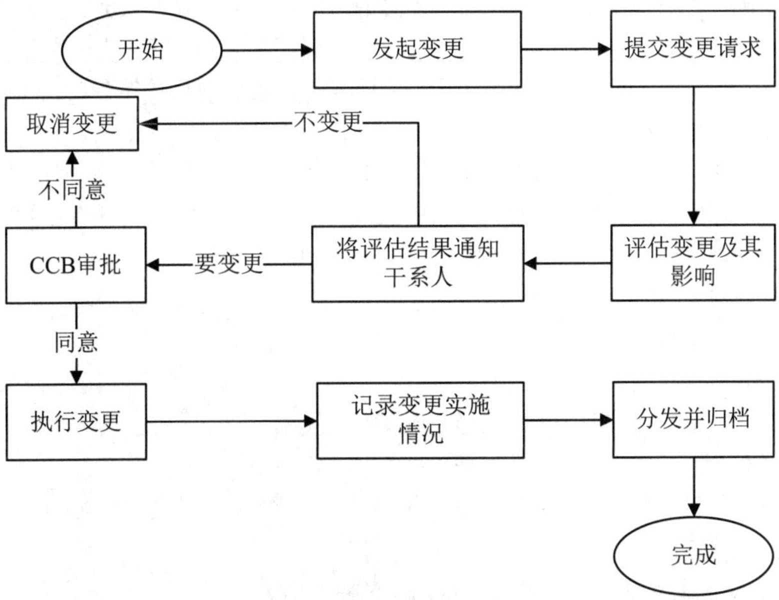

把上述流程图用步骤来表达，就得到了该问题的答案。（**问题难度：★★★**）

二、参考答案

实施整体变更控制的完整流程如下：

（1）项目干系人发起变更。

（2）项目干系人或项目经理安排人员填写并提交变更申请表。

（3）项目经理组织相关人员评估变更对项目的整体影响。

（4）项目经理将评估结果通知相关干系人。

（5）变更控制委员会对变更申请进行审批，若通过则发出变更通知并实施变更，若不通过，则取消本次变更。

（6）项目经理在项目计划中增加变更任务、组织相关人员执行被批准的变更。

（7）验证变更的正确性并记录变更的实施情况。

（8）将实施结果分发给相关干系人并进行必要沟通，归档与此变更相关的文档。

2016.11 试题三

【说明】阅读下列说明，回答问题 1 至问题 4，将解答填入答题纸的对应栏内。

案例描述及问题

某公司承接了某银行的信息系统集成项目，并任命王工为项目经理。这也是王工第一次担任项目经理，王工带领近 20 人的团队，历经近 11 个月的时间，终于完成了系统建设工作，并通过了试运行测试，王工在与甲方项目负责人简单核对了项目交付清单之后，就报告公司项目已经结束，部分项目人员可以进行转移。王工组织剩下的项目团队成员召开了项目总结会议。随后公司的财务要求王工根据合同催甲方支付剩余 30%的项目款。

当王工打电话催促甲方支付项目尾款时，甲方的项目经理告诉他项目还没有结束，甲方还没有在验收报告上签字确认，项目的很多常规性文件还没有提交，而且需要在试运行的基础上，进一步修改程序和功能设置，现在根本没有达到项目收尾的条件。

【问题 1】（4 分）

项目收尾包括哪些具体工作？

【问题 2】（8 分）

项目经理王工收尾管理方面主要存在哪些问题？

【问题 3】（5 分）

对于软件和信息系统集成项目来说，项目收尾时一般提交的文件包括哪些类？

【问题 4】（8 分）

（1）王工组织的项目总结会议是否恰当？请说明理由。

（2）请简要叙述项目总结会议上一般讨论的内容包括哪些。

答题思路总解析

从该“案例描述及问题”后提出四个问题，很容易知道：该案例分析主要考查的是项目的整体管理中的项目收尾。“案例描述及问题”中画“____”的文字是该项目已经出现的**问题**：即甲方的项目经理告诉他项目还没有结束，甲方还没有在验收报告上签字确认，项目的很多常规性文件还没有提交，而且需要在试运行的基础上，进一步修改程序和功能设置，现在根本没有达到项目收尾的条件。根据这些问题和“案例描述及问题”中画“____”的文字并结合我们的项目管理经验，可以推断出：

（1）没有做好验收前的各项准备工作。

（2）没有按规范的流程进行项目验收。

（3）缺少项目的评估和审计环节（这三点从“王工在与甲方项目负责人简单核对了项目交付清单之后，就报告公司项目已经结束”可以推导出）。

（4）项目总结会议未邀请全体参与项目的人员参加（这一点从“王工组织剩下的项目团队成员召开了项目总结会议”可以推导出）。

（5）验收报告未经甲方签字认可。

（6）没有准备好相应的项目文件和资料并提交给甲方。

（7）总结报告未能反映项目的真实情况。

（8）在项目收尾阶段，项目经理王工与甲方沟通不够（这四点从“甲方的项目经理告诉他项目还没有结束，甲方还没有在验收报告上签字确认，而且需要在试运行的基础上，进一步修改程序和功能设置，现在根本没有达到项目收尾的条件”可以推导出）等是导致项目出现“甲方的项目经理告诉他项目还没有结束，甲方还没有在验收报告上签字确认，项目的很多常规性文件还没有提交，而且需要在试运行的基础上，进一步修改程序和功能设置，现在根本没有达到项目收尾的条件”的主要**原因**（用于回答**【问题2】**）。**【问题1】**、**【问题3】**和**【问题4】**的第（2）小问是纯理论性质的问题。**【问题4】**的第（1）小问其实就是项目经理王工在项目收尾管理方面存在的问题之一。**（案例难度：★★★）**

【问题1】答题思路解析及参考答案

一、答题思路解析

根据“答题思路总解析”可知，该问题是一个纯理论性质的问题。在实际工作中，广义的系统集成项目收尾管理工作通常包含了四类典型的工作：项目验收工作、项目总结工作、系统维护工作以及项目后评估工作。**（问题难度：★★★）**

二、参考答案

项目收尾的主要工作有：项目验收工作、项目总结工作、系统维护工作以及项目后评估工作。

【问题 2】答题思路解析及参考答案

一、答题思路解析

根据“答题思路总解析”中的阐述可知，项目经理王工在收尾管理方面存在的问题有：

（1）没有做好验收前的各项准备工作。

（2）没有按规范的流程进行项目验收。

（3）缺少项目的评估和审计环节。

（4）项目总结会议未邀请全体参与项目的人员参加。

（5）验收报告未经甲方签字认可。

（6）没有准备好相应的项目文件和资料并提交给甲方。

（7）总结报告未能反映项目的真实情况。

（8）在项目收尾阶段，项目经理王工与甲方沟通不够。**（问题难度：★★★）**

二、参考答案

项目经理王工在收尾管理方面存在的问题有：

（1）没有做好验收前的各项准备工作。

（2）没有按规范的流程进行项目验收。

（3）缺少项目的评估和审计环节。

（4）项目总结会议未邀请全体参与项目的人员参加。

（5）验收报告未经甲方签字认可。

（6）没有准备好相应的项目文件和资料并提交给甲方。

（7）总结报告未能反映项目的真实情况。

（8）在项目收尾阶段，项目经理王工与甲方沟通不够。

【问题 3】答题思路解析及参考答案

一、答题思路解析

根据“答题思路总解析”中的阐述可知，该问题是一个纯理论性质的问题，与本案例关系不大。**（问题难度：★★★）**

二、参考答案

对于软件和信息系统集成项目来说，项目收尾时一般提交的文件包括：

（1）系统集成项目介绍。

（2）系统集成项目最终报告。

（3）信息系统说明手册。

（4）信息系统维护手册。

（5）软硬件产品说明书、质量保证书等。

【问题4】答题思路解析及参考答案

一、答题思路解析

根据"答题思路总解析"中的阐述可知，该问题第（1）小问是项目经理王工在项目收尾管理方面存在的问题之一。该问题的第（2）小问是一个纯理论性质的问题，与本案例关系不大。**（问题难度：★★★）**

二、参考答案

（1）王工组织的项目总结会议不恰当，应该全体参与项目的人员参加。

（2）项目总结会议上一般讨论的内容包括：项目绩效、技术绩效、成本绩效、进度计划绩效、项目的沟通、识别问题和解决问题、意见和建议。

2017.05试题二

【说明】阅读下列说明，回答问题1至问题4，将解答填入答题纸的对应栏内。

案例描述及问题

某系统集成公司A中标某信息中心IT运维平台开发项目，公司A任命小李为项目经理。小李在项目启动阶段确定了项目团队和项目组织架构，项目团队分为三个小组：研发组、测试组和产品组。各组成员分别来自研发部、测试部以及产品管理部。

小李制订了项目整体进度计划，将项目分为需求分析、设计、编码、试运行和验收五个阶段。为保证项目质量，小李请有着多年的编码、测试工作经历的测试组组长张工兼任项目的质量保证人员。

在项目启动会上，小李对张工进行了口头授权，并要求张工在项目的重要阶段（如完成需求分析、完成总体设计、完成单元编码和测试等）必须对项目交付物进行质量检查。在检查时，张工可以根据自己的经验提出要求，对于不满足要求的工作，必须立即进行返工。

项目在实施过程中，遇到一些问题，具体如下：

在项目组完成编码与单元测试工作，准备进行系统集成前，张工按照项目经理小李的要求进行了质量检查。在检查过程中，张工凭借多年开发经验，认为某位开发人员负责的一个模块代码存在响应时间长的问题，并对其开具了不符合项报告。但这位开发人员认为自己是严格按照公司编码规范编写的，响应时间长不是自己的问题。经过争吵，张工未能说服该开发人员，同时考虑到该模块对整体项目影响不大，张工没有再追究此事，该代码也没有修改。

在项目上线前，信息中心领导组织技术专家到项目现场进行调研和考察。专家组对已完成的编码进行了审查，发现很多模块不能满足甲方的质量要求。

【问题1】（10分）

请指出该项目在质量管理方面可能存在哪些问题？

【问题 2】(8 分)

请指出张工在质量检查中可能存在的问题。

【问题 3】(6 分)

针对上述问题，如果你是项目经理，你会采取哪些措施？

【问题 4】(5 分)

在(1)～(5)中填写恰当内容（从候选答案中选择一个正确选项，将该选项编号填入答题纸对应栏内）。

在质量控制中，可以使用的工具与技术有__(1)__、__(2)__、__(3)__、__(4)__、__(5)__。

候选答案：

A．趋势分析　　B．试验设计　　C．因果图　　D．统计抽样

E．帕累托图　　F．质量成本　　G．成本/效益分析　H．控制图

答题思路总解析

从"案例描述及问题"中的相关信息很容易判断出，该案例分析题主要考查的是项目质量管理。"案例描述及问题"中画"～～～"的文字是该项目已经出现的**问题**：即专家组对已完成的编码进行了审查，发现很多模块不能满足甲方的质量要求。根据这些问题和"案例描述及问题"中画"____"的文字并结合我们的项目管理经验，可以推断出：

(1) 没有制订切实可行的质量管理计划 [这点从"小李对张工进行了口头授权，并要求张工在项目的重要阶段（如完成需求分析、完成总体设计、完成单元编码和测试等）必须对项目交付物进行质量检查"可以推导出]。

(2) 缺乏质量标准和规范（这点从"在检查时，张工可以根据自己的经验提出要求，对于不满足要求的工作，必须立即进行返工"可以推导出）。

(3) 质量保证人员由测试人员兼任，职责分配不合理（这点从"小李请有着多年的编码、测试工作经历的测试组组长张工兼任项目的质量保证人员"可以推导出）。

(4) 缺乏质量保证活动或质量保证活动实施不到位（这点从"在项目组完成编码与单元测试工作，准备进行系统集成前，张工按照项目经理小李的要求进行了质量检查"可以推导出）。

(5) 质量控制缺少必要的评审（这点从"在检查过程中，张工凭借多年开发经验，认为某位开发人员负责的一个模块代码存在响应时间长的问题"可以推导出）。

(6) 团队成员质量意识不强（这点从"这位开发人员认为自己是严格按照公司编码规范编写的，响应时间长不是自己的问题"可以推导出）。

(7) 测试没有达到预定的效果等是导致项目出现"专家组对已完成的编码进行了审查，发现很多模块不能满足甲方的质量要求"的主要**原因**（用于回答**【问题 1】**）。从该项目在质量管理方面存在问题中筛选出张工在质量检查方面的相关问题，就可以用于回答**【问题 2】**。把项目在质量管理方面存在的问题解决了，就是**【问题 3】**的答案。**【问题 4】**是纯理论性质的问题，与本案例关系不大。**（案例难度：★★★）**

【问题1】答题思路解析及参考答案

一、答题思路解析

根据“答题思路总解析”中的阐述可知，该项目在质量管理方面存在的问题有：

（1）没有制订切实可行的质量管理计划。

（2）缺乏质量标准和规范。

（3）质量保证人员由测试人员兼任，职责分配不合理。

（4）缺乏质量保证活动或质量保证活动实施不到位。

（5）质量控制缺少必要的评审。

（6）团队成员质量意识不强。

（7）测试没有达到预定的效果。**（问题难度：★★★）**

二、参考答案

该项目在质量管理方面存在的问题有：

（1）没有制订切实可行的质量管理计划。

（2）缺乏质量标准和规范。

（3）质量保证人员由测试人员兼任，职责分配不合理。

（4）缺乏质量保证活动或质量保证活动实施不到位。

（5）质量控制缺少必要的评审。

（6）团队成员质量意识不强。

（7）测试没有达到预定的效果。

【问题2】答题思路解析及参考答案

一、答题思路解析

根据“答题思路总解析”中的阐述可知，从该项目在质量管理方面存在的问题中筛选出张工在质量检查方面的相关问题，稍微修改一下文字描述就可以了。**（问题难度：★★★）**

二、参考答案

张工在质量检查中可能存在的问题：

（1）张工没有制订质量检查计划。

（2）张工没有制订质量检查标准。

（3）张工只是凭经验检查工作，没有采用质量规范。

（4）在质量检查中发现的问题没有得到有效解决。

（5）张工比较缺乏质量检查方面的专业知识。

【问题 3】答题思路解析及参考答案

一、答题思路解析

根据“答题思路总解析”中的阐述可知，**【问题 1】**中项目在质量管理方存在的问题的解决方案，就是该问题的答案。实际上，只需要把**【问题 1】**的答案换成解决方案来表达，就可以了。**（问题难度：★★★）**

二、参考答案

（1）制订科学的、切实可行的质量管理计划。

（2）建立质量管理体系，制订合适的质量标准和规范。

（3）安排有相关知识、经验和能力的人员担任质量保证人员。

（4）重视和加强过程规范性检查等项目质量保证工作。

（5）加强质量控制中的评审工作。

（6）通过培训提升团队成员的质量意识。

（7）加强测试，确保问题能及时被发现。

【问题 4】答题思路解析及参考答案

一、答题思路解析

根据“答题思路总解析”中的阐述可知，该问题是一个纯理论性质的问题。**（问题难度：★★★）**

二、参考答案

在质量控制中，可以使用的工具与技术有（A 趋势分析）、（C 因果图）、（D 统计抽样）、（E 帕累托图）、（H 控制图）。

2017.05 试题三

【说明】阅读下列说明，回答问题 1 至问题 4，将解答填入答题纸的对应栏内。

案例描述及问题

项目经理小李负责了一个新的项目，该项目的内容是为某市开发一套智慧城市公共综合信息服务平台。项目启动阶段，甲方仔细查看了小李提交的项目实施方案，提出由于该项目的投资方构成复杂，项目需求不清晰，希望项目组能想办法解决这个问题。

小李向公司申请了几名经验丰富的系统分析师，加强需求分析阶段的工作。经过较为充分的需求调研，形成了初步的需求说明书。小李认为需求分析工作较为详细，按照公司常用的软件开发生命周期模型，选择了瀑布模型进行开发。

在编写概要设计和详细设计说明书的过程中，客户方提供了几处需求的修改要求。由于其工作量不大，小李直接安排系统分析师按客户的要求进行了修改。在编码阶段后期，由于客户的投资方发生了变化，新的投资方采用了新的运营模式，导致需求发生较大变化，由于前期甲方已经强调过项目需求特点和要求，小李只能接受客户新的变更要求。在执行变更的过程中，项目组发现新的需求将导致系统架构的更改，经过评估该变更将使项目延期。

【问题1】（5分）

请分析该项目在整个过程中存在哪些主要问题。

【问题2】（7分）

请说明项目范围（需求）变更控制流程。

【问题3】（6分）

请将下面（1）～（6）处的答案填写在答题纸的对应栏内。

每项记录在册的变更请求都必须由__（1）__批准或否决。

变更结束后，形成新的项目基线并纳入到配置库的__（2）__中，这时配置管理员应向项目组成员提交一份__（3）__报告。

__（4）__、__（5）__、__（6）__构成了项目的范围基准。

【问题4】（3分）

小李选择瀑布模型作为生命周期模型是否合适？如合适，请说明理由；如不合适，请说明理由，并给出合适的生命周期模型。

答题思路总解析

从"案例描述及问题"中的相关信息很容易判断出，该案例分析题主要考查的是项目范围管理。"案例描述及问题"中画"～～～"的文字是该项目已经出现的**问题**：即经过评估该变更将使项目延期。根据这些问题和"案例描述及问题"中画"____"的文字并结合我们的项目管理经验，可以推断出：

（1）实施方案中没有具体描述如何解决项目需求不清晰的问题（这一点从"项目启动阶段，甲方仔细查看了小李提交的项目实施方案，提出由于该项目的投资方构成复杂，项目需求不清晰，希望项目组能想办法解决这个问题"可以推导出）。

（2）需求调研不充分，只形成了初步需求说明书。

（3）需求说明书没有得到客户的签字确认（这两点从"经过较为充分的需求调研，形成了初步的需求说明书"可以推导出）。

（4）选择的软件开发生命周期模型不适合该项目（这点从"小李认为需求分析工作较为详细，按照公司常用的软件开发生命周期模型，选择了瀑布模型进行开发"可以推导出）。

（5）对客户提出的需求变更直接修改，没有走变更流程（这点从"在编写概要设计和详细设计说明书的过程中，客户方提供了几处需求的修改要求。由于其工作量不大，小李直接安排系统分析师按客户的要求进行了修改"可以推导出）等是导致项目出现"经过评估该变更将使项目延期"的主要**原因**（用于回答**【问题1】**）。**【问题2】**和**【问题3】**是纯理论性质的问题，与该案例关系不大。**【问题4】**需要结合本案例来回答。**（案例难度：★★★）**

【问题1】答题思路解析及参考答案

一、答题思路解析

根据“答题思路总解析”中的阐述可知，该项目在整个过程中存在的主要问题有：

（1）实施方案中没有具体描述如何解决项目需求不清晰的问题。

（2）需求调研不充分，只形成了初步需求说明书。

（3）需求说明书没有得到客户的签字确认。

（4）选择的软件开发生命周期模型不适合该项目。

（5）对客户提出的需求变更直接修改，没有走变更流程。（**问题难度：★★★**）

二、参考答案

该项目在整个过程中存在的主要问题有：

（1）实施方案中没有具体描述如何解决项目需求不清晰的问题。

（2）需求调研不充分，只形成了初步需求说明书。

（3）需求说明书没有得到客户的签字确认。

（4）选择的软件开发生命周期模型不适合该项目。

（5）对客户提出的需求变更直接修改，没有走变更流程。

【问题2】答题思路解析及参考答案

一、答题思路解析

根据实施整体变更控制过程和项目变更管理的相关内容，可以把变更控制流程整理成如下流程图：

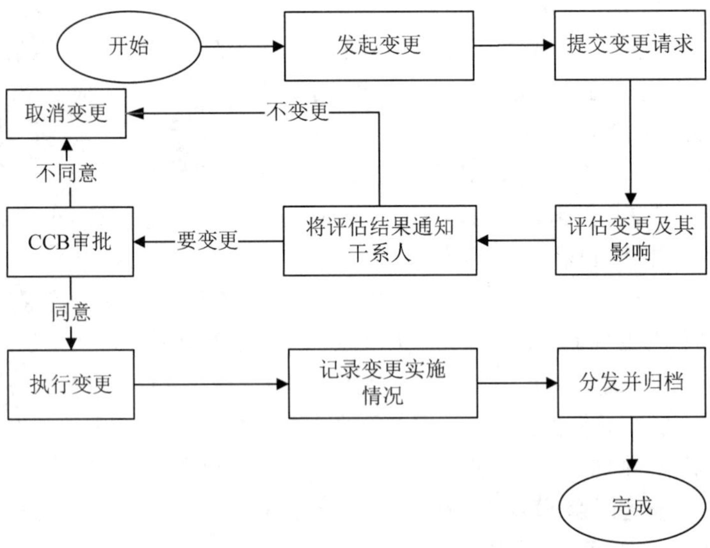

把上述流程图进行适当描述，就得到了范围（需求）变更控制流程。**（问题难度：★★★）**

二、参考答案

范围（需求）变更控制流程：

（1）项目相关方（如用户方）发起变更。

（2）变更提出者或项目经理安排人员填写并提交变更申请表。

（3）项目经理组织相关人员评估变更对项目的整体影响。

（4）项目经理将评估结果通知相关干系人。

（5）变更控制委员会对变更申请进行审批，若通过则发出变更通知并实施变更，若不通过，则取消本次变更。

（6）项目经理在项目计划中增加变更任务、组织相关人员执行被批准的变更。

（7）验证变更的正确性并记录变更的实施情况。

（8）将实施结果分发给相关干系人并进行必要沟通，归档与此变更相关的文档。

【问题 3】答题思路解析及参考答案

一、答题思路解析

根据“答题思路总解析”中的阐述可知，该问题是一个纯理论性质的问题。读者如果对信息文档管理与配置管理的内容和范围管理概述的内容比较熟悉，该问题就很容易回答。**（问题难度：★★★）**

二、参考答案

每项记录在册的变更请求都必须由（变更控制委员会）批准或否决。

变更结束后，形成新的项目基线并纳入到配置库的（受控库）中，这时配置管理员应向项目组成员提交一份（配置状态）报告。

（经批准的项目范围说明书）、（WBS）、（WBS 词典）构成了项目的范围基准。

【问题 4】答题思路解析及参考答案

一、答题思路解析

根据“答题思路总解析”中的阐述可知，该问题需要将理论和项目情况相结合来分析和判断。根据信息系统项目典型生命模型的内容知道，小李选择瀑布模型作为生命周期模型不合适，因为瀑布模型缺乏灵活性，不能解决需求不明确或需求不定的问题；可以采用原型化模型或敏捷开发模型，因为这两种比较适合需求不确定的项目。**（问题难度：★★★）**

二、参考答案

不合适。瀑布模型缺乏灵活性，不能解决需求不明确或需求不定的问题。

可以采用原型化模型或敏捷开发模型。

2017.11 试题一

【说明】阅读下列说明，回答问题 1 至问题 3，将解答填入答题纸的对应栏内。

案例描述及问题

A 公司承接了一个为某政府客户开发 ERP 软件的项目，任命小张担任项目经理。由于该客户与 A 公司每年有上千万元的项目合作，A 公司管理层对该客户非常重视，并一再嘱咐小张要保证项目的客户满意度。为此，小张从各部门抽调了经验丰富的工程师组成了项目团队。

在项目初期，小张制订了变更和配置管理规则：客户需求发生变化时，应首先由工程师对需求变化造成的影响做评估，如果影响不大，工程师可以直接进行修改并更新版本，不需要上报项目经理。当工程师不能判断需求变化对项目的影响时，应上报给项目经理，由项目经理作出评估，并安排相关人员进行修改。

在项目实施过程中，用户针对软件的功能模块提出一些修改需求，工程师针对需求做了评估，发现修改工作量不大，对项目进度没有影响，因此，出于客户满意度的考虑，工程师直接接受了客户的要求，对软件进行修改。在软件测试联调阶段，测试人员发现部分功能模块与原先设计不符，造成很多接口问题。经调查发现，主要原因是客户针对这些功能模块提出过修改要求，项目经理要求查验，没有发现相关变更文件。

【问题 1】（10 分）

请分析该项目实施过程中存在哪些主要问题。

【问题 2】（10 分）

结合案例，请描述项目变更管理的主要工作程序。

【问题 3】（6 分）

请将下面（1）～（6）处的答案填写在答题纸的对应栏内。

根据变更的迫切性，变更可分为___（1）___和___（2）___，通过不同流程处理。

变更管理过程涉及到的角色主要包括项目经理、___（3）___、___（4）___、___（5）___、___（6）___。

答题思路总解析

从“案例描述及问题”中的相关信息很容易判断出，该案例分析题主要考查的是项目整体管理，特别重点考了整体变更控制。“案例描述及问题”中画“～～～”的文字是该项目已经出现的**问题**：即在软件测试联调阶段，测试人员发现部分功能模块与原先设计不符，造成很多接口问题。根据这些问题和“案例描述及问题”中画“____”的文字并结合我们的项目管理经验，可以推断出：

（1）没有建立变更控制委员会和变更控制流程（这一点从“在项目初期，小张制订了变更和配置管理规则：客户需求发生变化时，应首先由工程师对需求变化造成的影响做评估，如果影响不大，工程师可以直接进行修改并更新版本，不需要上报项目经理。当工程师不能判断需求变化对项目的影响时，应上报给项目经理，由项目经理作出评估，并安排相关人员进行修改”可以推导出)。

（2）没有提交正式的书面变更请求（这点从“项目经理要求查验，没有发现相关变更文件”可以推导出)。

（3）对客户的变更请求没有进行充分的评估和论证（这点从“用户针对软件的功能模块提出一些修改需求，工程师针对需求做了评估，发现修改工作量不大，对项目进度没有影响，因此，出于客户满意度的考虑，工程师直接接受了客户的要求，对软件进行修改”可以推导出)。

（4）缺少对变更实施过程的有效监控。

（5）没有对变更结果进行验证等是导致项目出现“在软件测试联调阶段，测试人员发现部分功能模块与原先设计不符，造成很多接口问题”的主要**原因**(用于回答**【问题 1】**)。**【问题 2】**和**【问题 3】**是纯理论性质的问题，与该案例关系不大。**(案例难度：★★★)**

【问题1】答题思路解析及参考答案

一、答题思路解析

根据“答题思路总解析”中的阐述可知，该项目实施过程中存在的主要问题有：

（1）没有建立变更控制委员会和变更控制流程。

（2）没有提交正式的书面变更请求。

（3）对客户的变更请求没有进行充分的评估和论证。

（4）缺少对变更实施过程的有效监控。

（5）没有对变更结果进行验证。**(问题难度：★★★)**

二、参考答案

该项目实施过程中存在的主要问题有：

（1）没有建立变更控制委员会和变更控制流程。

（2）没有提交正式的书面变更请求。

（3）对客户的变更请求没有进行充分的评估和论证。

（4）缺少对变更实施过程的有效监控。

（5）没有对变更结果进行验证。

【问题2】答题思路解析及参考答案

一、答题思路解析

读者如果比较熟悉项目变更管理的工作程序，本题就比较容易回答。**(问题难度：★★★)**

或直接根据如下整体变更控制流程图，用文字描述出各个步骤也可。

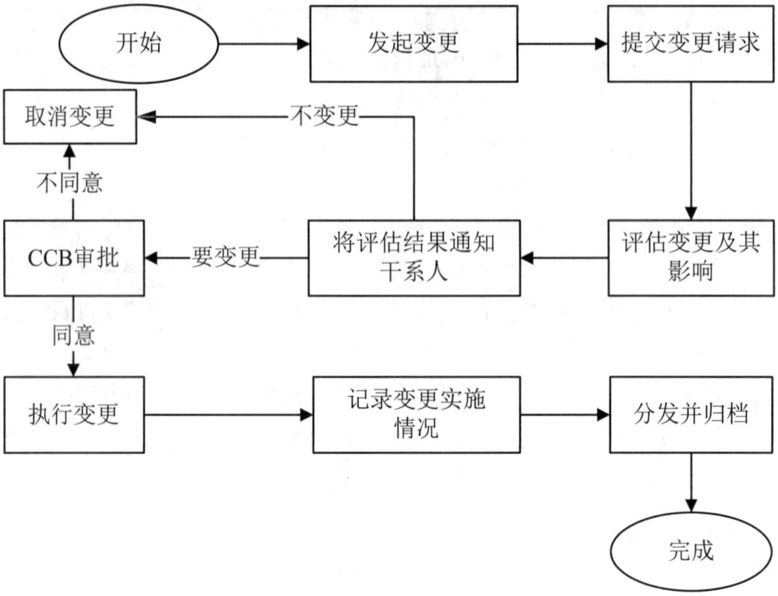

二、参考答案

项目变更管理的工作程序：

（1）提出与接受变更申请。

（2）对变更的初审。

（3）变更方案论证。

（4）项目管理委员会审查。

（5）发出变更通知并组织实施。

（6）变更实施的监控。

（7）变更效果的评估。

（8）判断发生变更后的项目是否已纳入正常轨道。

【问题 3】答题思路解析及参考答案

一、答题思路解析

根据“答题思路总解析”中的阐述可知，该问题是一个纯理论性质的问题。根据变更的迫切性，变更可分为紧急变更和非紧急变更。变更管理过程涉及到的角色一般包括项目经理、团队骨干成员、监理工程师、CCB、建设方代表等。**（问题难度：★★★）**

二、参考答案

根据变更的迫切性，变更可分为（紧急变更）和（非紧急变更），通过不同流程处理。

变更管理过程涉及到的角色主要包括项目经理、（团队骨干成员）、（监理工程师）、（CCB）、（建设方代表）。

2017.11 试题三

【说明】阅读下列说明，回答问题 1 至问题 4，将解答填入答题纸的对应栏内。

案例描述及问题

甲公司中标一个城市轨道交通监控系统开发项目，公司领导决定启用新的技术骨干作为项目经理，任命研发部软件开发骨干小王为该项目的项目经理。

小王技术能力强，自己承担了该项目核心模块开发任务，自从项目管理计划发布以后，一直投身于自己的研发任务当中。除了项目阶段验收会之外，没有召开过任何项目例会，只是在项目出现问题时才召开项目临时会议。经过项目团队共同努力，该项目进展到系统测试阶段。

在系统测试前，发现该项目有一个指示灯显示模块开发进度严重滞后，小王立刻会同该模块负责人小李一起熬夜加班赶工，完成了该模块。

小王在项目绩效考核时，认为小李的工作态度不认真，给予较差评价并在项目团队内公布考核结果。小李认为自己连续熬夜加班，任务也已完成，觉得考核结果不公平，两人就此问题发生了严重冲突，小李因此消极怠工，甚至影响到了项目验收。

【问题 1】（11 分）

（1）基于以上案例，请指出小王在项目团队管理和沟通管理过程中的不恰当之处。

（2）针对小李在项目中的问题，请说明小王该如何预防和改进。

【问题 2】（4 分）

结合案例，说明项目经理小王应当重点学习哪些项目团队管理的方法。

【问题 3】（2 分）

结合案例中小王和小李的冲突，请指出他们之间的冲突属于________（从候选答案中选择一个正确选项，将该选项编号填入答题纸对应栏内）。

A．项目优先级冲突　　B．资源冲突　　C．个人冲突　　D．技术冲突

【问题 4】（6 分）

请简要描述项目冲突管理的方法。

答题思路总解析

从“案例描述及问题”中的相关信息很容易判断出，该案例分析题主要考查的是项目人力资源管理和项目沟通管理。“案例描述及问题”中画“～～”的文字是该项目已经出现的**问题**：即在系统测试前，发现该项目有一个指示灯显示模块开发进度严重滞后；小李认为自己连续熬夜加班，任务也已完成，觉得考核结果不公平，两人就此问题发生了严重冲突，小李因此消极怠工，甚至影响到了项目验收。根据这些问题和“案例描述及问题”中画“____”的文字并结合我们的项目管理经验，可以推断出：

（1）项目经理小王只有开发经验，项目管理经验不足（这一点从“任命研发部软件开发骨干

小王为该项目的项目经理”可以推导出）。

（2）项目经理小王用于项目管理特别是人力资源管理和沟通管理方面的时间太少（这点从“小王技术能力强，自己承担了该项目核心模块开发任务，自从项目管理计划发布以后，一直投身于自己的研发任务当中”可以推导出）。

（3）项目经理小王在项目管理过程中缺少有效的交流和沟通（这点从“除了项目阶段验收会之外，没有召开过任何项目例会，只是在项目出现问题时才召开项目临时会议”可以推导出）。

（4）没有建立科学合理的绩效评估标准（这点从“小王在项目绩效考核时，认为小李的工作态度不认真，给予较差评价并在项目团队内公布考核结果”可以推导出）。

（5）项目经理小王没有做好冲突管理。

（6）项目经理小王没有运用好人际关系处理技能（这两点从“小李认为自己连续熬夜加班，任务也已完成，觉得考核结果不公平，两人就此问题发生了严重冲突，小李因此消极怠工，甚至影响到了项目验收”可以推导出）。

（7）项目经理小王缺乏对项目的及时有效监控等是导致项目出现“在系统测试前，发现该项目有一个指示灯显示模块开发进度严重滞后；小李认为自己连续熬夜加班，任务也已完成，觉得考核结果不公平，两人就此问题发生了严重冲突，小李因此消极怠工，甚至影响到了项目验收”的主要**原因**。这些原因用于回答**【问题 1】**的第（1）小问，**【问题 1】**第（1）小问的解决方案，就是**【问题 1】**第（2）小问的答案。项目中项目经理小王没有做到的与项目团队管理相关的方面就是小王应该学习的方法，用于回答**【问题 2】**。把冲突管理的理论与案例相结合，就很容易回答**【问题 3】**。**【问题 4】**是纯理论性质的问题，与该案例关系不大。**（案例难度：★★★）**

【问题 1】答题思路解析及参考答案

一、答题思路解析

根据“答题思路总解析”中的阐述可知，小王在项目团队管理和沟通管理过程中的不恰当之处有：

（1）项目经理小王只有开发经验，项目管理经验不足。

（2）项目经理小王用于项目管理特别是人力资源管理和沟通管理方面的时间太少。

（3）项目经理小王在项目管理过程中缺少有效的交流和沟通。

（4）没有建立科学合理的绩效评估标准。

（5）项目经理小王没有做好冲突管理。

（6）项目经理小王没有运用好人际关系处理技能。

（7）项目经理小王缺乏对项目的及时有效监控。

以上不妥之处的解决方案，就是该问题第（2）小问的答案。**（问题难度：★★★）**

二、参考答案

（1）小王在项目团队管理和沟通管理过程中的不恰当之处有：

1）只有开发经验，项目管理经验不足。

2）用于项目管理特别是人力资源管理和沟通管理方面的时间太少。

3）在项目管理过程中缺少有效的交流和沟通。

4）没有建立科学合理的绩效评估标准。

5）没有做好冲突管理。

6）没有运用好人际关系处理技能。

7）缺乏对项目的及时有效监控。

（2）小王应该这样预防和改进：

1）应多学习项目管理知识。

2）应该尽快完成角色转变，将自己的主要时间和精力投入到项目管理方面。

3）在项目管理过程中要加强与项目团队成员的交流和沟通。

4）应该建立起科学合理的绩效评估标准。

5）应及早发现并管理好冲突。

6）掌握和运用好人际关系处理技能。

7）应加强项目的有效监控。

【问题2】答题思路解析及参考答案

一、答题思路解析

根据【问题1】第（1）小问中小王在项目团队管理和沟通管理过程中的不恰当之处，我们很容易发现，项目经理小王应当重点学习的项目团队管理的方法有：①观察和交谈；②冲突管理；③项目绩效评估；④人际关系软技能。**（问题难度：★★★）**

二、参考答案

项目经理小王应当重点学习的项目团队管理的方法有：观察和交谈、冲突管理、项目绩效评估、人际关系软技能。

【问题3】答题思路解析及参考答案

一、答题思路解析

根据“答题思路总解析”中的阐述，把冲突管理的理论与案例相结合可知，小王和小李之间的冲突，属于人际冲突，因此答案应该选“C”。**（问题难度：★★★）**

二、参考答案

C

【问题4】答题思路解析及参考答案

一、答题思路解析

根据“答题思路总解析”中的阐述，该问题是一个纯理论性质的问题。根据冲突管理的内容可知，项目冲突管理的方法有：撤退/回避、缓和/包容、妥协/调解、强迫/命令、合作/解决问题。**（问**

题难度：★★★）

二、参考答案

项目冲突管理的方法有：撤退/回避、缓和/包容、妥协/调解、强迫/命令、合作/解决问题。

2018.05 试题一

【说明】阅读下列说明，回答问题 1 至问题 4，将解答填入答题纸的对应栏内。

案例描述及问题

A 公司承接了某银行大型信息系统建设项目，任命张伟担任项目经理。该项目于 2017 年年初启动，预计 2018 年年底结束。

项目启动初期，张伟任命项目成员李明担任项目的质量管理员，专职负责质量管理，考虑到李明是团队中最资深的工程师，有丰富的实践经验，张伟给予李明充分授权，让他全权负责项目的质量管理。

得到授权后，李明制订了质量管理计划，内容包括每月进行质量抽查、每月进行质量指标分析、每半年进行一次内部审核等工作。

2017 年 7 月份，在向客户进行半年度工作汇报时，客户表示对项目的不满，一是项目进度比预期滞后，二是项目的阶段交付物不能满足合同中的质量要求。

由于质量管理工作由李明全权负责，张伟并不清楚究竟发生了什么问题，因此，他找李明进行了沟通，得到两点反馈：

1．在每月进行质量检查时，李明总能发现一些不符合项。每次都口头通知了当事人，但当事人并没有当回事，同样的错误不断重复出现；

2．李明认为质量管理工作太得罪人，自己不想继续负责这项工作。

接着，张伟与项目组其他成员也进行了沟通，也得到两点反馈：

1．李明月度检查工作的颗粒度不一致。针对他熟悉的领域，会检查得很仔细；针对不熟悉的领域，则一带而过；

2．项目组成员普遍认为：在项目重要里程碑节点进行检查即可，没必要每月进行检查。

【问题 1】（6 分）

结合案例，请分析该项目质量管理过程中有哪些做得好的地方。

【问题 2】（10 分）

结合案例，请分析该项目质量管理过程中存在哪些问题。

【问题 3】（6 分）

请简述 ISO 9000 质量管理的原则。

【问题 4】（5 分）

请将下面（1）～（5）处的答案填写在答题纸的对应栏内。

国家标准（GB/T 19000 2008）对质量的定义为：一组__（1）__满足要求的程度。

质量管理是指确定__（2）__、目标和职责，并通过质量体系中的质量管理过程来使其实现所有管理职能的全部活动。

在质量管理的技术和工具中，__（3）__用来显示在一个或多个输入转化成一个或多个输出的过程中，所需要的步骤顺序和可能分支；__（4）__用于识别造成大多数问题的少数重要原因；__（5）__可以显示两个变量之间是否有关系，一条斜线上的数据点距离越近，两个变量之间的相关性越密切。

答题思路总解析

从“案例描述及问题”中的相关信息很容易判断出，该案例分析题主要考查的是项目质量管理。“案例描述及问题”中画“~~~~~”的文字是该项目已经出现的**问题**：即客户表示对项目的不满，一是项目进度比预期滞后，二是项目的阶段交付物不能满足合同中的质量要求。根据这些问题和“案例描述及问题”中画“____”的文字并结合我们的项目管理经验，可以推断出：

（1）李明虽然是资深的技术工程师，但在质量管理方面的技能和经验都不足。

（2）缺乏严谨的质量标准和质量规范，质量检查的随意性大（这两点从“李明是团队中最资深的工程师，有丰富的实践经验”和“李明月度检查工作的颗粒度不一致。针对他熟悉的领域，会检查得很仔细；针对不熟悉的领域，则一带而过”可以推导出）。

（3）李明本人对质量工程师的职责和价值认识不到位（这点从“李明认为质量管理工作太得罪人，自己不想继续负责这项工作”可以推导出）。

（4）张伟缺少对项目质量工作的指导与监督（这点从“质量管理工作由李明全权负责，张伟并不清楚究竟发生了什么问题”可以推导出）。

（5）项目经理张伟对项目组成员质量意识方面的培训不够。

（6）项目组成员缺乏质量意识，对质量管理不重视（这两点从“项目组成员普遍认为：在项目重要里程碑节点进行检查即可，没必要每月进行检查”可以推导出）。

（7）质量控制不到位，产出物没有达到合同中的质量要求（这点从“项目的阶段交付物不能满足合同中的质量要求”可以推导出）等是导致项目出现“客户表示对项目的不满，一是项目进度比预期滞后，二是项目的阶段交付物不能满足合同中的质量要求”的主要**原因**（用于回答**【问题 2】**）。在以往的案例分析考试中，一般都是需要考生找项目管理做得不好的方面，而该案例的**【问题 1】**需要我们找项目质量管理方面做得好的地方。该项目在质量管理过程中做得好的地方主要有：①指派了专人担任项目质量管理员（这点从“张伟任命项目成员李明担任项目的质量管理员，专职负责质量管理”可以推导出）；②制订了项目质量管理计划（这点从“李明制订了质量管理计划”可以推导出）；③在项目执行过程中进行了质量检查（这点从“每月进行质量检查”可以推导出）。**【问题 3】**和**【问题 4】**是纯理论性质的问题，与本案例关系不大。**（案例难度：★★★）**

【问题1】答题思路解析及参考答案

一、答题思路解析

根据“答题思路总解析”中的阐述可知，该项目在质量管理方面做得好的地方主要有三点：①指派了专人担任项目质量管理员；②制订了项目质量管理计划；③在项目执行过程中进行了质量检查。**（问题难度：★★★）**

二、参考答案

该项目在质量管理方面做得好的地方有：

（1）指派了专人担任项目质量管理员。

（2）制订了项目质量管理计划。

（3）在项目执行过程中进行了质量检查。

【问题2】答题思路解析及参考答案

一、答题思路解析

根据“答题思路总解析”中的阐述可知，该项目在质量管理方面存在的问题有：

（1）李明虽然是资深的技术工程师，但在质量管理方面的技能和经验都不足。

（2）缺乏严谨的质量标准和质量规范，质量检查的随意性大。

（3）李明本人对质量工程师的职责和价值认识不到位。

（4）张伟缺少对项目质量工作的指导与监督。

（5）项目经理张伟对项目组成员质量意识方面的培训不够。

（6）项目组成员缺乏质量意识，对质量管理不重视。

（7）质量控制不到位，产出物没有达到合同中的质量要求。**（问题难度：★★★）**

二、参考答案

该项目在质量管理方面存在的问题有：

（1）李明虽然是资深的技术工程师，但在质量管理方面的技能和经验都不足。

（2）缺乏严谨的质量标准和质量规范，质量检查的随意性大。

（3）李明本人对质量工程师的职责和价值认识不到位。

（4）张伟缺少对项目质量工作的指导与监督。

（5）项目经理张伟对项目组成员质量意识方面的培训不够。

（6）项目组成员缺乏质量意识，对质量管理不重视。

（7）质量控制不到位，产出物没有达到合同中的质量要求。

【问题3】答题思路解析及参考答案

一、答题思路解析

根据“答题思路总解析”中的阐述可知，该问题是一个纯理论性质的问题，ISO 9000 质量管理的 8 项原则：以顾客为中心、领导主导、全员参与、过程方法、系统方法、持续改进、基于事实的决策方法和互惠互利的供应商关系。**（问题难度：★★★）**

二、参考答案

ISO 9000 质量管理的原则：

以顾客为中心、领导主导、全员参与、过程方法、系统方法、持续改进、基于事实的决策方法和互惠互利的供应商关系。

【问题 4】答题思路解析及参考答案

一、答题思路解析

根据“答题思路总解析”中的阐述可知，该问题是一个纯理论性质的问题。**（问题难度：★★★）**

二、参考答案

国家标准（GB/T 19000 2008）对质量的定义为：一组（固有特性）满足要求的程度。

质量管理是指确定（质量方针）、目标和职责，并通过质量体系中的质量管理过程来使其实现所有管理职能的全部活动。

在质量管理的技术和工具中，（流程图）用来显示在一个或多个输入转化成一个或多个输出的过程中，所需要的步骤顺序和可能分支；（帕累托图）用于识别造成大多数问题的少数重要原因；（散点图）可以显示两个变量之间是否有关系，一条斜线上的数据点距离越近，两个变量之间的相关性越密切。

2018.05 试题三

【说明】阅读下列说明，回答问题 1 至问题 4，将解答填入答题纸的对应栏内。

案例描述及问题

A 公司是一家为快消行业提供 APP 开发解决方案的软件企业。项目经理范工承接了一个开发鲜花配送 APP 的项目，项目需求非常明确，此前 A 公司承接过一个类似的项目，做得很成功，项目结束后人员已经分派到其他项目组。经过认真考虑反复论证后范工决定采用虚拟团队方式搭建项目组，项目架构师由一位脚踝骨折正在家修养的资深工程师担任，开发团队依据项目模块的技术特点分别选择了西安和南京的两个有经验的项目小组，测试交给了美国旧金山分部的印度籍测试员 Lisa，其他成员均在北京总部的公司内部选拔。项目经理范工编制了人力资源管理计划并下发给每个成员以便他们了解自己的工作任务和进度安排。

项目刚进入设计阶段，开发团队在 APP 的测试部署方式和时间上与 Lisa 发生了争执，南京开发团队没有跟项目经理范工沟通就直接将问题汇报给了当地的执行总经理王总。王总批评了范工，范工虽然觉得非常委屈，但还是立即召集了包括架构师在内的相关人员召开紧急电话会议。会上多方言辞激烈，终于确定了一套开发团队和测试团队都觉得可行的部署方案。

【问题 1】（6 分）

结合案例，请从项目团队管理的角度说明本项目采用虚拟团队形式的利与弊。

【问题 2】（5 分）

请简述项目人力资源管理计划的内容和主要的输入、输出。

【问题 3】（2 分）

请将下面（1）～（2）处的答案填写在答题纸的对应栏内。

结合案例，A 公司范工带领的项目团队已经度过了项目团队建设的___（1）___阶段，正在经历震荡阶段的考验，即将步入___（2）___阶段。

【问题 4】（8 分）

请简述项目冲突的特点和解决的方法。结合案例，你认为项目经理范工采用了哪种方法？

答题思路总解析

从“案例描述及问题”中的相关信息很容易判断出，该案例分析题主要考查的是项目人力资源管理。本案例既不需要找项目管理方面的问题，也不需要找项目管理方面的解决方案，因此本案例不适合采用“找问题”“找原因”和“找解决方案”的“三找”方法来解题。**【问题 1】**需要结合理论和我们的工作经验来回答，与本案例关系不大（虽然问题中提到结合案例回答）；**【问题 2】**基本属于纯理论性质的问题，与本案例关系不大；**【问题 3】**需要将团队发展的理论（即塔克曼阶梯理论）与案例实际情况相结合来回答；**【问题 4】**的前半部分也是纯理论性质的问题，后半部分则需要根据案例找出项目经理范工采用了哪种冲突处理方法。**（案例难度：★★★）**

【问题 1】答题思路解析及参考答案

一、答题思路解析

根据“答题思路总解析”中的阐述可知，**【问题 1】**需要结合理论和我们的工作经验来回答，与本案例关系不大。首先，需要知道，虚拟团队实际上就是项目组成员分散在各地，几乎很少在同一个地方办公，因此不能面对面沟通和交流的团队。结合我们的工作经验，不难提炼出虚拟团队的利与弊。采用虚拟团队的好处主要有：

（1）项目组成员的选择面会更广（因为可以不受地域限制选择项目组成员）。

（2）更容易满足项目组对成员能力的要求（因为不局限于在某一个地方选择项目组成员）。

（3）项目组成员办公方式灵活、自由。

（4）能充分利用人力资源（如那些行动不便的人就可以选择在家办公）。

（5）由于不用集中办公，能节省差旅等办公成本。

采用虚拟团队的弊端主要有：

（1）由于项目组成员不能集中办公，不利于团队建设。

（2）缺乏面对面交流，容易产生误解。

（3）项目组成员不容易感受到团队的温暖，容易产生孤立感。

（4）团队成员之间的知识和经验得不到及时、有效的分享。**（问题难度：★★★）**

二、参考答案

本案例采用虚拟团队形式的利与弊：

利：

（1）项目组成员的选择面会更广（因为可以不受地域限制选择项目组成员）。

（2）更容易满足项目组对成员能力的要求（因为不局限于在某一个地方选择项目组成员）。

（3）项目组成员办公方式灵活、自由。

（4）能充分利用人力资源（如那些行动不便的人就可以选择在家办公）。

（5）由于不用集中办公，能节省差旅等办公成本。

弊：

（1）由于项目组成员不能集中办公，不利于团队建设。

（2）缺乏面对面交流，容易产生误解。

（3）项目组成员不容易感受到团队的温暖，容易产生孤立感。

（4）团队成员之间的知识和经验得不到及时、有效的分享。

【问题 2】答题思路解析及参考答案

一、答题思路解析

根据“答题思路总解析”中的阐述可知，该问题是一个纯理论性质的问题。考查的是考生对规划人力资源管理这一过程的掌握程度。读者如果对规划人力资源管理过程的输入、输出以及人力资源管理计划的主要内容比较熟悉，本题就容易回答。**（问题难度：★★★）**

二、参考答案

人力资源计划的主要内容有：①团队成员的角色和职责分配；②项目组织结构图；③人员配备管理计划。

编制人力资源计划过程的输入：项目管理计划、活动资源需求、事业环境因素和组织过程资产。

编制人力资源计划过程的输出：人力资源管理计划。

【问题 3】答题思路解析及参考答案

一、答题思路解析

根据“答题思路总解析”中的阐述可知，该问题是一个理论结合案例本身来回答的问题。根据塔克曼阶梯理论可知，团队发展的五个阶段分别是：形成阶段、震荡阶段、规范阶段、发挥阶段和解散阶段。结合案例很容易知道，A 公司范工带领的项目团队已经度过了项目团队建设的（形成）阶段，正在经历震荡阶段的考验，即将步入（规范）阶段。**（问题难度：★★★）**

二、参考答案

A 公司范工带领的项目团队已经度过了项目团队建设的（形成）阶段，正在经历震荡阶段的考验，即将步入（规范）阶段。

【问题 4】答题思路解析及参考答案

一、答题思路解析

根据“答题思路总解析”中的阐述可知，该问题的前半部分是一个纯理论性质的问题。冲突的特点主要有：

（1）冲突是团队存在的自然产物，是不可避免的。

（2）冲突管理得当的话，可提高创造力。

（3）应该公开处理冲突。

（4）解决冲突，应该着眼于问题，而不是人身攻击。

冲突的解决方法有：合作/解决问题、强迫/命令、妥协/调解、缓和/包容、撤退/回避。结合案例可知，项目经理范工采用的方法主要是合作/解决问题的冲突处理方法（这点从“范工虽然觉得非常委屈，但还是立即召集了包括架构师在内的相关人员召开紧急电话会议。会上多方言辞激烈，终于确定了一套开发团队和测试团队都觉得可行的部署方案”可以推导出）。**（问题难度：★★★）**

二、参考答案

冲突的特点主要有：

（1）冲突是团队存在的自然产物，是不可避免的。

（2）冲突管理得当的话，可提高创造力。

（3）应该公开处理冲突。

（4）解决冲突，应该着眼于问题，而不是人身攻击。

冲突的解决方法有：合作/解决问题、强迫/命令、妥协/调解、缓和/包容、撤退/回避。

项目经理范工采用的方法主要是合作/解决问题。

2018.11 试题一

【说明】阅读下列说明，回答问题 1 至问题 4，将解答填入答题纸的对应栏内。

案例描述及问题

2018 年 1 月，某系统集成公司中标本市某地铁线路的列车乘客信息系统项目，内容包括地铁公司运营中心节目控制软件、地铁列车节目接受软件以及服务器、播放终端等硬件设施的搭建工作。

公司任命小陈为项目经理，并从各部门抽调了经验丰富的工程师组成了项目团队。小陈依据过去多年从事会议场所多媒体播控系统的经验，自己编写了项目范围说明书，并依此创建了 WBS 和 WBS 词典，形成项目范围基准。在项目实施过程中，由于与供应解码设备的厂商发生合同纠纷，项目组不得不重新寻找新的合作厂商，并针对新的解码设备，重新开发接口软件，导致项目工期拖延。客户针对播放控制软件，要求增加断点续传的功能，开发人员认为工作量不大就自行增加了该功能。项目测试时，小陈发现与之前做的项目不同，地铁运行时数据是通过车的无线网络传输，带宽有限，网络丢包现象严重，导致视频节目播放时，经常卡顿，马赛克现象严重，究其原因发现是WBS 中解决该问题的软件模块没有开发。验收时，客户对项目执行情况很不满意，小陈觉得客户吹毛求疵与客户发生了争执，导致客户向公司高层投诉。

【问题 1】（10 分）

结合案例，请分析该项目在范围管理方面存在哪些问题。

【问题 2】（6 分）

结合案例，请分析该项目在范围管理之外，还存在哪些问题。

【问题 3】（5 分）

分解是一种将项目可交付成果和项目工作分解成较小的、更易于管理的组件的技术，请指出要将整个项目分解为工作包，需要开展哪些主要活动。

【问题 4】（4 分）

从候选答案中选择四个正确选项，将该选项编号填入答题纸对应栏内（所选答案多于四个该题得 0 分）。

规划范围管理过程的输入是（　　）。

A．需求管理计划　　B．项目章程　　C．项目范围说明书　D．经验教训知识库
E．项目管理计划　　F．工作绩效数据　　G．人事管理制度

答题思路总解析

从“案例描述及问题”中的相关信息很容易判断出，该案例分析题主要考查的是项目范围管理。“案例描述及问题”中画“______”的文字是该项目已经出现的**问题**：即工期拖延、网络丢包现象严重，视频节目播放时经常卡顿、马赛克现象严重，客户对项目执行情况很不满意，客户向公司高层投诉。根据这些问题和“案例描述及问题”中画“____”的文字并结合我们的项目管理经验，可以推断出：

（1）定义范围存在问题，项目范围说明书只是由小陈一个人编写，没有让项目组成员参与（这一点从“小陈依据过去多年从事会议场所多媒体播控系统的经验，自己编写了项目范围说明书”可以推导出）。

（2）WBS 分解之后，没有经过评审，项目范围说明书也没有经过客户签字确认（这两点从“依此创建了 WBS 和 WBS 词典，形成项目范围基准”可以推导出）。

（3）对供应商的管理不到位，导致合同纠纷（这点从“与供应解码设备的厂商发生合同纠纷”可以推导出）。

（4）进度控制不力，导致项目进度拖延（这点从“导致项目工期拖延”可以推导出）。

（5）范围变更没有走变更控制流程（这点从“开发人员认为工作量不大就自行增加了该功能”可以推导出）。

（6）需求调研不充分（这点从“项目测试时，小陈发现与之前做的项目不同，地铁运行时数据是通过车的无线网络传输”可以推导出）。

（7）质量管理存在问题（这点从“网络丢包现象严重，导致视频节目播放时，经常卡顿，马赛克现象严重”可以推导出）。

（8）项目监控方面存在问题，WBS 中已定义的功能没有被开发（这点从“发现是 WBS 中解决该问题的软件模块没有开发”可以推导出）。

（9）项目经理小陈与客户的沟通方式不当（这点从“客户对项目执行情况很不满意，小陈与客户发生了争执，客户向公司高层投诉”可以推导出）等是导致项目出现“工期拖延、网络丢包现象严重，视频节目播放时经常卡顿、马赛克现象严重，客户对项目执行情况很不满意，客户向公司高层投诉”的主要**原因**（用于回答**【问题 1】**和**【问题 2】**）。**【问题 3】**和**【问题 4】**是纯理论性质的问题，与本案例关系不大。**（案例难度：★★★）**

【问题 1】答题思路解析及参考答案

一、答题思路解析

根据“答题思路总解析”中的阐述可知，该项目在范围管理方面存在的问题有：

（1）需求调研不充分。

（2）定义范围存在问题，项目范围说明书只是由小陈一个人编写，没有让项目组成员参与。

（3）WBS 分解之后，没有经过评审。

（4）项目范围说明书也没有经过客户签字确认。

（5）范围变更没有走变更控制流程。**（问题难度：★★★）**

二、参考答案

该项目在范围管理方面存在的问题有：

（1）需求调研不充分。

（2）定义范围存在问题，项目范围说明书只是由小陈一个人编写，没有让项目组成员参与。

（3）WBS 分解之后，没有经过评审。

（4）项目范围说明书也没有经过客户签字确认。

（5）范围变更没有走变更控制流程。

【问题 2】答题思路解析及参考答案

一、答题思路解析

根据“答题思路总解析”中的阐述可知，该项目在其他方面存在的问题有：

（1）对供应商的管理不到位，导致合同纠纷。

（2）进度控制不力，导致项目进度拖延。

（3）质量管理存在问题，导致视频节目播放时经常卡顿、马赛克现象严重。

（4）项目监控方面存在问题，WBS 中已定义的功能没有被开发。

（5）项目经理小陈与客户的沟通方式不当。**（问题难度：★★★）**

二、参考答案

该项目在范围管理之外，还存在如下问题：

（1）对供应商的管理不到位，导致合同纠纷。

（2）进度控制不力，导致项目进度拖延。

（3）质量管理存在问题，导致视频节目播放时经常卡顿、马赛克现象严重。

（4）项目监控方面存在问题，WBS 中已定义的功能没有被开发。

（5）项目经理小陈与客户的沟通方式不当。

【问题 3】答题思路解析及参考答案

一、答题思路解析

根据“答题思路总解析”中的阐述可知，该问题是一个纯理论性质的问题，读者如果对创建 WBS 这个过程比较熟悉，就很容易回答。**（问题难度：★★★）**

二、参考答案

将整个项目分解为工作包，需要开展三项主要活动：

（1）识别和分析该项目的可交付成果及相关工作。

（2）确定和选择 WBS 的编制模板和方法。

（3）按项目范围说明书把 WBS 分解到可估算、可分工和可控制的粒度。

【问题 4】答题思路解析及参考答案

一、答题思路解析

根据“答题思路总解析”中的阐述可知，该问题是一个纯理论性质的问题，读者如果对规划范围管理过程的输入比较熟悉，就很容易回答。**（问题难度：★★★）**

二、参考答案

规划范围管理过程的输入是（B、D、E、G）（其中 D 项属于组织过程资产，G 项属于事业环境因素）。

2018.11 试题三

【说明】阅读下列说明，回答问题 1 至问题 4，将解答填入答题纸的对应栏内。

案例描述及问题

A 公司准备研发一款手机无线充电器，项目启动时间为 2018 年 1 月，项目整体交付时间为 2018 年 6 月。按照资源配置和专业分工，公司将项目初步拆分为 7 个项目组，其中，项目组 A～C 负责产品主体研发和生产，项目组 E 和 F 关注产品规格和外观设计，项目组 D 负责技术攻关，项目组 G 关注功能性附件。2018 年 2 月，核心芯片采购遇到困难，为了不影响整体进度，又单独成立了

H 组负责研究可替代芯片的选型和采购。

同时公司专门成立了副总经理牵头的协调小组负责管理这 8 个启动时间不一、关键节点不一却又内部互有关联的项目。

【问题 1】（9 分）

（1）请简述项目管理、项目集管理和项目组合管理的概念。

（2）结合案例，分析该项目适合用哪种方式进行管理，并简述理由。

【问题 2】（6 分）

结合案例，从变更、计划、监控三个属性上阐述项目组 A 的项目经理与协同小组职责的差异。

【问题 3】（3 分）

项目组合治理管理包括：制订项目诸管理计划、__（1）__、__（2）__、__（3）__和执行项目监督 5 个子过程。

A．定义项目组合　　B．分配项目组合资源

C．优化项目组合　　D．批准项目组合

E．制订项目组合预算

【问题 4】（5 分）

请判断以下描述是否正确：

（1）项目集内的所有项目通过共同的目标相关联，该目标对发起组织而言具有非常重要的战略意义。（　）

（2）项目集目标可以是短期的，也可以是长期的，可以是定性的，也可以是定量可管理的。（　）

（3）为了获得有效资源，组织应该为每一个项目集提前分配固定的资源池。（　）

（4）可以根据项目集收益的实现情况将项目集生命周期划分为项目集定义阶段、项目集收益交付阶段和项目集收尾阶段三个过程。（　）

（5）项目集管理过程中，增加了绩效域这一个新概念，重点关注项目集的战略、构建和治理等方面。（　）

答题思路总解析

本案例，说难也难；说容易也容易。说它难，是因为本案例考到了项目集管理和项目组合管理，如果读者对项目集管理和项目组合管理的了解甚少就很难；但本案例其实只考到了项目集管理和项目组合管理的基本概念和基本理论框架，如果读者对项目集管理和项目组合管理有基本认知，则本案例就比较容易。本案例是一般叙述性案例，没有描述案例中存在哪些问题，所以不能用“找问题”“找原因”和“找解决方案”的“三找”法则来解题。**【问题 1】**中的第（1）小问，是纯理论性质的问题，与案例本身没什么关系，只要知道项目管理、项目集管理和项目组合管理的概念就能答对。**【问题 1】**中的第（2）小问，只要抓住了“案例描述及问题”中的关键词“**内部互有关联的项目**”，就知道该项目适合用项目集管理，因为项目集就是一组相关联的项目。**【问题 2】**也同样是一个纯理

论性质的问题，**【问题 2】**中提到的协调小组负责管理的内容，就相当于项目集管理。**【问题 3】**也是纯理论性质的问题，由项目组合治理管理知识领域包括的 5 个过程：制订项目组合管理计划、定义项目组合、优化项目组合、授权项目组合和规定项目组合监督可知，本问题的正确答案应该选择 A（定义项目组合）、C（优化项目组合）和 D（批准项目组合）。**【问题 4】**也是纯理论性质的问题，读者如果对项目集和项目集管理有基本的了解，就容易判断对错了。**（案例难度：★★★★）**

【问题 1】答题思路解析及参考答案

一、答题思路解析

根据“答题思路总解析”中的阐述可知，该问题是一个纯理论性质的问题。项目管理、项目集管理和项目组合管理的定义，就是第（1）问的答案。掌握了“项目集内的组件通过共同成果或一系列集合收益的交付**相关联**”这句话，则第（2）小问很容易回答正确。**（问题难度：★★★）**

二、参考答案

（1）项目管理是将知识、技能、工具与技术应用于项目活动，以满足项目的要求；项目集管理是将知识、技能、工具与技术应用于项目集，以满足项目集要求并获取单独管理这些项目时无法获取的收益与控制；项目组合管理是为实现战略目标，把项目、项目集、子项目组合和运营工作按照一组的方式来进行管理。

（2）该项目适合采用项目集的方式来管理。因为项目集是经过协调管理以获取单独管理所无法取得的收益的一组相关联的项目、子项目集和项目集活动；本案例中提到，8 个项目内部互有关联。

【问题 2】答题思路解析及参考答案

一、答题思路解析

根据“答题思路总解析”中的阐述可知，该问题是一个纯理论性质的问题。项目、项目集和项目组合在变更、计划、监控等多方面的差异就是本问题的答案。**（问题难度：★★★）**

二、参考答案

我们可以把协同小组的负责人看作是项目集经理。因此：

在变更方面：项目组 A 的项目经理应该尽量让变更最小化；协同小组要预测并拥抱变更。

在计划方面：项目组的项目经理为交付物提供详细的项目计划；协同小组为详细的项目计划提供高层指导。

在监控方面：项目组 A 的项目经理监控项目 A 的交付物和工作；协同小组在治理框架下，监控项目工作并协助项目经理 A 处理一些重大问题。

【问题 3】答题思路解析及参考答案

一、答题思路解析

根据“答题思路总解析”中的阐述可知，该问题也是一个纯理论性质的问题。从项目组合治理管理知识领域包括的 5 个过程：制订项目组合管理计划、定义项目组合、优化项目组合、授权项目组合和规定项目组合监督可知，本问题的正确答案应该选择 A（定义项目组合）、C（优化项目组合）和 D（批准项目组合）。**（问题难度：★★★★）**

二、参考答案

A、C、D。

【问题 4】答题思路解析及参考答案

一、答题思路解析

根据“答题思路总解析”中的阐述可知，该问题还是一个纯理论性质的问题。可以用项目集和项目集管理的知识来作判断。（1）是正确的；目标必须定量，所以（2）错误；资源是动态分配的，所以（3）错误；（4）正确，严谨的表达应该是三个阶段，而不是三个过程；（5）是正确的。**（问题难度：★★★）**

二、参考答案

（1）项目集内的所有项目通过共同的目标相关联，该目标对发起组织而言具有非常重要的战略意义。（√）

（2）项目集目标可以是短期的，也可以是长期的，可以是定性的，也可以是定量可管理的。（×）

（3）为了获得有效资源，组织应该为每一个项目集提前分配固定的资源池。（×）

（4）可以根据项目集收益的实现情况将项目集生命周期划分为项目集定义阶段、项目集收益交付阶段和项目集收尾阶段三个过程。（√）

（5）项目集管理过程中，增加了绩效域这一个新概念，重点关注项目集的战略、构建和治理等方面。（√）

2019.05 试题一

【说明】阅读下列说明，回答问题 1 至问题 4，将解答填入答题纸的对应栏内。

案例描述及问题

A 公司中标某金融机构甲方位于北京的数据中心运行维护项目，并签署了运维合同。合同明确了运维对象包括服务器、存储及网络等设备，并约定：核心系统备件 4 小时到场；非核心系统备件 24 小时到场；80%以上备件需满足上述时效承诺，否则视为违约。

A 公司任命小张担任该项目的项目经理，为了确保满足服务承诺，小张在北京建立了备件库，招聘了专职备件管理员及库房管理员，考虑到备件成本较高，无法将服务器、存储和网络设备的所有备件都进行储备，备件管理员选择了一些价格较低的备件列入“备件采购清单”，并经小张批准后交给了采购部。随后，采购部通过网站搜索发现 B 公司能够提供项目所需全部备件且价格较低，于是确定 B 公司作为备件供应商并签署了备件采购合同。

项目实施三个月后，甲方向公司投诉，一是部分核心系统备件未能按时到场，二是部分备件加电异常，虽然补发了备件，但是影响了系统正常运行。

针对备件未能按时到场的问题，小张通过现场工程师了解到：一是部分核心系统备件没有储备；二是部分备件在库存信息中显示有库存，但调取时却找不到。为此需要临时从 B 公司采购，延误了备件到场时间。

针对备件加电异常的问题，小张召集采购部、库房管理员、B 公司召开沟通会议，库房管理员认为B 公司提供的备件质量存在严重问题，但无法提供相应证据。B 公司则认为，供货没有问题，是库房环境问题导致备件异常，因为B 公司人员送备件到库房时曾多次发现库房温度、湿度超标。采购部人员观点与库房管理员一致，原因是采购部通过查询政府采购网等多家网站发现，B 公司去年存在多项失信行为记录，大家各执一词，会议无法达成共识。

【问题 1】（5 分）

请说明采购管理的主要步骤。

【问题 2】（12 分）

结合案例，请指出该项目采购管理中存在的问题。

【问题 3】（3 分）

请简述采购货物入库的三个条件。

【问题 4】（7 分）

请将下面（1）～（7）处的答案填写在答题纸的对应栏内。

供应商选择的三大主要因素是供应商的__（1）__、__（2）__和__（3）__。

经进货验证确定为不合格的产品，应采取的处理包括退货、__（4）__和__（5）__。

采购需求通常包括标的物的配置、性能、数量、服务等，其中__（6）__和__（7）__最为关键。

答题思路总解析

从“案例描述及问题”中的相关信息很容易判断出，该案例分析题主要考查的是项目采购管理。“案例描述及问题”中画“～～～”的文字是该项目已经出现的**问题**：即部分核心系统备件未能按时到场，部分备件加电异常，虽然补发了备件，但是影响了系统正常运行。根据这些问题和“案例描述及问题”中画“____”的文字并结合我们的项目管理经验，可以推断出：

（1）没有编制采购管理计划，只列了一个采购清单，采购规划工作做得不完善，没有合适的采购计划用于指导采购工作。

（2）供应商选择存在问题，仅以价格最低为标准选择供应商。

（3）实施采购存在问题，没有进行必要的询价比较和谈判就签订了采购合同（这三点从“备件管理员选择了一些价格较低的备件列入“备件采购清单”，并经小张批准后交给了采购部”可以推导出）。

（4）供应商存在多项失信行为，说明 A 公司没有对供应商进行认真甄选（这点从“采购部通过查询政府采购网等多家网站发现，B 公司去年存在多项失信行为记录”可以推导出）。

（5）控制采购存在问题，所采购设备没有按时到场（这点从“部分核心系统备件未能按时到场”和“部分核心系统备件没有储备”可以推导出）。

（6）对采购的备件没有进行验收（这点从“库房管理员认为B公司提供的备件质量存在严重问题，但无法提供相应证据”可以推导出）。

（7）备件管理不规范（这点从“部分备件在库存信息中显示有库存，但调取时却找不到”可以推导出）。

（8）没有控制好备件库的环境（这点从“库房环境问题导致备件异常，因为B公司人员送备件到库房时曾多次发现库房温度、湿度超标”可以推导出）。

（9）采购合同存在问题，对相关违约责任没有定义清楚（这点从“大家各执一词，会议无法达成共识”可以推导出）等是导致项目出现“部分核心系统备件未能按时到场，部分备件加电异常，虽然补发了备件，但是影响了系统正常运行”的主要**原因**（用于回答**【问题2】**）。该案例的**【问题1】**需要说明采购管理的主要步骤，这是一个纯理论性质的问题，可以把采购管理的四个过程：规划采购管理、实施采购、控制采购和结束采购展开进行描述，也可以按采购管理的八个步骤来回答。**【问题3】**也是一个纯理论性质的问题，采购货物入库的三个条件：①采购产品验证完毕后，检验合格的产品，“进货检验记录单”作为办理入库的条件之一；②库房核对采购设备对应项目准确无误，作为办理入库的条件之二；③供应商提供的运货单或者到货证明，作为办理入库的条件之三。**【问题4】**同样是纯理论性质的问题，供应商选择的三大主要因素是供应商的产品价格、质量和服务；经进货验证确定为不合格的产品，应采取的处理包括退货、调换和降级改作他用；采购需求通常包括标的物的配置、性能、数量、服务等，其中配置和性能最为关键。如果读者对相关内容比较熟悉，本问题就容易回答，否则难度较大。**（案例难度：★★★★）**

【问题1】答题思路解析及参考答案

一、答题思路解析

根据“答题思路总解析”中的阐述可知，该问题是一个纯理论性质的问题。可以从采购管理的四个过程：规划采购管理、实施采购、控制采购和结束采购的角度来展开描述，也可以按采购管理的八个步骤来回答。**（问题难度：★★★）**

二、参考答案

采购管理的主要步骤：

（1）需求确定与采购计划的制订。

（2）供应商的搜寻与分析。

（3）定价。

（4）拟定并发出定单。

（5）定单的跟踪和跟催。

（6）验货和收货。

（7）开票和支付货款。

（8）记录管理。

【问题 2】答题思路解析及参考答案

一、答题思路解析

根据“答题思路总解析”中的阐述可知，该项目在采购管理方面存在的问题有：

（1）没有编制采购管理计划，只列了一个采购清单，采购规划工作做得不完善，没有合适的采购计划用于指导采购工作。

（2）供应商选择存在问题，仅以价格最低为标准选择供应商。

（3）实施采购存在问题，没有进行必要的询价比较和谈判就签订了采购合同。

（4）供应商存在多项失信行为，说明 A 公司没有对供应商进行认真甄选。

（5）控制采购存在问题，所采购设备没有按时到场。

（6）对采购的备件没有进行验收。

（7）备件管理不规范。

（8）没有控制好备件库的环境。

（9）采购合同存在问题，对相关违约责任没有定义清楚。**（问题难度：★★★）**

二、参考答案

该项目在采购管理方面存在的问题有：

（1）没有编制采购管理计划，只列了一个采购清单，采购规划工作做得不完善，没有合适的采购计划用于指导采购工作。

（2）供应商选择存在问题，仅以价格最低为标准选择供应商。

（3）实施采购存在问题，没有进行必要的询价比较和谈判就签订了采购合同。

（4）供应商存在多项失信行为，说明 A 公司没有对供应商进行认真甄选。

（5）控制采购存在问题，所采购设备没有按时到场。

（6）对采购的备件没有进行验收。

（7）备件管理不规范。

（8）没有控制好备件库的环境。

（9）采购合同存在问题，对相关违约责任没有定义清楚。

【问题 3】答题思路解析及参考答案

一、答题思路解析

根据“答题思路总解析”中的阐述可知，该问题是一个纯理论性质的问题，采购货物入库的三个条件：

（1）采购产品验证完毕后，检验合格的产品，“进货检验记录单”作为办理入库的条件之一。

（2）库房核对采购设备对应项目准确无误，作为办理入库的条件之二。

（3）供应商提供的运货单或者到货证明，作为办理入库的条件之三。**（问题难度：★★★★）**

二、参考答案

采购货物入库的三个条件：

（1）采购产品验证完毕后，检验合格的产品，“进货检验记录单”作为办理入库的条件之一。

（2）库房核对采购设备对应项目准确无误，作为办理入库的条件之二。

（3）供应商提供的运货单或者到货证明，作为办理入库的条件之三。

【问题 4】答题思路解析及参考答案

一、答题思路解析

根据“答题思路总解析”中的阐述可知，该问题是一个纯理论性质的问题，供应商选择的三大主要因素是供应商的产品价格、质量和服务；经进货验证确定为不合格的产品，应采取的处理包括退货、调换和降级改作他用；采购需求通常包括标的物的配置、性能、数量、服务等，其中配置和性能最为关键。**（问题难度：★★★★）**

二、参考答案

供应商选择的三大主要因素是供应商的（产品价格）、（质量）和（服务）。

经进货验证确定为不合格的产品，应采取的处理包括退货、（调换）和（降级改作他用）。

采购需求通常包括标的物的配置、性能、数量、服务等，其中（配置）和（性能）最为关键。

2019.05 试题三

【说明】阅读下列说明，回答问题 1 至问题 4，将解答填入答题纸的对应栏内。

案例描述及问题

2018 年 7 月某信息系统公司中标当地司法部门语音转写项目，任命小陈为项目经理。小陈组建了项目组，制订了项目范围说明书，并获得了客户确认。为了激励成员，小陈向公司申请了项目奖金。项目进行过程中，小陈发现人员紧张，请来在读研究生小张协助软件研发工作，并对其进行了培训。项目组成员如下：

序号	姓名	职责	备注
1	小陈	项目经理	技术能力强，具有多年研发经验
2	小胡	软件架构设计	多年软件研发工作经验，责任心强，工作积极热情，希望承担更多工作
3	小万	软件工程师	多年软件研发工作经验，单身，需要更多认同感
4	小张	软件工程师	在读研究生，勤工俭学
5	小李	算法工程师	业内专家，收入高，喜欢享受生活
6	小王	界面美工设计	刚毕业大学生，希望从项目中学习到一些东西，并在公司立足

软件开发完成后，小陈找到公司办公室职员小侯帮助进行软件测试。小侯普通话不标准，测试发现语音识别率不高，小李认为原因是程序架构不合理，小胡则认为是算法存在问题，双方争论不休。小陈认为这是正常的工作状态，未作干预。项目组成员间气氛日趋紧张，士气低落。

【问题 1】（6 分）

请结合项目范围管理和人力资源管理知识，总结项目经理在该项目中做得恰当与不恰当的地方。

【问题 2】（10 分）

如果你是项目经理，请分析表中的其他项目成员处于马斯洛需求层次理论的哪一层，并给出相应的激励措施。

【问题 3】（5 分）

请简述团队成员发生冲突后，有哪些冲突解决办法。

【问题 4】（4 分）

在人力资源管理工具中，属于 X 理论的有________（将选项编号填入答题纸对应栏内）。

A．人们天生反对改革

B．在适当的条件下，人们愿意主动承担责任

C．工作动机就是为了获得经济报酬

D．人生来就以自我为中心

E．人们能够自我确定目标、自我指挥、自我控制

F．注重满足员工的生理需求和安全需求

G．大多数人具有一定的想象力和创造力

答题思路总解析

从“案例描述及问题”中的相关信息很容易判断出，该案例分析题主要考查的是项目范围管理和项目人力资源管理。根据“案例描述及问题”中画“____”的文字并结合我们的项目管理经验容易推断出，项目经理做得恰当的地方有：

（1）编写了项目范围说明书。

（2）项目范围说明书获得了用户的确认（这两点从“制订了项目范围说明书，并获得了客户确认”可以推导出）。

（3）项目经理向公司申请了项目奖金用于奖励员工（这点从“为了激励成员，小陈向公司申请了项目奖金”可以推导出）。

（4）对新入职员工进行了培训（这点从“请来在读研究生小张协助软件研发工作，并对其进行了培训”可以推导出）。

项目经理做得不恰当的地方有：

（1）项目范围说明书没有进行评审（这点从“制订了项目范围说明书，并获得了客户确认”可以推导出）。

（2）临时增加人，说明项目人力资源计划制订得不到位（这点从“项目进行过程中，小陈发

现人员紧张”可以推导出）。

（3）对团队成员之间的冲突没有进行及时处理（这点从“小陈认为这是正常的工作状态，未作干预”可以推导出）。

（4）团队管理和团队建设做得不好，员工关系紧张、士气低落（这点从“项目组成员间气氛日趋紧张，士气低落”可以推导出）。

以上内容用于回答**【问题1】**。**【问题2】**需要结合案例和马斯洛需求层次理论以及我们的工作经验来回答。**【问题3】**和**【问题4】**考的是纯理论，与案例没什么关系。**（案例难度：★★★）**

【问题1】答题思路解析及参考答案

一、答题思路解析

根据“答题思路总解析”中的阐述可知，项目经理做得恰当的地方有：

（1）编写了项目范围说明书。

（2）项目范围说明书获得了用户的确认。

（3）项目经理向公司申请了项目奖金用于奖励员工。

（4）对新入职员工进行了培训。

项目经理做得不恰当的地方有：

（1）项目范围说明书没有进行评审。

（2）临时增加人，说明项目人力资源计划制订得不到位。

（3）对团队成员之间的冲突没有进行及时处理。

（4）团队管理和团队建设做得不好，员工关系紧张、士气低落。**（问题难度：★★★）**

二、参考答案

项目经理做得恰当的地方有：

（1）编写了项目范围说明书。

（2）项目范围说明书获得了用户的确认。

（3）项目经理向公司申请了项目奖金用于奖励员工。

（4）对新入职员工进行了培训。

项目经理做得不恰当的地方有：

（1）项目范围说明书没有进行评审。

（2）临时增加人，说明项目人力资源计划制订得不到位。

（3）对团队成员之间的冲突没有进行及时处理。

（4）团队管理和团队建设做得不好，员工关系紧张、士气低落。

【问题2】答题思路解析及参考答案

一、答题思路解析

根据“答题思路总解析”中的阐述可知，该问题需要结合案例和马斯洛需求层次理论进行回答。

马斯洛需求层次理论从低到高五个层次分别是：生理需求、安全需求、归属与爱的需求（社交需求）、尊重的需求和自我实现的需求。因此，可以判断出，软件架构设计小胡处于“尊重的需求”这一层次（小胡的情况是：多年软件研发工作经验，责任心强，工作积极热情，希望承担更多工作），主要激励措施有：工作中多听他的建议和主张、授予他适当的荣誉或奖章等；软件工程师小万处于“归属与爱的需求（社交需求）”这一层次（小万的情况是：多年软件研发工作经验，单身，需要更多认同感），主要激励措施有：开展男女生联谊活动、聚会等；软件工程师小张处于“生理需求”这一层次（小张的情况是：在读研究生，勤工俭学），主要激励措施有：提供住宿、工作餐，适当增加实习工资、补贴等；算法工程师小李处于“自我实现的需求”这一层次（小李的情况是：业内专家，收入高，喜欢享受生活），主要激励措施有：给他发专家聘书、给他更大的工作舞台、邀请他参与决策等；界面美工设计小王处于“安全需求”这一层次（小王的情况是：刚毕业大学生，希望从项目中学习到一些东西，并在公司立足），主要激励措施有：给他购买好“五险一金”、增加意外保险、提供更多的学习和成长机会等。**（问题难度：★★★）**

二、参考答案

姓名	马斯洛需求层次	主要激励措施
小胡	尊重的需求	工作中多听他的建议和主张、授予他适当的荣誉或奖章等
小万	归属与爱的需求（社交需求）	开展男女生联谊活动、聚会等
小张	生理需求	提供住宿、工作餐，适当增加实习工资、补贴等
小李	自我实现的需求	给他发专家聘书、给他更大的工作舞台、邀请他参与决策等
小王	安全需求	给他购买好“五险一金”、增加意外保险、提供更多的学习和成长机会等

【问题 3】答题思路解析及参考答案

一、答题思路解析

根据“答题思路总解析”中的阐述可知，该问题是一个纯理论性质的问题，冲突管理的五种策略：撤退/回避、缓和/包容、妥协/调解、强迫/命令、合作/解决问题。**（问题难度：★★）**

二、参考答案

团队成员发生冲突后，冲突解决办法有：撤退/回避、缓和/包容、妥协/调解、强迫/命令、合作/解决问题。

【问题 4】答题思路解析及参考答案

一、答题思路解析

根据“答题思路总解析”中的阐述可知，该问题是一个纯理论性质的问题，根据 X 理论和 Y 理论的主要观点容易判断，“A. 人们天生反对改革”“C. 工作动机就是为了获得经济报酬”“D. 人生来就以自我为中心”和“F. 注重满足员工的生理需求和安全需求”属于 X 理论。**（问题难度：★★★）**

二、参考答案

在人力资源管理工具中，属于 X 理论的有 A、C、D、F 。

2019.11 试题一

【说明】阅读下列说明，回答问题 1 至问题 3，将解答填入答题纸的对应栏内。

案例描述及问题

2019 年 3 月某公司中标当地轨道交通的车载广播系统项目，主要为地铁列车提供车载广播、报警、对讲及电子地图系统。公司任命具有丰富经验的老王担任项目经理。老王从各部门抽调人员成立了项目组，安排质量部的老杨负责质量工作。

根据甲方提出的技术要求，结合公司质量管理手册、程序文件和作业文件，老杨编制了“项目质量计划书”“项目验收规范”等质量文件，组织人员对“项目质量计划书”等文件进行了评审，并对项目组成员进行了质量管理培训。项目实施过程中，按照“项目质量计划书”，老杨组织相关人员定期对项目进行检查并跟踪改进情况。

系统调试过程中，调试人员发现某电路板会导致系统运行出现严重的错误，立刻向项目经理进行汇报。老王找到负责该电路设计的人员，要求其对系统出现的 Bug 进行原因分析，找到问题根源，若需要修改设计，对电路的缺陷设计进行更正，填写设计更改单，并进行评审。

经过分析并评审通过后，相关人员实施更改并升级了电路图版本。经验证，系统运行正常。工程样机生产出来后，根据项目技术条件，对产品进行型式试验和例行试验。在产品进行电磁兼容试验时，某指标不符合要求，项目人员分析原因后进行了整改，重新试验并顺利通过。

验收前，老杨对照“项目验收规范”，对系统功能及性能进行确认，并由质量部门开具了合格证。系统最终上线，经过一个月的试运行，客户反馈如下问题：

序号	故障时间	位置	客户反馈问题	故障定位
1	2019.6.13	1 客室	接通司机室没声音	报警器
2	2019.6.16	3 客室	接通客室无声音	报警器
3	2019.6.18	6 客室	呼不通	报警器
4	2019.6.20	5 客室	黑屏	电子地图
5	2019.6.24	5 客室	呼叫灯不亮	报警器
6	2019.6.25	司机室	监听声音小	监听扬声器
7	2019.6.25	2 客室	接通客室时没声音	报警器
8	2019.6.27	司机室	监听声音小	监听扬声器
9	2019.6.28	4 客室	接通司机室没声音	报警器
10	2019.7.2	司机室	对讲机无声音	对讲装置

续表

序号	故障时间	位置	客户反馈问题	故障定位
11	2019.7.4	司机室	监听声音小	监听扬声器
12	2019.7.4	2客室	接通司机客室没声音	报警器
13	2019.7.6	1客室	广播声音小	广播主机
14	2019.7.10	2客室	黑屏	电子地图
15	2019.7.13	6客室	呼不通	报警器

【问题1】(6分)

将案例中实际应用的质量管理措施分类填入答题纸对应表格。

【问题2】(8分)

(1)请简述帕累托分析原理。

(2)根据试运行期间用户反馈的问题记录，请应用帕累托原理分析造成系统故障的主要原因，并指出解决系统故障的优先级。

【问题3】(11分)

(1)写出一致性成本和非一致性成本的定义。

(2)请分析案例中发生的成本哪些属于一致性成本，哪些属于非一致性成本。

答题思路总解析

从“案例描述及问题”中的相关信息很容易判断出，该案例分析题主要考查的是项目质量管理。根据“案例描述及问题”中画“____”的文字可以总结出案例中实际应用的质量规划方面的措施主要有：编写和评审“项目质量计划书”“项目验收规范”等质量文件；根据“案例描述及问题”中画“____”的文字我们可以总结出案例中实际应用的质量保证方面的措施主要有：对项目组成员进行了质量管理培训，按照“项目质量计划书”，组织相关人员定期对项目进行检查并跟踪改进情况；按照“项目质量计划书”，老杨组织相关人员定期对项目进行检查并跟踪改进情况；根据“案例描述及问题”中画“____”的文字可以总结出案例中实际应用的质量控制方面的措施主要有：系统调试、对系统出现的Bug进行原因分析、填写设计更改单并进行评审、对产品进行型式试验和例行试验、对照“项目验收规范”，对系统功能及性能进行确认、质量部门开具合格证(用于回答**【问题1】**)。**【问题2】**的第(1)小问和**【问题3】**的第(1)小问属于纯理论性质的问题，与本案例关系不大。**【问题2】**的第(2)小问和**【问题3】**的第(2)小问需要结合本案例来回答。**(案例难度：★★★)**

【问题1】答题思路解析及参考答案

一、答题思路解析

根据“答题思路总解析”中的阐述可知，案例中实际应用的质量规划方面的措施主要有：编写和评审“项目质量计划书”“项目验收规范”等质量文件；实际应用的质量保证方面的措施主要有：对项目组成员进行了质量管理培训，按照“项目质量计划书”组织相关人员定期对项目进行检查并跟踪改进情况；实际应用的质量控制方面的措施主要有：系统调试、对系统出现的 Bug 进行原因分析、填写设计更改单并进行评审、对产品进行型式试验和例行试验、对照“项目验收规范”对系统功能及性能进行确认、质量部门开具合格证。**（问题难度：★★★）**

二、参考答案

质量规划	编写和评审“项目质量计划书”“项目验收规范”等质量文件
质量保证	对项目组成员进行了质量管理培训，按照“项目质量计划书”组织相关人员定期对项目进行检查并跟踪改进情况
质量控制	系统调试、对系统出现的 Bug 进行原因分析、填写设计更改单并进行评审、对产品进行型式试验和例行试验，对照“项目验收规范”对系统功能及性能进行确认、质量部门开具合格证

【问题 2】答题思路解析及参考答案

一、答题思路解析

根据“答题思路总解析”中的阐述可知，该问题第（1）小问是纯理论性质的问题，根据帕累托原理即 80/20 法则，在任何事件中，重要的因素往往只占少数，而不重要的因素则占多数，因此帕累托原理告诉我们：控制关键少数因素往往就能较好地控制全局。从“案例描述及问题”中试运行期间用户反馈的问题记录可知，造成系统故障的主要原因是报警器故障（因为在 15 项故障记录中，报警器故障出现了 8 次）；解决系统故障优先级分别是报警器（出现 8 次故障）、监听扬声器（出现 3 次故障）、电子地图（出现 2 次故障）、对讲装置（出现 1 次故障）和广播主机（出现 1 次故障）。**（问题难度：★★★）**

二、参考答案

（1）帕累托原理即 80/20 法则，在任何事件中，重要的因素往往只占少数，而不重要的因素则占多数，因此帕累托原理告诉我们：控制关键少数因素往往就能较好地控制全局。

（2）造成系统故障的主要原因是报警器故障，解决系统故障优先级分别是报警器、监听扬声器、电子地图、对讲装置和广播主机。

【问题 3】答题思路解析及参考答案

一、答题思路解析

根据“答题思路总解析”中的阐述可知，该问题的第（1）小问是一个纯理论性质的问题。一致性成本是指在项目期间用于防止失败的费用；而非一致性成本是指在项目期间和项目完成后用于处理失败的费用。根据“案例描述及问题”中相关内容可知：编写和评审“项目质量计划书”“项目验收规范”等质量文件，对项目组成员进行质量管理培训，按照“项目质量计划书”组织相关人员定期对项目进行检查并跟踪改进情况，系统调试，对系统出现的 Bug 进行原因分析，填写设计更改单并进行评审，对产品进行型式试验和例行试验，对照“项目验收规范”对系统功能及性能进行确认，质量部门开具合格证等所花的费用属于一致性成本；对电路的缺陷设计进行更正，某指标不符合要求，项目人员分析原因后进行整改等所花的费用属于非一致性成本。**（问题难度：★★★）**

二、参考答案

（1）一致性成本是指在项目期间用于防止失败的费用；而非一致性成本是指在项目期间和项目完成后用于处理失败的费用。

（2）编写和评审“项目质量计划书”“项目验收规范”等质量文件，对项目组成员进行质量管理培训，按照“项目质量计划书”组织相关人员定期对项目进行检查并跟踪改进情况，系统调试，对系统出现的Bug进行原因分析，填写设计更改单并进行评审，对产品进行型式试验和例行试验，对照“项目验收规范”对系统功能及性能进行确认，质量部门开具合格证等所花的费用属于一致性成本；对电路的缺陷设计进行更正，某指标不符合要求，项目人员分析原因后进行整改等所花的费用属于非一致性成本。

2019.11 试题三

【说明】阅读下列说明，回答问题1至问题4，将解答填入答题纸的对应栏内。

案例描述及问题

A公司中标某系统集成项目，正式任命王伟担任项目经理。王伟是资深的技术专家，在公司各部门具有较高的声望。

接到任命后，王伟组建了项目团队。除服务器工程师小张是新招聘的外，其余项目组成员都是各个团队的老员工。项目中王伟经常身先士卒，亲自参与解决复杂问题，深受团队成员好评。

项目中期，服务器厂商供货比计划延迟了一周。为了保证项目进度，王伟与其他项目经理协商，借调了两名资深人员。随后召开项目会议，动员大家加班赶工。会议上王伟向大家承诺会向公司申请额外项目奖金。大家均同意加班，只有小张以家中有事、朋友聚餐等理由拒绝加班。由于小张负责服务器基础平台，他的工作进度会影响整体进度，所以大家纷纷指责小张没有团队意识。

王伟认为好的项目团队中绝对不能出现冲突现象，这次冲突与小张的个人素养有直接关系。为了避免冲突对团队产生不良影响，王伟宣布立即终止会议并请小张留下来单独谈话。

在沟通中，王伟批评小张缺乏团队合作意识。小张表示他对加班费、项目奖金等不在意，而且他技术经验丰富，很容易找到一份收入不错的工作。他不加班的原因是最近家人、朋友等各种圈子应酬太多。王伟表明如果因为小张的原因导致项目工期延误，会影响小张在团队中的个人声誉，同时更会影响整个项目团队在客户和公司内部的声誉，小张虽不情愿，但最终选择了加班。

【问题 1】（8 分）

管理者的权力来源有 5 种，请指出这 5 种权力在王伟身上的具体体现。

【问题 2】（6 分）

结合马斯洛需求理论，指出案例中小张已经满足的需求层次，并指出具体表现。如果要想有效激励小张，应该在哪些层次上采取措施？

【问题 3】（8 分）

（1）结合本案例，请指出王伟针对冲突的认识和做法有哪些不妥。

（2）解决冲突的方式有哪些？王伟最终采用了哪种冲突解决方式？

【问题 4】（3 分）

结合案例中项目团队的人员构成，请指出该项目采用了哪些组建项目团队的方法。

答题思路总解析

从“案例描述及问题”中的相关信息很容易判断出，该案例分析题主要考查的是项目人力资源管理。【问题 1】、【问题 2】、【问题 3】第（2）小问和【问题 4】需要将人力资源管理的理论和本案例实际情况相结合进行回答。从“案例描述及问题”中画“____”的文字比较容易看出王伟对冲突认识和做法方面的不妥：

（1）冲突是不可避免的，冲突如果处理得好，对项目是有利的，因此王伟认为好的项目团队中绝对不能出现冲突现象这种认识是不妥的（这点从“王伟认为好的项目团队中绝对不能出现冲突现象”可以推导出）。

（2）项目会议上出现了冲突就立即终止会议是不妥的，因为这样做会导致更重要的事情和问题没能得到及时的安排和处理（这点从“王伟宣布立即终止会议并请小张留下来单独谈话”可以推导出）。

以上两点用于回答【问题 3】的第（1）小问。**（案例难度：★★★）**

【问题 1】答题思路解析及参考答案

一、答题思路解析

根据“答题思路总解析”中的阐述可知，这是一个需要将人力资源管理理论和本案例实际情况相结合进行回答的问题。管理者的权力有 5 种来源，分别是职位权力、惩罚权力、奖励权力、专家权力、参照权力。“A 公司中标某系统集成项目，正式任命王伟担任项目经理”体现了王伟的职位权力；“在沟通中，王伟批评小张缺乏团队合作意识”体现为王伟的惩罚权力；“会议上王伟向大家承诺会向公司申请额外项目奖金”体现为王伟的奖励权力；“王伟是资深的技术专家，在公司各部门具有较高的声望”体现为王伟的专家权力；“王伟经常身先士卒，亲自参与解决复杂问题，深受团队成员好评”体现为王伟的声誉权力。**（问题难度：★★★）**

二、参考答案

权力来源	具体体现
职位权力	A 公司中标某系统集成项目，正式任命王伟担任项目经理
惩罚权力	在沟通中，王伟批评小张缺乏团队合作意识
奖励权力	会议上王伟向大家承诺会向公司申请额外项目奖金
专家权力	王伟是资深的技术专家，在公司各部门具有较高的声望
参照权力	王伟经常身先士卒，亲自参与解决复杂问题，深受团队成员好评

【问题 2】答题思路解析及参考答案

一、答题思路解析

根据"答题思路总解析"中的阐述可知，这是一个需要将人力资源管理理论和本案例实际情况相结合进行回答的问题。马斯洛需求层次理论将人的需求分为：生理需求、安全需求、社会交往需求、受尊重的需求和自我实现的需求五个层次。根据"案例描述及问题"中的信息，比较容易判断出，小张已经满足的是社会交往的需求，具体表现是最近家人、朋友等各种圈子应酬很多；因此应该在受尊重的需求层次上采取措施。**（问题难度：★★★）**

二、参考答案

小张已经满足的是社会交往的需求，具体表现是最近家人、朋友等各种圈子应酬很多；应该在受尊重的需求层次上采取措施。

【问题 3】答题思路解析及参考答案

一、答题思路解析

根据"答题思路总解析"中的阐述可知，这是一个需要将人力资源管理理论和本案例实际情况相结合进行回答的问题。根据"答题思路总解析"中的阐述，王伟针对冲突的认识和做法不妥的方面主要有：

（1）冲突是不可避免的，冲突如果处理得好，对项目是有利的，因此王伟认为好的项目团队中绝对不能出现冲突现象这种认识是不妥的。

（2）项目会议上出现了冲突就立即终止会议是不妥的，因为这样做会导致更重要的事情和问题没能得到及时的安排和处理。这是第（1）小问的答案。

解决冲突的方式有：撤退/回避、缓和/包容、妥协/调解、强迫/命令、合作/解决问题 5 种；王伟采用了强迫/命令的冲突解决方式（从"小张虽不情愿，但最终选择了加班"可以推导出来）。**（问题难度：★★★）**

二、参考答案

（1）王伟针对冲突的认识和做法不妥的方面主要有：

1）冲突是不可避免的，冲突如果处理得好，对项目是有利的，因此王伟认为好的项目团队中绝对不能出现冲突现象这种认识是不妥的。

2）项目会议上出现了冲突就立即终止会议是不妥的，因为这样做会导致更重要的事情和问题没能得到及时的安排和处理。

（2）解决冲突的方式有：撤退/回避、缓和/包容、妥协/调解、强迫/命令、合作/解决问题 5 种；王伟采用了强迫/命令的冲突解决方式。

【问题 4】答题思路解析及参考答案

一、答题思路解析

根据"答题思路总解析"中的阐述可知，这是一个需要将人力资源管理理论和本案例实际情况相结合进行回答的问题。案例中项目采用的组建项目团队的方法主要有：预分派（从"其余项目组成员都是各个团队的老员工"判断出来）、招募（从"小张是新招聘的"判断出来）和谈判（从"王伟与其他项目经理协商，借调了两名资深人员"判断出来）。**（问题难度：★★★）**

二、参考答案

该项目采用的组建项目团队的方法主要有：预分派、招募和谈判。

2020.11 试题一

【说明】阅读下列说明，回答问题 1 至问题 4，将解答填入答题纸的对应栏内。

案例描述及问题

某集成公司和某地区的燃气公司签订了系统升级合同，将原有的终端抄表系统升级改造，实现远程自动抄表且提供 APP 终端应用服务。

公司指定原系统的项目经理张工来负责该项目，目前张工已经升任新产品研发部经理。张工调派了原项目团队的核心骨干刘工和李工分别负责新项目的需求调研和开发工作。刘工和李工带领团队根据以往经验完成了需求调研和范围说明书。但由于该项目甲方负责人负责多个项目，时间紧张，导致需求评审会无法召开。张工考虑到双方已经有合作基础，李工和刘工对原系统非常熟悉。为了不影响进度，张工让项目组采用敏捷开发模式，直接进入了设计和编码阶段。

在客户验收测试时，甲方负责人提出 APP 的 UI 设计不符合公司风格、不兼容新燃气表的数据接口、数据传输加密算法不符合要求等多项问题，要求必须全部实现这些需求后才能验收。此时张工把公司新产品研发部正在研发的新产品给甲方负责人展示，双方口头约定可以采用新产品部分功能实现未完善的需求。经过增加人员和加班赶工，延期 1 个月完成。项目上线后用户又发现了若干问题。

【问题 1】（8 分）

结合案例，请从项目范围管理的角度指出该项目实施过程中存在的问题。

【问题 2】(6 分)

请写出范围说明书的内容和作用。

【问题 3】(6 分)

结合案例，请阐述张工在需求变更过程中需要完成的具体工作内容。

【问题 4】(5 分)

请将下面①～⑤处的答案填写在答题纸的对应栏内。

(1) 在每个项目任务的分解单元中都存在可交付成果和 ① ，标志着某个可交付成果或阶段的正式完成。

(2) 创建 ② 是将项目的可交付成果和项目工作分解为较小的、更易管理的组件的过程，其主要作用是对所要交付的内容提供一个结构化的视图。其最底层的可交付成果或项目工作组成部分称为 ③ 。

(3) 项目干系人提出变更申请后，一般由 ④ 或 ⑤ 进行初审。

答题思路总解析

从“案例描述及问题”中的相关信息很容易判断出，该案例分析题主要考查的是项目范围管理。“案例描述及问题”中画“﹏﹏”的文字是该项目已经出现的**问题**：即甲方负责人提出 APP 的 UI 设计不符合公司风格、不兼容新燃气表的数据接口、数据传输加密算法不符合要求等多项问题，项目延期 1 个月完成，项目上线后用户又发现了若干问题；根据这些问题和“案例描述及问题”中画“____”的文字并结合我们的项目管理经验，可以推断出：

(1) 没有制订范围管理计划和需求管理计划。

(2) 只是根据以往经验完成需求调研和范围说明书，没有考虑项目实际情况（这两点从“刘工和李工带领团队根据以往经验完成了需求调研和范围说明书”可以推导出）。

(3) 需求文件和项目范围说明书没有经过评审就直接进入设计和编码阶段（这点从“需求评审会无法召开”和“为了不影响进度，张工让项目组采用敏捷开发模式，直接进入了设计和编码阶段”可以推导出）。

(4) 需求文件和项目范围说明书没有经过客户确认，导致验收测试时才发现多项不符合要求的问题（这点从“甲方负责人提出 APP 的 UI 设计不符合公司风格、不兼容新燃气表的数据接口、数据传输加密算法不符合要求等多项问题”可以推导出）。

(5) 双方只是口头约定未完善需求的实现方式，没有采取书面的形式约定。

(6) 没有执行需求变更控制流程（这两点从“双方口头约定可以采用新产品部分功能实现未完善的需求”可以推导出）等是导致项目出现“甲方负责人提出 APP 的 UI 设计不符合公司风格、不兼容新燃气表的数据接口、数据传输加密算法不符合要求等多项问题，项目延期 1 个月完成，项目上线后用户又发现了若干问题”的主要**原因**（用于回答**【问题 1】**）。该案例的**【问题 2】**、**【问题 3】**和**【问题 4】**属于纯理论性质的问题。**（案例难度：★★★）**

【问题 1】答题思路解析及参考答案

一、答题思路解析

根据“答题思路总解析”中的阐述可知，从项目范围管理的角度，该项目实施过程中存在的主要问题有：

（1）没有制订范围管理计划和需求管理计划。

（2）只是根据以往经验完成需求调研和范围说明书，没有考虑项目实际情况。

（3）需求文件和项目范围说明书没有经过评审就直接进入设计和编码阶段。

（4）需求文件和项目范围说明书没有经过客户确认，导致验收测试时才发现多项不符合要求的问题。

（5）双方只是口头约定未完善需求的实现方式，没有采取书面的形式约定。

（6）没有执行需求变更控制流程。**（问题难度：★★★）**

二、参考答案

从项目范围管理的角度，该项目实施过程中存在的主要问题有：

（1）没有制订范围管理计划和需求管理计划。

（2）只是根据以往经验完成需求调研和范围说明书，没有考虑项目实际情况。

（3）需求文件和项目范围说明书没有经过评审就直接进入设计和编码阶段。

（4）需求文件和项目范围说明书没有经过客户确认，导致验收测试时才发现多项不符合要求的问题。

（5）双方只是口头约定未完善需求的实现方式，没有采取书面的形式约定。

（6）没有执行需求变更控制流程。

【问题 2】答题思路解析及参考答案

一、答题思路解析

根据“答题思路总解析”中的阐述可知，该问题是一个纯理论性质的问题，项目范围说明书的内容主要包括：①产品范围描述；②验收标准；③可交付成果；④项目的除外责任；⑤制约因素；⑥假设条件。

项目范围说明书的作用主要有：①确定范围；②沟通基础；③规划和控制依据；④变更基础；⑤规划基础。**（问题难度：★★★）**

二、参考答案

项目范围说明书的内容主要包括：产品范围描述、验收标准、可交付成果、项目的除外责任、制约因素、假设条件。

项目范围说明书的作用主要有：确定范围、沟通基础、规划和控制依据、变更基础、规划的基础。

【问题3】答题思路解析及参考答案

一、答题思路解析

根据“答题思路总解析”中的阐述可知，该问题是一个纯理论性质的问题，在需求变更过程中需要完成的具体工作内容有：①接收变更申请；②组织评估变更的影响；③将影响通知到相关干系人；④组织CCB审批变更；⑤根据评估结果组织实施变更；⑥记录变更的实施情况；⑦评估变更的效果；⑧对相关变更文件进行分发和归档。（**问题难度：★★★**）

或直接根据如下整体变更控制流程图，用文字描述出各个步骤也可。

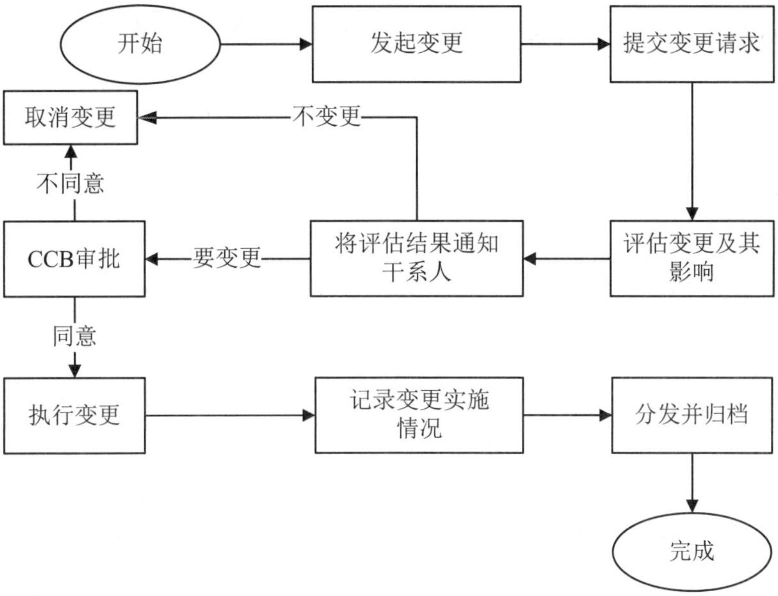

二、参考答案

张工在需求变更过程中需要完成的具体工作内容有：

（1）接收变更申请。

（2）组织评估变更的影响。

（3）将影响通知到相关干系人。

（4）组织CCB审批变更。

（5）根据评估结果组织实施变更。

（6）记录变更的实施情况。

（7）评估变更的效果。

（8）对相关变更文件进行分发和归档。

【问题4】答题思路解析及参考答案

一、答题思路解析

根据“答题思路总解析”中的阐述可知，该问题是一个纯理论性质的问题，根据项目范围管理的相关内容，本题不难回答。**（问题难度：★★★）**

二、参考答案

（1）在每个项目任务的分解单元中都存在可交付成果和（里程碑），标志着某个可交付成果或阶段的正式完成。

（2）创建（WBS）是将项目的可交付成果和项目工作分解为较小的、更易管理的组件的过程，其主要作用是对所要交付的内容提供一个结构化的视图。其最底层的可交付成果或项目工作组成部分称为（工作包）。

（3）项目干系人提出变更申请后，一般由（项目经理）或（配置管理员）进行初审。

2020.11 试题三

【说明】阅读下列说明，回答问题1至问题4，将解答填入答题纸的对应栏内。

案例描述及问题

A公司是提供SaaS平台服务业务的公司，小张作为研发流程优化经理，他抽查了核心产品的配置管理和测试过程。

情况如下：项目组共10人，产品经理小马兼任项目经理和配置管理员，还有7名开发工程师和2名测试工程师，采用敏捷开发的方法，2周为一个迭代周期，目前刚刚完成一个3.01版本的上线。

小张要求看一下配置管理库，小马回复：“我正忙着，让测试工程师王工给你看吧，我们10个人都有管理员权限”。小张看到配置库分为了开发库和产品库，产品库包括上线的3个大版本的完整代码和文档资料，而且与实际运行版本有偏差。小版本只能在开发库中找到代码，但没有相关文档，而且因为新需求迭代太快，有些很细微的修改，开发人员随手进行了修改，文档和代码存在一些偏差。

小张策划对产品进行一次3.01版本的系统测试，以便更好地解决研发流程和系统本身的问题。

【问题1】（5分）

结合本案例，从配置管理的角度指出项目实施过程存在的问题。

【问题2】（10分）

结合本案例，请帮助测试工程师从测试目的、测试对象、测试内容、测试过程、测试用例设计依据、测试技术6个方面设计核心产品3.01版本的系统测试方案。

【问题3】（6分）

如果系统测试中需要采用黑盒测试、白盒测试和灰盒测试，请阐述三种测试的含义和用途。

【问题4】（4分）

从候选答案中选择正确选项，将该选项编号填入答题纸对应栏内。

配置项的状态通常可分为三种，配置项初建时其状态为__（1）__。配置项通过评审后，其状态变为__（2）__。此后若更改配置项，则其状态变为__（3）__。当配置项修改完毕并重新通过评审时，其状态又变为__（4）__。

A．送审稿　B．草稿　C．报批稿　D．征求意见　E．修改　F．正式

答题思路总解析

从“案例描述及问题”中的相关信息很容易判断出，该案例分析题主要考查的是配置管理和信息系统综合测试与管理。根据“案例描述及问题”中画“____”的文字并结合我们的项目管理经验，可以推断出，从配置管理的角度看，项目实施过程中存在的主要问题有：

（1）配置库权限设置存在问题，不能让项目组所有成员都有管理员权限（这点从“我们10个人都有管理员权限”可以推导出）。

（2）配置库设置存在问题，缺少受控库（这点从“小张看到配置库分为了开发库和产品库”可以推导出）。

（3）版本管理存在问题，产品库中的版本与实际运行的版本不一致（这点从“产品库包括上线的3个大版本的完整代码和文档资料，而且与实际运行版本有偏差”可以推导出）。

（4）所有已发布的版本并没有全部存档在产品库内（这点从“小版本只能在开发库中找到代码”可以推导出）。

（5）文档管理存在问题，部分文档缺失（这点从“但没有相关文档”可以推导出）。

（6）变更管理存在问题，没有走变更控制流程（这点从“因为新需求迭代太快，有些很细微的修改，开发人员随手进行了修改”可以推导出）。

（7）配置项管理存在问题，代码和文档不一致（这点从“文档和代码存在一些偏差”可以推导出）（用于回答**【问题1】**）。

该案例的**【问题2】**、**【问题3】**和**【问题4】**基本属于纯理论性质的问题。**（案例难度：★★★）**

【问题1】答题思路解析及参考答案

一、答题思路解析

根据“答题思路总解析”中的阐述可以推断出，从配置管理的角度看，项目实施过程中存在的主要问题有：

（1）配置库权限设置存在问题，不能让项目组所有成员都有管理员权限。

（2）配置库设置存在问题，缺少受控库。

（3）版本管理存在问题，产品库中的版本与实际运行的版本不一致。

（4）所有已发布的版本并没有全部存档在产品库内。

（5）文档管理存在问题，部分文档缺失。

（6）变更管理存在问题，没有走变更控制流程。

（7）配置项管理存在问题，代码和文档不一致。**（问题难度：★★★）**

二、参考答案

从配置管理的角度看，项目实施过程中存在的主要问题有：

（1）配置库权限设置存在问题，不能让项目组所有成员都有管理员权限。

（2）配置库设置存在问题，缺少受控库。

（3）版本管理存在问题，产品库中的版本与实际运行的版本不一致。

（4）所有已发布的版本并没有全部存档在产品库内。

（5）文档管理存在问题，部分文档缺失。

（6）变更管理存在问题，没有走变更控制流程。

（7）配置项管理存在问题，代码和文档不一致。

【问题 2】答题思路解析及参考答案

一、答题思路解析

根据“答题思路总解析”中的阐述可知，该问题是一个纯理论性质的问题，系统测试方案的测试目的：找出软件系统中的缺陷和错误，衡量软件系统是否达到质量要求；测试对象：软件功能模块和文档；测试内容：功能测试、界面测试、流程测试、接口测试、安装测试、文档测试、源代码测试、性能测试、数据库测试、网络测试等；测试过程：制订测试计划、设计测试用例、搭建测试环境、执行测试、编制测试报告；测试用例设计依据：“软件需求规格说明书”；测试技术：白盒测试技术和黑盒测试技术等。**（问题难度：★★★）**

二、参考答案

系统测试方案：

测试目的：找出软件系统中的缺陷和错误，衡量软件系统是否达到质量要求。

测试对象：软件功能模块和文档。

测试内容：功能测试、界面测试、流程测试、接口测试、安装测试、文档测试、源代码测试、性能测试、数据库测试、网络测试等。

测试过程：制订测试计划、设计测试用例、搭建测试环境、执行测试、编制测试报告。

测试用例设计依据：软件需求规格说明书。

测试技术：白盒测试技术和黑盒测试技术等。

【问题 3】答题思路解析及参考答案

一、答题思路解析

根据“答题思路总解析”中的阐述可知，该问题是一个纯理论性质的问题。黑盒测试的含义是把程序看作一个不能打开的黑盒子，在完全不考虑程序内部结构和内部特性的情况下，在程序接口进行测试，它只检查程序功能是否按照需求规格说明书的规定正常使用，程序是否能适当地接收输入数据而产生正确的输出信息，其用途是检查每个功能是否都能正常使用；白盒测试的含义是把程序看作装在一个透明的白盒子里，也就是清楚了解程序结构和处理过程，检查是否所有的结构及路径都是正确的，检查软件内部动作是否按照设计说明书的规定正常进行，其用途是检查软件内部的逻辑结构是否正确和合理；灰盒测试的含义是基于程序运行时的外部表现同时又结合程序内部逻辑结构来设计和执行测试用例，它是介于白盒测试和黑盒测试之间的测试，其用途是关注输出对于输入的正确性，同时也关注内部表现。**（问题难度：★★★）**

二、参考答案

黑盒测试的含义是把程序看作一个不能打开的黑盒子，在完全不考虑程序内部结构和内部特性的情况下，在程序接口进行测试，它只检查程序功能是否按照需求规格说明书的规定正常使用，程序是否能适当地接收输入数据而产生正确的输出信息；其用途是检查每个功能是否都能正常使用。

白盒测试的含义是把程序看作装在一个透明的白盒子里，也就是清楚了解程序结构和处理过程，检查是否所有的结构及路径都是正确的，检查软件内部动作是否按照设计说明书的规定正常进行；其用途是检查软件内部的逻辑结构是否正确和合理。

灰盒测试的含义是基于程序运行时的外部表现同时又结合程序内部逻辑结构来设计和执行测试用例，它是介于白盒测试和黑盒测试之间的测试；其用途是关注输出对于输入的正确性，同时也关注内部表现。

【问题 4】答题思路解析及参考答案

一、答题思路解析

根据“答题思路总解析”中的阐述可知，该问题是一个纯理论性质的问题。**（问题难度：★★★）**

二、参考答案

配置项的状态通常可分为三种，配置项初建时其状态为（B．草稿）。配置项通过评审后，其状态变为（F．正式）。此后若更改配置项，则其状态变为（E．修改）。当配置项修改完毕并重新通过评审时，其状态又变为（F．正式）。

2021.05 试题一

【说明】阅读下列说明，回答问题 1 至问题 4，将解答填入答题纸的对应栏内。

案例描述及问题

2020 年某公司承接某地方法院的智慧法院信息系统项目，实现法院庭审流程信息化，项目要求引入智能语音技术，将庭审现场人员的语音实时转换成文字，既可在屏幕上输出显示，又可实时编辑，提高庭审记录的效率。

公司没有智慧法院的相关项目经验，选择刚毕业两年的小王担任项目经理，由于项目时间较紧，小王主要围绕工作分解、人员分工、项目进度和预算，独自制订了项目管理计划，考虑到公司从未有过智能语音识别方面的相关开发经验，小王特意从某高校请来人工智能实验室的李教授，为项目组人员培训智能语音相关理论知识和常用算法，经过培训，对语音识别技术有了初步的了解，但还不具备自我研发能力，因此项目组决定将该功能外包。

项目实施过程中，甲方希望能在软件中增加一简单功能，小王认为增加功能并不复杂，直接让软件开发人员进行了修改，由于项目本身时间周期较短，又受疫情影响，时间更加紧迫，为了不耽误进度，小王要求项目组采取 997 工作模式，项目中后期，有核心人员提出离职。

项目收尾时，小王发现交付的软件存在部分功能与设计文档不一致。

【问题 1】(10 分)

结合案例，从风险识别的角度，指出该项目存在的问题。

【问题 2】(6 分)

对于语音识别模块，假设项目组根据过去经验得到如下表信息（单位：万元）:

序号	方式	成功率	花费成本	成功获益	失败赔偿
1	自研	60%	80	100	50
2	外包	90%	45	100	60

请应用决策树分析技术，分别计算自研和外包的期望货币价值，并判断项目组选择外包方式是否正确。

【问题 3】(5 分)

请描述项目整体管理包括哪几个过程？分别属于哪个项目管理过程组？（将答案补充填写在答题纸的对应表格内）

【问题 4】(4 分)

请将下面（1）～（2）处的答案填写在答题纸的对应栏内。

风险按＿（1）＿可以分为已知风险、可预测风险和不可预测风险，为了预防原材料价格波动，提前储备了一批原材料，结果原材料价格出现了下跌。该风险属于＿（2）＿。

答题思路总解析

从“案例描述及问题”中的相关信息很容易判断出，该案例分析题主要考查的是项目风险管理和项目整体管理。“案例描述及问题”中画“～～～”的文字是该项目已经出现的**问题**：即项目中后期，有核心人员提出离职；项目收尾时，小王发现交付的软件存在部分功能与设计文档不一致。根据这些问题和“案例描述及问题”中画“＿＿”的文字并结合我们的项目管理经验，从风险识别的角度，可以推断出：

（1）公司没有做过类似项目，无法从组织的角度给该项目的风险识别提供参考信息。

（2）小王刚刚工作两年，经验不足可能导致风险识别不全面（这两点从“公司没有智慧法院的相关项目经验，选择刚毕业两年的小王担任项目经理”可以推导出）。

（3）小王自己独自制订项目管理计划，可能会因为风险管理计划不合适也影响到风险识别（这点从“小王主要围绕工作分解、人员分工、项目进度和预算，独自制订了项目管理计划”可以推导出）。

（4）没有对新增功能进行风险识别（这点从“甲方希望能在软件中增加一简单功能，小王认为增加功能并不复杂，直接让软件开发人员进行了修改”可以推导出）。

（5）没有对赶进度而引发风险进行全面识别。

（6）没有对疫情可能引发的风险进行全面识别（这两点从“由于项目本身时间周期较短，又受疫情影响，时间更加紧迫，为了不耽误进度，小王要求项目组采取997工作模式”可以推导出）。

（7）没有识别出人力资源方面的风险（这点从“项目中后期，有核心人员提出离职”可以推导出）。

（8）没有识别出质量方面的风险（这点从“项目收尾时，小王发现交付的软件存在部分功能与设计文档不一致”可以推导出）等是导致项目出现“项目中后期，有核心人员提出离职；项目收尾时，小王发现交付的软件存在部分功能与设计文档不一致”的主要**原因**（用于回答**【问题1】**）。该案例的**【问题2】**考的是决策树技术；**【问题3】**和**【问题4】**属于纯理论性质的问题。（**案例难度：★★★**）

【问题1】答题思路解析及参考答案

一、答题思路解析

根据“答题思路总解析”中的阐述可知，从项目风险识别的角度，该项目存在的主要问题有：

（1）公司没有做过类似项目，无法从组织的角度给该项目的风险识别提供参考信息。

（2）小王刚刚工作两年，经验不足可能导致风险识别不全面。

（3）小王自己独自制订项目管理计划，可能会因为风险管理计划不合适也影响到风险识别。

（4）没有对新增功能进行风险识别。

（5）没有对赶进度而引发风险进行全面识别。

（6）没有对疫情可能引发的风险进行全面识别。

（7）没有识别出人力资源方面的风险。

（8）没有识别出质量方面的风险。（**问题难度：★★★**）

二、参考答案

从项目风险识别的角度，该项目存在的主要问题有：

（1）公司没有做过类似项目，无法从组织的角度给该项目的风险识别提供参考信息。

（2）小王刚刚工作两年，经验不足可能导致风险识别不全面。

（3）小王自己独自制订项目管理计划，可能会因为风险管理计划不合适也影响到风险识别。

（4）没有对新增功能进行风险识别。

（5）没有对赶进度而引发风险进行全面识别。

（6）没有对疫情可能引发的风险进行全面识别。

（7）没有识别出人力资源方面的风险。

（8）没有识别出质量方面的风险。

【问题 2】答题思路解析及参考答案

一、答题思路解析

根据“答题思路总解析”中的阐述可知，该问题是一个理论性质的问题，考的是决策树技术，根据决策树模型计算方案的预期货币价值的公式可知，自研的期望货币价值是：60%×(100−80)+40%×(−50−80)=12−52 = −40（万元）（自研成功率是 60%，失败率则是 40%）；外包的期望货币价值是：90%×(100−45)+10%×(−60−45)=49.5−10.5=39（万元）（外包成功率是 90%，失败率则是 10%）。因为外包的期望货币价值大于自研的期望货币价值，所以选择外包的方式是正确的。**（问题难度：★★★）**

二、参考答案

自研的期望货币价值是：60%×(100−80)+40%×(−50−80)=12−52=−40（万元）；

外包的期望货币价值是：90%×(100−45)+10%×(−60−45)=49.5−10.5 = 39（万元）。

因为外包的期望货币价值大于自研的期望货币价值，所以选择外包的方式是正确的。

【问题 3】答题思路解析及参考答案

一、答题思路解析

根据“答题思路总解析”中的阐述可知，该问题是一个纯理论性质的问题。**（问题难度：★★★）**

二、参考答案

过程名称	所属过程组
制订项目章程	启动过程组
制订项目管理计划	规划过程组
指导与管理项目工作	执行过程组
监控项目工作	监控过程组
实施整体变更控制	监控过程组
结束项目或阶段	收尾过程组

【问题 4】答题思路解析及参考答案

一、答题思路解析

根据“答题思路总解析”中的阐述可知，该问题是一个纯理论性质的问题。**（问题难度：★★★）**

二、参考答案

风险按（可预测性）可以分为已知风险、可预测风险和不可预测风险，为了预防原材料价格波动，提前储备了一批原材料，结果原材料价格出现了下跌。该风险属于（已知风险）。

2021.05 试题三

【说明】阅读下列说明，回答问题 1 至问题 4，将解答填入答题纸的对应栏内。

案例描述及问题

某省交通运输厅信息中心对省内高速公路部分路段的监控系统进行升级改造，该项目是省重点项目，涉及 5 个系统集成商、1 个软件供应商、3 个运维服务厂商以及 10 个路段管理单位。项目工期仅为两个月，沟通管理的好坏决定了项目的成败。

小张作为项目经理，在项目建设全过程中建立了项目领导小组的周例会制度，制订了详细的沟通计划，并根据项目发展阶段，识别了不同阶段的关键干系人，形成了干系人登记册，根据沟通需求不同，设置不同的沟通方式，细化了相应的沟通管理策略（见下表），并完善了沟通管理计划。项目执行中周报告采用邮件方式发布，出现的问题采用短信的方式定制发送，使项目如期完工并得到省交通运输厅的好评。

项目阶段	沟通管理策略
需求分析与设计	通过让集成商、软件商与路段管理单位面对面的沟通，尽快获取了系统建设的详细需求和设备的具体选型，项目需求和设备方案需得到路段管理单位的签字认可
集成	集成商、软件商、路段管理单位、省厅信息中心等需要密切配合，每一个变更都需要得到路段管理单位确认，并通知省厅信息中心
测试	系统集成商、软件供应商、设备维护服务商都需要参与，路段管理单位、省厅信息中心进行验收测试

【问题 1】（8 分）

（1）结合案例，请计算该项目的沟通渠道总数。

（2）请指出项目经理的如下活动对应的管理过程（从候选答案中选择正确选项，将该选项的编号填入答题纸对应栏内）。

活动	所属过程
建立了项目领导小组的周例会制度	
根据项目发展阶段，识别了不同阶段的关键干系人	
项目执行中周报采用邮件方式发布，出现的问题采用短信的方式定制发送	

A. 规划沟通　　B. 管理沟通　　C. 控制沟通

D. 识别干系人　　E. 规划干系人管理　　F. 管理干系人

【问题 2】(6 分)

(1) 结合案例中的以下干系人,请分别写出干系人影响/作用方格对应的项目阶段(将正确答案填入答题纸对应栏内)。

①省交通运输厅信息中心　　　　②系统集成商

③软件供应商　　④运维服务商　　⑤路段管理单位

<table>
<tr><th>序号</th><th>干系人影响/作用方格</th><th>项目阶段</th></tr>
<tr><td>(1)</td><td>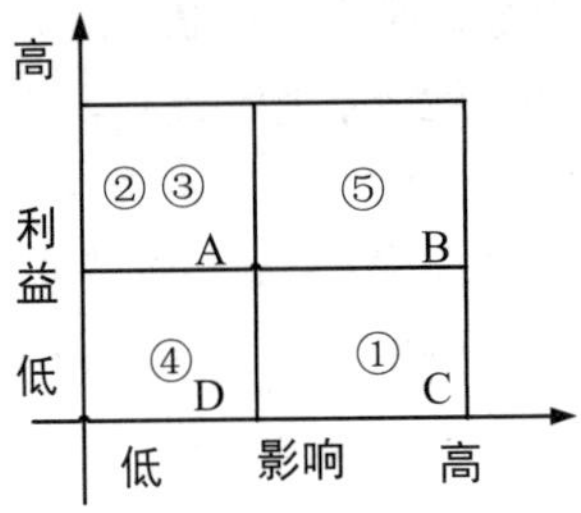
</td><td></td></tr>
<tr><td>(2)</td><td>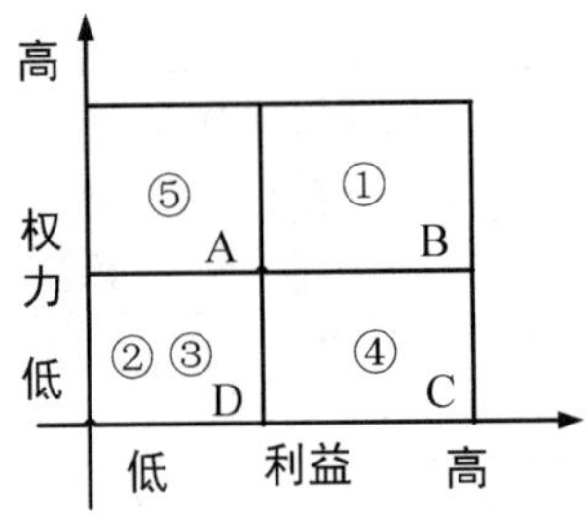
</td><td></td></tr>
<tr><td>(3)</td><td>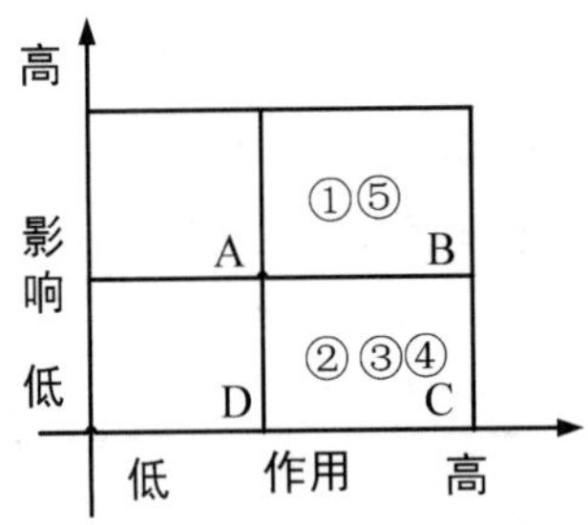
</td><td></td></tr>
</table>

【问题 3】(6 分)

在试运行阶段,项目经理分析的干系人的参与程度见下表。此时,项目经理是否需要干预?如何干预?

干系人	不知晓	抵制	中立	支持	领导
省交通运输厅信息中心					CD
系统集成商				CD	
软件供应商				CD	
A 运维服务厂商	C			D	
B 路段管理单位			C		D

注：C 表示当前参与程度；D 表示所需参与程度。

【问题 4】（5 分）

从候选答案中选择正确选项，将该选项的编号填入答题纸对应栏内。

工作绩效报告是__（1）__的输入，工作绩效数据是__（2）__的输入，问题日志是__（3）__的输入，制订干系人管理计划活动属于__（4）__过程，分析绩效与干系人进行沟通，提出变更请求属于__（5）__过程。

A．管理沟通　　B．控制沟通　　C．识别干系人

D．管理干系人　　E．规划干系人管理　　F．控制干系人参与

答题思路总解析

从“案例描述及问题”中的相关信息很容易判断出,该案例分析题主要考查的是项目沟通管理和项目干系人管理。**【问题 1】**、**【问题 2】**和**【问题 3】**需要将理论结合本项目的实践来回答；**【问题 4】**是纯理论性质的问题。（**案例难度：★★★**）

【问题 1】答题思路解析及参考答案

一、答题思路解析

根据“答题思路总解析”中的阐述可知，该问题需要将理论结合本项目的实践来回答。第（1）小问需要运用沟通渠道数的计算公式：N×(N−1)/2，这里的 N 是 20（项目经理、5 个系统集成商、1 个软件供应商、3 个运维服务厂商和 10 个路段管理单位），所以沟通渠道数是 190 条。“建立了项目领导小组的周例会制度”属于“规划沟通管理”过程的活动；“根据项目发展阶段，识别了不同阶段的关键干系人”属于“识别干系人”过程的活动；“项目执行中周报采用邮件方式发布，出现的问题采用短信的方式定制发送”属于“管理沟通”过程的活动。（**问题难度：★★★**）

二、参考答案

（1）沟通渠道数是 N×(N−1)/2 = 20×(20−1)/2 = 190（条）。

（2）

活动	所属过程
建立了项目领导小组的周例会制度	A
根据项目发展阶段，识别了不同阶段的关键干系人	D
项目执行中周报采用邮件方式发布，出现的问题采用短信的方式定制发送	B

A．规划沟通　　B．管理沟通　　C．控制沟通
D．识别干系人　　E．规划干系人管理　　F．管理干系人

【问题 2】答题思路解析及参考答案

一、答题思路解析

根据“答题思路总解析”中的阐述可知，该问题需要将理论结合本项目的实践来回答。从“案例描述及问题”中“项目阶段和沟通管理策略”这一表格中的信息结合该问题描述中表格里“干系人影响/作用方格”（笔者注：标题用“干系人影响/作用方格”不太合适，因为这里其实用到了三种模型：影响/利益方格、权力/利益方格和影响/作用方格，因此改为“干系人分类模型”更合适一些）中的信息，可以判断出，序号（1）对应“需求分析与设计”阶段、序号（2）对应“集成”阶段、序号（3）对应“测试”阶段。具体解析如下：第三个图中①和⑤处于同一个方格里面（影响大、作用大），根据“项目阶段和沟通管理策略”这一表格的信息，在测试阶段，路段管理单位和省厅信息中心对项目进行验收测试，说明在这个阶段①和⑤的影响大、作用大，所以序号（3）对应“测试”阶段；项目的需求主要来自于路段管理单位，无疑在需求分析和设计，路段管理单位对项目的影响大、利益大，所以序号（1）对应“需求分析与设计”阶段；到了集成阶段，IT 技术方面的事务开始占主导，这个时候对省交通运输厅信息中心来说，权力大、利益大，序号（2）对应“集成”阶段。**（问题难度：★★★）**

二、参考答案

序号	干系人影响/作用方格	项目阶段
（1）	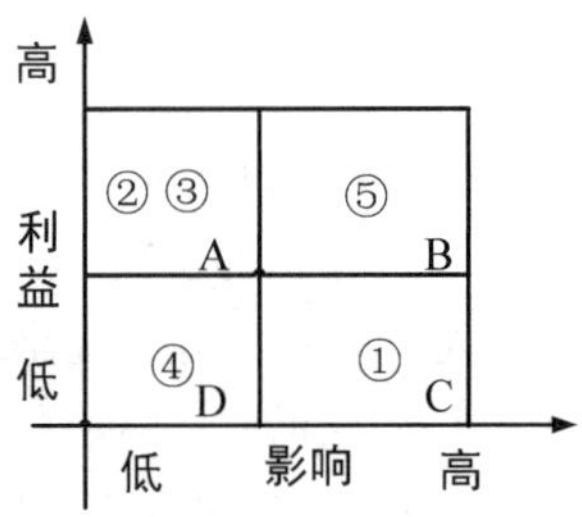	需求分析与设计
（2）	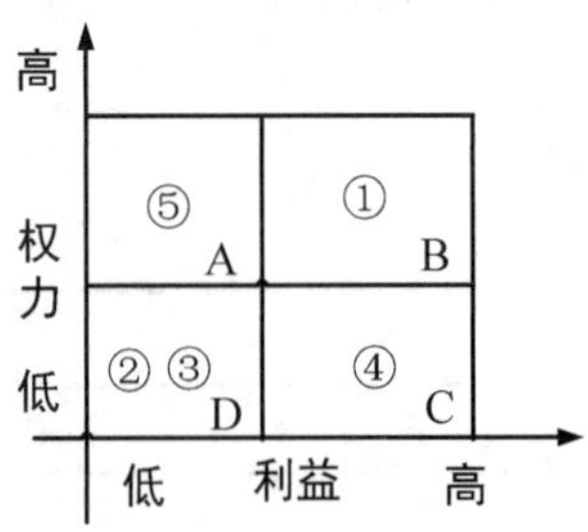	集成

续表

序号	干系人影响/作用方格	项目阶段
（3）	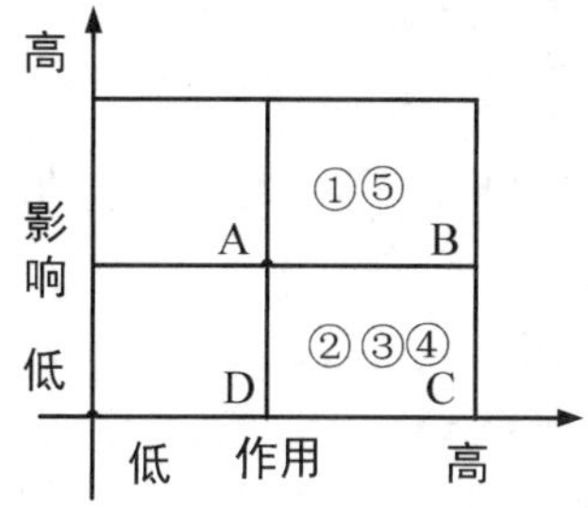	测试

【问题 3】答题思路解析及参考答案

一、答题思路解析

根据“答题思路总解析”中的阐述可知，该问题需要将理论结合本项目的实践来回答。从该问题描述中表格里的信息可发现，在试运行阶段，A 运维服务厂商本应该是“支持”程度的干系人而实际上是“不知晓”程度的干系人、B 路段管理单位本应该是“领导”程度的干系人而实际上是“中立”程度的干系人；这两种干系人对项目的参与程度降低了，所以应该干预。干预的目标就是要加强他们的参与程度，干预方法有：

（1）找出 A 运维服务商不知晓的原因并通知到位，将 A 运维服务商纳入干系人登记册。

（2）对 A 运维服务商规划出合适的沟通方法和争取他们支持的方法并按计划执行这些方法。

（3）与 B 路段管理单位沟通，了解清楚他们参与度下降的原因并采取有针对性的措施予以解决。

（4）按计划与干系人进行积极的沟通和互动，确保干系人的参与度和满意度。

（5）及时发现沟通管理和干系人管理方面出现的问题并采取合适的方式予以解决。**（问题难度：★★★）**

二、参考答案

在试运行阶段，A 运维服务厂商本应该是“支持”程度的干系人而实际上是“不知晓”程度的干系人、B 路段管理单位本应该是“领导”程度的干系人而实际上是“中立”程度的干系人；这两种干系人对项目的参与程度降低了，所以应该干预。

干预方法有：

（1）找出 A 运维服务商不知晓的原因并通知到位，将 A 运维服务商纳入干系人登记册。

（2）对 A 运维服务商规划出合适的沟通方法和争取他们支持的方法并按计划执行这些方法。

（3）与 B 路段管理单位沟通，了解清楚他们参与度下降的原因并采取有针对性的措施予以解决。

（4）按计划与干系人进行积极的沟通和互动，确保干系人的参与度和满意度。

（5）及时发现沟通管理和干系人管理方面出现的问题并采取合适的方式予以解决。

【问题 4】答题思路解析及参考答案

一、答题思路解析

根据“答题思路总解析”中的阐述可知，该问题是一个纯理论性质的问题。**（问题难度：★★★）**

二、参考答案

工作绩效报告是（A 管理沟通）的输入，工作绩效数据是（B 控制沟通、F 控制干系人参与）的输入，问题日志是（B 控制沟通、F 控制干系人参与）的输入，制订干系人管理计划活动属于（E 规划干系人管理）过程，分析绩效与干系人进行沟通，提出变更请求属于（F 控制干系人参与）过程。

A．管理沟通　　B．控制沟通　　C．识别干系人

D．管理干系人　　E．规划干系人管理　　F．控制干系人参与

2021.11 试题一

【说明】阅读下列说明，回答问题 1 至问题 4，将解答填入答题纸的对应栏内。

案例描述及问题

某集团公司希望对总部现有信息系统进行升级改造，升级后的系统能收集整合子公司各类数据，实现总部对全集团人力资源、采购、销售信息的掌握、分析及预测。

小王担任项目经理，项目交付期为 60 天。小王研究了总部提出的需求后，认为项目核心在于各子公司数据收集以及数据可视化及分析预测功能。各子公司数据收集可以以总部现有系统中的数据格式模板为基础，为各子公司建立数据上传接口。针对数据的分析预测功能，由于牵涉到人工智能等相关算法，目前项目组还不具备相关方面的知识储备，因此项目组对该模块功能直接外包。小王将数据收集与可视化工作进行了 WBS 分解，WBS 的部分内容如下：

工作编号	工作任务	工期	负责人
……	……	……	……
2	系统设计	20 天	王工
3	程序编制	30 天	任工
……	……	……	……
3.2.1	人力资源模块编码	25 天	孙工
3.2.2	采购模块编码	20 天	赵工
3.2.3	销售模块编码	20 天	赵工

续表

工作编号	工作任务	工期	负责人
……	……	……	……
4	系统额测试与验收	5天	张工、李工
……	……	……	……

此外，虽然总部没有提出修改界面，但小王认为旧版的软件界面不够美观，让软件研发团队重新设计并更改了软件界面。

试运行阶段，总部人员试用后，认为已经熟悉旧版的操作模式，对新版界面的布局极其不适应；各子公司数据报送人员，认为数据上报的字段内容与自己公司的业务并不相关，填写困难。总部和各子公司的试用人员大部分认为新系统不是很好用。

【问题1】（12分）

（1）请结合案例，简要分析该项目经理在WBS分解中存在的问题。

（2）写出WBS分解时，需要注意的事项。

【问题2】（8分）

请结合案例，说明除WBS分解的问题外，项目在范围管理中还存在哪些问题。

【问题3】（3分）

请描述项目范围说明书的内容。

【问题4】（2分）

请将下面（1）～（4）处的答案填写在答题纸的对应栏内。

项目范围是否完成要以__（1）__来衡量，包括__（2）__，__（3）__，__（4）__。

答题思路总解析

从"案例描述及问题"中的相关信息很容易判断出，该案例分析题主要考查的是项目范围管理。根据"案例描述及问题"中画"____"的文字并结合我们的项目管理经验可判断，项目在范围管理方面存在主要问题有：

（1）没有将分包出去的工作包含在WBS里。

（2）项目经理小王一个人进行WBS分解不妥（这两点从"小王将数据收集与可视化工作进行了WBS分解"可以推导出）。

（3）WBS只分解到第三层，不够详细。

（4）工作包颗粒度太大。

（5）分解后的工作不能由多人负责（这三点从"题干中给出的WBS分解表"可以推导出）。

（6）没有进行充分的需求调研（这点从"小王研究了总部提出的需求后"可以推导出）。

（7）没有进行需求确认。

（8）在试运行之前没有让客户验收工作成果（这两点从"试运行阶段，总部人员试用后，认为已经熟悉旧版的操作模式，对新版界面的布局极其不适应；各子公司数据报送人员，认为数据上报的字段内容与自己公司的业务并不相关，填写困难”可以推导出）。

（9）范围控制存在问题，存在范围蔓延和镀金（这点从“虽然总部没有提出修改界面，但小王认为旧版的软件界面不够美观，让软件研发团队重新设计并更改了软件界面”可以推导出）。

以上九点用于回答**【问题 1】**的第（1）小问和**【问题 2】**。**【问题 1】**第（2）小问、**【问题 3】**和**【问题 4】**属于纯理论性质的问题。**（案例难度：★★★）**

【问题 1】答题思路解析及参考答案

一、答题思路解析

根据“答题思路总解析”中的阐述可知，该项目经理在 WBS 分解中存在的问题：

（1）没有将分包出去的工作包含在 WBS 里。

（2）项目经理小王一个人进行 WBS 分解不妥。

（3）WBS 只分解到第三层，不够详细。

（4）工作包颗粒度太大。

（5）分解后的工作不能由多人负责。

WBS 分解时，需要注意的事项有：

（1）WBS 必须是面向可交付成果的。

（2）WBS 必须符合项目的范围。

（3）WBS 的底层应该支持计划和控制。

（4）WBS 中的元素必须有人负责，而且只由一个人负责。

（5）作为指导而不是原则，WBS 应控制在 4～6 层。

（6）WBS 应包括项目管理工作，也要包括分包出去的工作。

（7）WBS 的编写需要所有（主要）项目干系人的参与，需要项目团队成员的参与。

（8）WBS 并非一成不变。**（问题难度：★★★）**

二、参考答案

（1）该项目经理在 WBS 分解中存在的问题：

1）没有将分包出去的工作包含在 WBS 里。

2）项目经理小王一个人进行 WBS 分解不妥。

3）WBS 只分解到第三层，不够详细。

4）工作包颗粒度太大。

5）分解后的工作不能由多人负责。

（2）WBS 分解时需要注意的事项：

1）WBS 必须是面向可交付成果的。

2）WBS 必须符合项目的范围。

3）WBS 的底层应该支持计划和控制。

4）WBS 中的元素必须有人负责，而且只由一个人负责。

5）作为指导而不是原则，WBS 应控制在 4～6 层。

6）WBS 应包括项目管理工作，也要包括分包出去的工作。

7）WBS 的编写需要所有（主要）项目干系人的参与，需要项目团队成员的参与。

8）WBS 并非一成不变。

【问题 2】答题思路解析及参考答案

一、答题思路解析

根据“答题思路总解析”中的阐述可知，除 WBS 分解的问题外，项目在范围管理中还存在的问题有：

（1）没有进行充分的需求调研。

（2）没有进行需求确认。

（3）在试运行之前没有让客户验收工作成果。

（4）范围控制存在问题，存在范围蔓延和镀金。**（问题难度：★★★）**

二、参考答案

除 WBS 分解的问题外，项目在范围管理中还存在的问题有：

（1）没有进行充分的需求调研。

（2）没有进行需求确认。

（3）在试运行之前没有让客户验收工作成果。

（4）范围控制存在问题，存在范围蔓延和镀金。

【问题 3】答题思路解析及参考答案

一、答题思路解析

根据“答题思路总解析”中的阐述可知，该问题是一个纯理论性质的问题，项目范围说明书的内容主要有：①产品范围描述；②验收标准；③可交付成果；④项目的除外责任；⑤制约因素；⑥假设条件。**（问题难度：★★★）**

二、参考答案

项目范围说明书的内容主要有：产品范围描述、验收标准、可交付成果、项目的除外责任、制约因素、假设条件。

【问题 4】答题思路解析及参考答案

一、答题思路解析

根据“答题思路总解析”中的阐述可知，该问题是一个纯理论性质的问题，项目范围是否完成要以范围基准来衡量，包括经批准的项目范围说明书，WBS，WBS 词典。**（问题难度：★★★）**

二、参考答案

项目范围是否完成要以范围基准来衡量，包括（经批准的项目范围说明书），（WBS），（WBS 词典）。

2021.11 试题三

【说明】阅读下列说明，回答问题 1 至问题 4，将解答填入答题纸的对应栏内。

案例描述及问题

某公司中标医院的信息管理系统。公司指派小王担任项目经理，并组建相应的项目团队。由于人手有限，小王让负责项目质量工作的小杨同时担当配置管理员。小杨编写并发布了质量管理计划和配置管理计划。

小杨利用配置管理软件对项目进行配置管理，为了项目管理方便，小杨给小王开放所有的配置权限，当有项目组成员提出配置变更需求时，小杨直接决定是否批准变更请求。小杨为项目创建了三个文件夹，分别作为存放开发、受控、产品文件的目录，对经过认定的文档或经过测试的代码等能够形成配置基线的文件，存放到受控库中，并对其编号。项目研发过程中，某软件人员打算对某段代码作一个简单修改，他从配置库检出待修改的代码段，修改完成并经测试没问题后，检入配置库，小杨认为代码改动不大，依然使用之前的版本号，并删除了旧的代码。公司在质量审计过程中，发现项目管理方面的诸多问题。

【问题 1】（10 分）

请结合案例，简要分析该项目在配置管理方面存在的问题。

【问题 2】（8 分）

请结合案例，描述在软件升级过程中的配置库变更控制流程。

【问题 3】（5 分）

请简述质量审计的目标。

【问题 4】（2 分）

在候选答案中选择正确选项，将该选项的编号填入答题纸内。

通常来说，质量管理人员不应具备（　　）的权限。

A．产品库代码的 Check 权限　　　　B．产品库文档的 Check 权限

C．受控库代码的 Check 权限　　　　D．受控库文档的 Check 权限

答题思路总解析

从“案例描述及问题”中的相关信息很容易判断出，该案例分析题主要考查的是项目配置管理和项目质量管理。“案例描述及问题”中画“ ”的文字是该项目已经出现的**问题**：即公司在质量审计过程中，发现项目管理方面的诸多问题。根据问题和“案例描述及问题”中画“____”的文字并结合我们的项目管理经验，从配置管理的角度，可以推断出：

（1）小杨没有配置管理经验。

（2）小杨兼任配置管理员，精力分散，可能顾此失彼（这两点从“由于人手有限，小王让负责项目质量工作的小杨同时担当配置管理员”可以推导出）。

（3）质量管理计划和配置管理计划都没有经过评审（这点从“小杨编写并发布了质量管理计划和配置管理计划”可以推导出）。

（4）不应该给项目经理小王开放所有的配置权限（这点从“为了项目管理方便，小杨给小王开放所有的配置权限”可以推导出）。

（5）没有走正规的配置变更管理流程（这点从“当有项目组成员提出配置变更需求时，小杨直接决定是否批准变更请求”可以推导出）。

（6）没有建立配置库，只是建立存放开发、受控和产品文件的目录（这点从“小杨为项目创建了三个文件夹，分别作为存放开发、受控、产品文件的目录”可以推导出）。

（7）没有对所有文件进行统一编号（这点从“对经过认定的文档或经过测试的代码等能够形成配置基线的文件，存放到受控库中，并对其编号”可以推导出）。

（8）对经过测试的代码段没有进行评审就直接检入配置库（这点从“项目研发过程中，某软件人员打算对某段代码作一个简单修改，他从配置库检出待修改的代码段，修改完成并经测试没问题后，检入配置库”可以推导出）。

（9）版本号没有按规范来升级。

（10）随意删除了旧版本（这两点从“小杨认为代码改动不大，依然使用之前的版本号，并删除了旧的代码”可以推导出）。

以上十点用于回答【问题1】。【问题2】、【问题3】和【问题4】属于纯理论性质的问题。**（案例难度：★★★）**

【问题1】答题思路解析及参考答案

一、答题思路解析

根据“答题思路总解析”中的阐述可知，该项目在配置管理方面存在的主要问题有：

（1）小杨没有配置管理经验。

（2）小杨兼任配置管理员，精力分散，可能顾此失彼。

（3）配置管理计划没有经过评审。

（4）不应该给项目经理小王开放所有的配置权限。

（5）没有走正规的配置变更管理流程。

（6）没有建立配置库，只是建立存放开发、受控和产品文件的目录。

（7）没有对所有文件进行统一编号。

（8）对经过测试的代码段没有进行评审就直接检入配置库。

（9）版本号没有按规范来升级。

（10）随意删除了旧版本。**（问题难度：★★★）**

二、参考答案

该项目在配置管理方面存在的主要问题有：

（1）小杨没有配置管理经验。

（2）小杨兼任配置管理员，精力分散，可能顾此失彼。

（3）配置管理计划没有经过评审。

（4）不应该给项目经理小王开放所有的配置权限。

（5）没有走正规的配置变更管理流程。

（6）没有建立配置库，只是建立存放开发、受控和产品文件的目录。

（7）没有对所有文件进行统一编号。

（8）对经过测试的代码段没有进行评审就直接检入配置库。

（9）版本号没有按规范来升级。

（10）随意删除了旧版本。

【问题2】答题思路解析及参考答案

一、答题思路解析

根据“答题思路总解析”中的阐述可知，该问题是一个纯理论性质的问题。软件升级过程中的配置库变更控制流程如下：

（1）在获得批准后，将待升级的基线从产品库中取出，放入受控库。

（2）程序员将欲修改的代码从受控库中检出，放入自己的开发库中进行修改。

（3）程序员将开发库中修改好的代码检入受控库。

（4）软件产品的升级修改工作全部完成后，将受控库中的新基线存入产品库中（更新版本号，但不删除旧版本）。**（问题难度：★★★）**

二、参考答案

软件升级过程中的配置库变更控制流程如下：

（1）在获得批准后，将待升级的基线从产品库中取出，放入受控库。

（2）程序员将欲修改的代码从受控库中检出，放入自己的开发库中进行修改。

（3）程序员将开发库中修改好的代码检入受控库。

（4）软件产品的升级修改工作全部完成后，将受控库中的新基线存入产品库中（更新版本号，但不删除旧版本）。

【问题3】答题思路解析及参考答案

一、答题思路解析

根据“答题思路总解析”中的阐述可知，该问题是一个纯理论性质的问题，质量审计的目标有：①识别全部正在实施的良好及最佳实践；②识别全部违规做法、差距及不足；③分享所在组织或行业中类似项目的良好实践；④积极、主动地提供协助，以改进过程的执行，从而帮助团队提高生产

效率；⑤强调每次审计都应对组织经验教训的积累作出贡献。（**问题难度：★★★**）

二、参考答案

质量审计的目标有：

（1）识别全部正在实施的良好及最佳实践。

（2）识别全部违规做法、差距及不足。

（3）分享所在组织或行业中类似项目的良好实践。

（4）积极、主动地提供协助，以改进过程的执行，从而帮助团队提高生产效率。

（5）强调每次审计都应对组织经验教训的积累作出贡献。

【问题 4】答题思路解析及参考答案

一、答题思路解析

根据“答题思路总解析”中的阐述可知，该问题是一个纯理论性质的问题，质量管理人员不应具备受控库代码的 Check 权限。（**问题难度：★★★**）

二、参考答案

通常来说，质量管理人员不应具备（C）的权限。

A．产品库代码的 Check 权限　　B．产品库文档的 Check 权限

C．受控库代码的 Check 权限　　D．受控库文档的 Check 权限

附录 1　项目管理知识体系概览

过程组 知识领域	启动	规划	执行	监控	收尾
项目整体管理	制订项目章程	制订项目管理计划	指导与管理项目工作	监控项目工作 实施整体变更控制	结束项目或阶段
项目范围管理		规划范围管理 收集需求 定义范围 创建 WBS		确认范围 控制范围	
项目进度管理		规划进度管理 定义活动 排序活动顺序 估算活动资源 估算活动持续时间 制订进度计划		控制进度	
项目成本管理		规划成本管理 估算成本 制订预算		控制成本	
项目质量管理		规划质量管理	实施质量保证	控制质量	
项目人力资源管理		规划人力资源管理	组建项目团队 建设项目团队 管理项目团队		
项目沟通管理		规划沟通管理	管理沟通	控制沟通	
项目风险管理		规划风险管理 识别风险 实施定性风险分析 实施定量风险分析 规划风险应对		控制风险	
项目采购管理		规划采购管理	实施采购	控制采购	结束采购
项目干系人管理	识别干系人	规划干系人管理	管理干系人参与	控制干系人参与	

附录 2　项目管理知识体系诸过程

知识领域	过程名	输入	工具与技术	输出
项目整体管理	制订项目章程	项目工作说明书 商业论证 协议 事业环境因素 组织过程资产	专家判断 引导技术	项目章程
	制订项目管理计划	项目章程 其他过程的输出 事业环境因素 组织过程资产	专家判断 引导技术	项目管理计划
	指导与管理项目工作	项目管理计划 批准的变更请求 事业环境因素 组织过程资产	专家判断 项目管理信息系统 会议	可交付成果 工作绩效数据 变更请求 项目管理计划更新 项目文件更新
	监控项目工作	项目管理计划 进度预测 成本预测 确认的变更 工作绩效信息 事业环境因素 组织过程资产	专家判断 分析技术 项目管理信息系统 会议	变更请求 工作绩效报告 项目管理计划更新 项目文件更新
	实施整体变更控制	项目管理计划 工作绩效报告 变更请求 事业环境因素 组织过程资产	专家判断 会议 变更控制工具	批准的变更请求 变更日志 项目管理计划更新 项目文件更新
	结束项目或阶段	项目管理计划 验收的可交付成果 组织过程资产	专家判断 分析技术 会议	最终产品、服务或成果的移交 组织过程资产更新

续表

知识领域	过程名	输入	工具与技术	输出
项目范围管理	规划范围管理	项目管理计划 项目章程 事业环境因素 组织过程资产	专家判断 会议	范围管理计划 需求管理计划
	收集需求	范围管理计划 需求管理计划 干系人管理计划 项目章程 干系人登记册	访谈 焦点小组 引导式研讨会 群体创新技术 群体决策技术 问卷调查 观察 原型法 标杆对照 系统交互图 文件分析	需求文件 需求跟踪矩阵
	定义范围	范围管理计划 项目章程 需求文件 组织过程资产	专家判断 产品分析 备选方案生成 引导式研讨会	项目范围说明书 项目文件更新
	创建 WBS	范围管理计划 项目范围说明书 需求文件 事业环境因素 组织过程资产	分解 专家判断	范围基准 项目文件更新
	确认范围	项目管理计划 需求文件 需求跟踪矩阵 核实的可交付成果 工作绩效数据	检查 群体决策技术	验收的可交付成果 变更请求 工作绩效信息 项目文件更新
	控制范围	项目管理计划 需求文件 需求跟踪矩阵 工作绩效数据 组织过程资产	偏差分析	工作绩效信息 变更请求 项目管理计划更新 项目文件更新 组织过程资产更新

续表

知识领域	过程名	输入	工具与技术	输出
项目进度管理	规划进度管理	项目管理计划 项目章程 事业环境因素 组织过程资产	专家判断 分析技术 会议	进度管理计划
	定义活动	进度管理计划 范围基准 事业环境因素 组织过程资产	分解 滚动式规划 专家判断	活动清单 活动属性 里程碑清单
	排序活动顺序	进度管理计划 活动清单 活动属性 里程碑清单 项目范围说明书 事业环境因素 组织过程资产	紧前关系绘图法（PDM） 确定依赖关系 提前量与滞后量	项目进度网络图 项目文件更新
	估算活动资源	进度管理计划 活动清单 活动属性 资源日历 风险登记册 活动成本估算 事业环境因素 组织过程资产	专家判断 备选方案分析 发布的估算数据 自下而上估算 项目管理软件	活动资源需求 资源分解结构 项目文件更新
	估算活动持续时间	进度管理计划 活动清单 活动属性 活动资源需求 资源日历 项目范围说明书 风险登记册 资源分解结构 事业环境因素 组织过程资产	专家判断 类比估算 参数估算 三点估算 群体决策技术 储备分析	活动持续时间估算 项目文件更新
	制订进度计划	进度管理计划 活动清单 活动属性		

续表

知识领域	过程名	输入	工具与技术	输出
项目进度管理	制订进度计划	项目进度网络图 活动资源需求 资源日历 活动持续时间估算 项目范围说明书 风险登记册 项目人员分派 资源分解结构 事业环境因素 组织过程资产	进度网络分析 关键路径法 关键链法 资源优化技术 建模技术 提前量与滞后量 进度压缩 进度计划编制工具	进度基准 项目进度计划 进度数据 项目日历 项目管理计划更新 项目文件更新
	控制进度	项目管理计划 项目进度计划 工作绩效数据 项目日历 进度数据 组织过程资产	绩效审查 项目管理软件 资源优化技术 建模技术 提前量与滞后量 进度压缩 进度计划编制工具	工作绩效信息 进度预测 变更请求 项目管理计划更新 项目文件更新 组织过程资产更新
项目成本管理	规划成本管理	项目管理计划 项目章程 事业环境因素 组织过程资产	专家判断 分析技术 会议	成本管理计划
	估算成本	成本管理计划 人力资源管理计划 范围基准 项目进度计划 风险登记册 事业环境因素 组织过程资产	专家判断 类比估算 参数估算 自下而上估算 三点估算 储备分析 质量成本 项目管理软件 卖方投标分析 群体决策技术	活动成本估算 估算依据 项目文件更新
	制订预算	成本管理计划 范围基准 活动成本估算 估算依据 项目进度计划 资源日历 风险登记册 协议 组织过程资产	成本汇总 储备分析 专家判断 历史关系 资金限制平衡	成本基准 项目资金需求 项目文件更新

续表

知识领域	过程名	输入	工具与技术	输出
项目成本管理	控制成本	项目管理计划 项目资金需求 工作绩效数据 组织过程资产	挣值管理 预测 完工尚需绩效指数 绩效审查 项目管理软件 储备分析	工作绩效信息 成本预测 变更请求 项目管理计划更新 项目文件更新 组织过程资产更新
项目质量管理	规划质量管理	项目管理计划 干系人登记册 风险登记册 需求文件 事业环境因素 组织过程资产	成本效益分析 质量成本 七种基本质量工具 标杆对照 实验设计 统计抽样 其他质量规划工具 会议	质量管理计划 过程改进计划 质量测量指标 质量核对单 项目文件更新
	实施质量保证	质量管理计划 过程改进计划 质量测量指标 质量控制测量结果 项目文件	质量管理和控制工具 质量审计 过程分析	变更请求 项目管理计划更新 项目文件更新 组织过程资产更新
	控制质量	项目管理计划 质量测量指标 质量核对表 工作绩效数据 批准的变更请求 可交付成果 项目文件 组织过程资产	七种基本质量工具 统计抽样 检查 审查已批准的变更请求	质量控制测量结果 确认的变更 核实的可交付成果 工作绩效信息 变更请求 项目管理计划更新 项目文件更新 组织过程资产更新
项目人力资源管理	规划人力资源管理	项目管理计划 活动资源需求 事业环境因素 组织过程资产	组织图和职位描述 人际交往 组织理论 专家判断 会议	人力资源管理计划
	组建项目团队	人力资源管理计划 事业环境因素 组织过程资产	预分派 谈判 招募 虚拟团队 多标准决策分析	项目人员分派 资源日历 项目管理计划更新

续表

知识领域	过程名	输入	工具与技术	输出
项目人力资源管理	建设项目团队	人力资源管理计划 项目人员分派 资源日历	人际关系技能 培训 团队建设活动 基本规则 集中办公 认可与奖励 人事测评工具	团队绩效评价 事业环境因素更新
	管理项目团队	人力资源管理计划 项目人员分派 团队绩效评价 问题日志 工作绩效报告 组织过程资产	观察和交流 项目绩效评估 冲突管理 人际关系技能	变更请求 项目管理计划更新 项目文件更新 事业环境因素更新 组织过程资产更新
项目沟通管理	规划沟通管理	项目管理计划 干系人登记册 事业环境因素 组织过程资产	沟通需求分析 沟通技术 沟通模型 沟通方法 会议	沟通管理计划 项目文件更新
	管理沟通	沟通管理计划 工作绩效报告 事业环境因素 组织过程资产	沟通技术 沟通模型 沟通方法 信息管理系统 报告绩效	项目沟通 项目管理计划更新 项目文件更新 组织过程资产更新
	控制沟通	项目管理计划 项目沟通 问题日志 工作绩效数据 组织过程资产	信息管理系统 专家判断 会议	工作绩效信息 变更请求 项目管理计划更新 项目文件更新 组织过程资产更新
项目干系人管理	识别干系人	项目章程 采购文件 事业环境因素 组织过程资产	干系人分析 专家判断 会议	干系人登记册
	规划干系人管理	项目管理计划 干系人登记册 事业环境因素 组织过程资产	专家判断 会议 分析技术	干系人管理计划 项目文件更新

续表

知识领域	过程名	输入	工具与技术	输出
项目干系人管理	管理干系人参与	干系人管理计划 沟通管理计划 变更日志 组织过程资产	沟通方法 人际关系技能 管理技能	问题日志 变更请求 项目管理计划更新 项目文件更新 组织过程资产更新
	控制干系人参与	项目管理计划 问题日志 工作绩效数据 项目文件	信息管理系统 专家判断 会议	工作绩效信息 变更请求 项目管理计划更新 项目文件更新 组织过程资产更新
项目风险管理	规划风险管理	项目管理计划 项目章程 干系人登记册 事业环境因素 组织过程资产	分析技术 专家判断 会议	风险管理计划
	识别风险	风险管理计划 成本管理计划 进度管理计划 质量管理计划 人力资源管理计划 范围基准 活动成本估算 活动持续时间估算 干系人登记册 项目文件 采购文件 事业环境因素 组织过程资产	文档审查 信息收集技术 核对单分析 假设分析 图解技术 SWOT 分析 专家判断	风险登记册
	实施定性风险分析	风险管理计划 范围基准 风险登记册 事业环境因素 组织过程资产	风险概率和影响评估 概率和影响矩阵 风险数据质量评估 风险分类 风险紧迫性评估 专家判断	项目文件更新
	实施定量风险分析	风险管理计划 成本管理计划 进度管理计划 风险登记册 事业环境因素 组织过程资产	数据收集和展示技术 定量风险分析和建模技术 专家判断	项目文件更新

续表

知识领域	过程名	输入	工具与技术	输出
项目风险管理	规划风险应对	风险管理计划 风险登记册	消极风险或威胁的应对策略 积极风险或机会的应对策略 应急应对策略 专家判断	项目管理计划更新 项目文件更新
	控制风险	项目管理计划 风险登记册 工作绩效数据 工作绩效报告	风险再评估 风险审计 偏差与趋势分析 技术绩效测量 储备分析 会议	工作绩效信息 变更请求 项目管理计划更新 项目文件更新 组织过程资产更新
项目采购管理	规划采购管理	项目管理计划 需求文件 风险登记册 活动资源需求 项目进度计划 活动成本估算 干系人登记册 事业环境因素 组织过程资产	自制或外购分析 专家判断 市场调研 会议	采购管理计划 采购工作说明书 采购文件 供方选择标准 自制或外购决策 变更请求 项目文件更新
	实施采购	采购管理计划 采购文件 供方选择标准 卖方建议书 项目文件 自制或外购决策 采购工作说明书 组织过程资产	投标人会议 建议书评价技术 独立估算 专家判断 广告 分析技术 采购谈判	选定的卖方 协议 资源日历 变更请求 项目管理计划更新 项目文件更新
	控制采购	项目管理计划 采购文件 协议 批准的变更请求 工作绩效报告 工作绩效数据	合同变更控制系统 采购绩效审查 检查与审计 报告绩效 支付系统 索赔管理 记录管理系统	工作绩效信息 变更请求 项目管理计划更新 项目文件更新 组织过程资产更新
	结束采购	项目管理计划 采购文件	采购审计 采购谈判 记录管理系统	结束的采购 组织过程资产更新

参考文献

[1] 全国计算机技术与软件专业技术资格（水平）考试办公室．信息系统项目管理师考试大纲[M]．2 版．北京：清华大学出版社，2017．

[2] 谭志彬、柳纯录．信息系统项目管理师教程[M]．3 版．北京：清华大学出版社，2017．

[3] 项目管理协会．项目管理知识体系指南（PMBOK®指南）[M]．3 版．北京：电子工业出版社，2005．

[4] 柳纯录．信息系统项目管理师教程[M]．2 版．北京：清华大学出版社，2008．

[5] 谭志彬、柳纯录．系统集成项目管理工程师教程[M]．2 版．北京：清华大学出版社，2016．

[6] 柳纯录．系统集成项目管理工程师教程[M]．北京：清华大学出版社，2009．